21世纪高职高专规划教材·金融保险系列

中国税制

马海涛　杨　虹　邢俊英　编著

中国人民大学出版社

·北京·

21世纪高职高专规划教材·金融保险系列

参编人员及单位

（以参编人员姓氏笔画为序）

马海涛　中央财经大学
王　力　山西省财政税务专科学校
王玉雄　中国人民银行营业管理部
王红梅　哈尔滨金融高等专科学校
孔立平　东北财经大学
石月华　山西省财政税务专科学校
付　菊　保险职业学院
刘连生　广东金融学院
刘金波　哈尔滨金融高等专科学校
刘淑娥　北京财贸职业学院
安秀梅　中央财经大学
关颖哲　辽东学院
邢天才　东北财经大学
邢俊英　中央财经大学
伏琳娜　辽宁金融职业学院
杜　鹃　上海金融学院
杨　虹　中央财经大学
李　民　广东省社科院
李元伟　辽宁信息职业技术学院
李军燕　山西省财政税务专科学校
李杰辉　福建金融职业学院
张为群　浙江金融职业学院
张伟芹　北京财贸职业学院
张劲松　浙江金融职业学院
张晓洁　山东理工大学
张强莉　山东轻工业学院
郑祎华　辽宁金融职业学院
武　飞　北京财贸职业学院
赵锡军　中国人民大学
赵煜光　中华女子学院
夏雪芬　保险职业学院
倪信琦　福建金融职业学院
唐宴春　山东轻工业学院金融职业学院
温来成　中央财经大学
满玉华　哈尔滨金融高等专科学校

前　言

税收既是国家组织财政收入的重要工具，又是国家进行宏观调控的经济杠杆；既是国家向纳税人征税的法律依据和税收工作的规程，又是纳税人履行纳税义务的法定准则。

广义的税收制度是指税收的各种法律制度的总称，包括国家的各种税收法律法规、税收管理体制、征税管理制度以及税务机关内部管理制度等。狭义的税收制度是指税收法律制度，主要是从税政管理的角度来研究的税制。

新中国成立以来，我国税制经历了多次改革，现行税制是经过1994年工商税制改革后逐步加以完善而形成的。随着我国社会主义市场经济体制的逐步建立，税收作为组织财政收入、调节经济的重要政策性工具，其作用必将愈来愈加强。

本书是以高职高专财经类各专业师生为对象编写的教材。本书全面、系统地介绍了中国现行税收制度，共分12章，包括税收制度概述、增值税、消费税、营业税、关税、企业所得税、个人所得税、资源税、土地增值税、印花税、房产税和契税及车船税、其他各税。各个税种分别就纳税人、征税对象、税率、计税依据的确定、应纳税额的计算、税收优惠、征收管理与申报缴纳等方面做了介绍。

本书的主要特点：

(1) 实用性。根据高职高专的教学特点，突出与实际工作联系密切的实务知识的介绍，在保证学生学好实务知识的前提下，简化相关理论部分的介绍。

(2) 专业性。本书是由有着丰富税收理论知识、税收实务知识，并具有多年教学经验的高等学校的教师编写的，可以保证本书的专业性和权威性。

(3) 前沿性。本书尽可能吸收我国税收制度的最新政策内容。

为了帮助学生更好地学习中国现行税收制度，准确把握各个税种的基本法规，熟练掌握各税种应纳税额的计算能力，全书编写力求做到简明扼要、通俗易懂，同时强调实用性。为此各章都配有复习思考题，并穿插设计了相关例题，以帮助学生更好地把握我国现行税制。

本教材的编写人员为中央财经大学教师马海涛、杨虹、邢俊英。

在本书的编写过程中，编著者都付出了极大的努力，希望通过我们的努力，能够为读者呈现出一本较为满意的教材。但限于编写者们的水平有限，书中的不足之处在所难免，我们恭候您的批评指正。

编者

目 录

第一章　税收制度概述

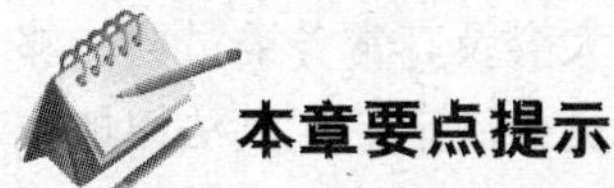

本章要点提示

- 税收制度
- 税收制度的组成要素

第一节　税收制度的概念和特征

一、税收制度的概念

税收制度，简称税制，是一个历史的、财政的范畴，是国家财政经济制度的重要组成部分，是国家处理税收分配关系的规范。它既是国家向纳税人征税的法律依据和税务机关税收工作的规程，又是纳税人履行纳税义务的法定准则。

（一）广义的税收制度和狭义的税收制度

税收制度的概念可从广义和狭义两个角度理解。

广义的税收制度是指税收的各种法律制度的总称，包括国家的各种税收法律法规、税收管理体制、税收征收管理制度以及税务机关内部管理制度，具体可分为：(1) 税收法律制度，即调整税收征纳关系的规范性法律文件，包括各种税法、条例、实施细则、规定、办法和协定等。(2) 税收管理体制，即在中央和地方之间划分税收立法、税收执法和税收管理权限的制度。(3) 税收征收管理制度。(4) 税务机构和人员制度，即有关税务机构的设置、分工、隶属关系以及税务人员的职责、权限等的制度。(5) 税收计划、会计、统计工作制度。

狭义的税收制度是指国家的各种税收法规和征收管理制度，包括各种税法条例、实施细则、征收管理办法和其他有关的税收规定等。

税收制度又有另一种含义，即指一个国家在一定的历史条件下所形成的税收制度的结构体系，即各税种之间相互配合、相互协调共同构成的税制体系，如分别以所得税或流转税为主体的税制、以流转税和所得税并重为主体的税制等。它是根据一个国家现实的生产力发展水平和经济结构等情况，将税种、税目、税率的配置和设计作为研究对象，为税制改革、税收立法提供理论依据。

税收制度的上述两种含义既有明显区别，又有内在联系。前者是税收的法律形式，是税收分配活动的法律规范；后者是指一个国家根据其经济条件和财政需要所采用的税制的构造体系。

（二）广义的税收制度的四个层次

按广义的税收制度理解，税收制度可以分为税收法律、税收法规、税务规章和税务行政规范四个层次。

1. 税收法律

税收法律是指享有国家立法权的国家最高权力机关，依照法律程序制定的有关税收分配活动的基本制度。按照我国立法法的规定，只有全国人民代表大会及其常务委员会能够制定法律。我国的税收法律也是由全国人民代表大会及其常务委员会制定的，其法律地位和法律效力仅次于宪法，而高于税收法规、规章。目前，在我国现行税制体系中，属于全国人民代表大会及其常务委员会通过的税收法律是《中华人民共和国个人所得税法》、《中华人民共和国税收征收管理法》等。

2. 税收法规

税收法规是指国家最高行政机关根据其职权或国家最高权力机关的授权，依据宪法和税收法律，通过一定法律程序制定的有关税收活动的实施的规定或办法。税收法规的效力低于宪法、税收法律，而高于税务规章。目前，在我国现行税制体系中，绝大多数税种和税收法律的实施细则，都是国务院以税收行政法规的形式制定的，如《中华人民共和国增值税暂行条例》、《中华人民共和国个人所得税法实施细则》等。

3. 税务规章

税务规章是指根据法律或者国务院的行政法规、决定、命令，在国家税务总局职权范围内制定的，在全国范围内对税务机关、纳税人、扣缴义务人及其税务当事人具有普遍约束力的税收规范性文件，如《税务部门规章制定实施办法》。

4. 税务行政规范

税务行政规范是对税务机关制定和发布的除税务规章以外的其他税务行政规范性文件的统称。税务行政规范多表现为税务机关对法律、行政法规和规章的说明及阐述，是对法律、行政法规和规章的含义、界限以及税务行政中具体应用相关法律规范所做的说明，如《关于增值税几个税收政策问题的通知》、《关于消费税若干征税问题的通知》、《对〈关于企业亏损弥补问题的请示〉的答复函》及《关于金融、保险企业所得税问题的补充通知》等。税收涉及经济生活的方方面面，并且对于所有复杂、特殊的情况都应在税收上进行相应的规定，但由于经济社会生活的复杂性和立法上的原因，并非所有的问题都能通过基本法来反映，有些方面也不便写在基本法中，因此需要通过单独行文的方式来加以规定。这既可以维护税收法律的稳定性和严肃性，也有利于税收制度与经常变化的现实经济情况相适应。但这种方式只能在一定程度上采用，如果频繁使用则表明对经济情况的把握不够、认识不足，出台的法律缺陷较多，对具体问题的单独规定成了弥补税法缺陷的手段，反而有损税收法律的严肃性，不利于保持税收制度的相对稳定。

二、税收制度的特征

（一）税收制度是税收分配关系的体现方式

税收分配关系是国家在征税过程中与各种纳税人之间发生的经济关系。我国现阶段的税收分配关系，主要包括国家与国有企业、国家与集体企业、国家与私营企业、国家与个体企业、国家与外资企业以及国家与劳动者个人等几个方面的关系。在现实经济生活中，这些分配关系是通过一部分社会产品由各种纳税人向国家转移体现出来的。而这种社会产品的转移，又是通过税收制度加以规定的，是按照税收制度的有关规定进行的，离开了税收制度的规定，就没有这些社会产品的转移，税收分配关系自然也就无法体现，因此，税收制度是税收分配关系的体现形式。正确处理税收分配关系，必须建立合理完善的税收制度。

（二）税收制度是税收作用的实现形式

税收作用是税收分配所产生的效果，包括筹集财政资金、调节生产与消费、调节企业利润水平、调节不同经济成分收入水平、维护国家主权和经济利益、监督各项经济活动正常进行等方面。在现实经济生活中，税收分配过程都是按照税收制度的具体规定进行的，而且不同的税制规定所产生的效果也不完全相同。离开了这些规定，税收的作用只能是一种潜在的功能，而无法现实地发挥出来。因此，税收制度是税收作用的实现形式，只有建立合理完善的税收制度，才能更好地发挥税收所具有的作用。

（三）税收制度是税收征纳工作的依据

税收分配关系的实现和税收作用的发挥，都离不开税收征纳工作。税收征纳工作包括征税和纳税两个方面。征税是国家税务机关依法向纳税人征收税款，纳税是纳税人依法履行纳税义务。征税和纳税都必须有所依据、有所遵循，而不能凭主观意志进行，税收制度是税收征纳工作的依据。

第二节　税收制度的组成要素

税收制度的组成要素，简称税制要素，是指构成每一具体税种的必要元素。税制要素具体包括纳税人、征税对象、税率三个基本要素和纳税环节、纳税期限、减免税优惠、违章处理等要素。

一、纳税人

纳税人是指税法规定的直接负有纳税义务的单位和个人。对纳税人的规定解决了对谁征税或者谁应该交税的问题。纳税人是交纳税款的主体。

（一）自然人和法人

纳税人可以是自然人，也可以是法人。

所谓自然人是指在法律上成为一个权利和义务的主体的普通人，他们以个人身份来承担法律所规定的纳税义务。

所谓法人是指具有民事权力能力和民事行为能力，依法独立享有民事权利和承担民事义务的组织。相对于自然人而言，法人是社会组织在法律上的人格化。法人应当具备四个条件：

（1）正式在工商行政管理部门注册备案。

（2）有必要的财产和经费。"财产"一般是针对企业法人而言，"经费"一般是针对机关、事业单位和社会团体法人而言。为了保障社会经济秩序和交易的安全，法人必须有一定的财产或经费作为清偿债务、承担风险的后盾。

（3）有自己的名称、组织机构和场所。这个规定主要是为了防止"皮包公司"的合法化。

（4）能够独立承担民事责任，能独立起诉和应诉。

（二）扣缴义务人

扣缴义务人是指税法规定的，在其经营活动中负有代扣税款并向国家交纳税款义务的单位和个人。税务机关按规定应付给扣缴义务人代扣税款一定比例的手续费。同时，扣缴义务人必须依法履行代扣、代收税款义务。如果不履行义务，就要承担法律责任。除按《中华人民共和国税收征收管理法》及其实施细则的规定给予处罚外，还应当责成扣缴义务人限期将应扣未扣、应收未收的税款补扣或补收。

（三）负税人

负税人是指最终负担税款的单位或个人。负税人和纳税人是两个不同的概念。有的税种，如各种所得税，由于税负不能转嫁，纳税人就是负税人。有的税种，如增值税、消费税、营业税等，由于税负能够转嫁，纳税人与负税人就不一致。当然，税法中并没有负税人的规定，但在制定税收政策和设计税收制度时，要认真考虑和研究负税人的税收负担问题。

二、征税对象

征税对象（又称课税对象）是指根据什么征税，是征税的标的物，也就是缴纳税款的客体。每一种税的征税对象都规定或体现它的征税范围，即凡是列入征税对象的，就属于该税的征收范围，因此，不同税种在性质上的差别，主要取决于不同的征税对象（如商品、所得、财产、行为）。

（一）税目

税目是征税对象的具体化，反映具体的征税范围，体现征税的广度。在税收制度组成要素中规定税目，是征税技术上的需要，税目是划分征免界限和征税高低界限的准绳。制定税目有两种基本方法：一种是列举法，即按照每一种商品或经营项目分别设计税目，必要时还可以在税目之下划分若干个细目。列举法的优点是界限明确，便于掌握；缺点是税目过多，不便查找。另一种是概括法，即按照商品大类或行业设计税目。概括法的优点是税目较少，查找方便；缺点是税目过粗，不便于贯彻合理负担原则。税目设计时，应根据不同税种、不同商品的生产经营情况以及国家在不同时期的政策要求，将两种方法有机地结合起来，灵活地加以运用。

（二）计税依据

计税依据是征税对象的计量单位和征税标准。有的税种的征税对象和计税依据基本一致，如各种所得税，征税对象是所得，计税依据是应纳税所得额。但有的税种的征税对象和计税依据则不一致，如营业税，征税对象是应税劳务，计税依据则是提供应税劳务而取得的营业额。

（三）税源

税源是税款的最终来源。征税对象与税源有密切的联系。一般来说，税源来自物质生产部门劳动者创造的国民收入，但每种税的收入都有其各自的经济来源。有些税的税源与征税对象是一致的，例如企业所得税，它的税源与征税对象都是纳税单位的利润所得。有些税的税源与征税对象不一致，例如对财产的征税，征税对象是财产的数量或价值，而税源则是财产带来的收益或财产所有人的收入。国家税收对经济的调节，一般也是从征税对象入手，而不直接涉及税源，但是，分析税收负担时，则应分析征税对象与税源的关系，这是了解税收负担问题的重要途径。

征税对象是税收制度组成要素中最基本的要素。

三、税率

税率是指税额与征税对象之间的比例，反映征税的深度，是税收制度的中心环节。税率的高低，直接关系到国家的财政收入和纳税人的负担，是经济主体推测未来经济活动是否合理的主要依据。由此也可以看出，税率作为税收制度的组成要素中的基本要素，其高低是影响企业和个人经济行为的一个极为重要的手段。税率分为以下三种基本形式。

（一）比例税率

比例税率是指不分征税对象数额的大小，只规定一个百分比的税率。在具体运用上，比例税率又分为以下几种表现形式：

(1) 统一比例税率。即一种税只采用一个税率，如现行的车辆购置税采用的就是统一比例税率，现行的企业所得税采用的也是统一比例税率。

(2) 行业比例税率。即对同一行业采用一个税率。这种税率形式一般适合于对营业税的课征。

(3) 产品比例税率。即对一类产品采用一个税率。其税率的制定主要看各种产品的税源大小及国家对其课税所要达到的目的，在客观上并没有一个固定不变的标准。对同一种商品，若品种、规格、质量或利润水平相差较大的，可分级制定比例税率。

(4) 地区差别比例税率。为了照顾不同地区自然资源、生产水平和收益分配上的差别，可根据不同地区制定高低不同的比例税率。

(5) 幅度比例税率。在税收制度中规定最低税率和最高税率，在此幅度内由省、自治区、直辖市人民政府确定本地区的适用税率。

（二）累进税率

累进税率是指按照征税对象数额的大小，规定不同等级的税率，征税对象数额越大，税率越高。累进税率依照累进依据和累进方法的不同，又分为以下四种形式：

（1）全额累进税率。全额累进税率是指征税对象的全部数额都按其相应等级的累进税率计算征收。

（2）超额累进税率。超额累进税率是指将征税对象按数额大小划分若干等级，对每个等级由高到低分别规定相应的税率，分别计算税额，各个等级税额之和等于应纳税额。

为了解决超额累进税率计算复杂的问题，在实际工作中都采用简化计税方法，即引入“速算扣除数”的方法。所谓“速算扣除数”是指按全额累进税率计算的税额减去按超额累进税率计算的税额的差额。

（3）全率累进税率。全率累进税率与全额累进税率的累进方法相同，只是税率的累进依据是相对数，如销售利润率、资金利润率、工资利润率等。

（4）超率累进税率。超率累进税率与超额累进税率的累进方法相同，只是税率的累进依据是相对数，如销售利润率、资金利润率、工资利润率等。我国现行的土地增值税就是以土地增值率作为累进依据的，土地增值率愈高，适用税率愈高。

（三）定额税率

定额税率是按单位征税对象直接规定一定数量的税额，而不是采用比例的形式，所以又称为固定税额。定额税率的表现形式有以下几种：

（1）地区差别税额。税法对不同的地区规定有差别的定额税率，如我国 1994 年之前征收的盐税。

（2）幅度税额。税法只规定一个税额幅度，由各地根据本地区实际情况，在税法规定的幅度内，确定本地区的适用税额，如我国现行的土地使用税。

（3）分类分级税额。将征税对象划分为若干个类别和等级，对各级、各类征税对象由低到高规定相应的税额。

四、纳税环节

纳税环节是指在商品流转过程中应当缴纳税款的环节。商品从生产到消费，中间要经过许多流转环节，例如工业品要经过工业生产、商业批发和商业零售等环节。

在整个商品流转过程中，按照纳税环节的多少，对商品流转额的征税一般可分为以下三种情况：

（1）“一次课征制”。同一种税，只在一个环节课征的，称为“一次课征制”。

（2）“两次课征制”。同一种税，规定在两个环节课征的，称为“两次课征制”。

（3）“多次课征制”。同一种税，在每个流转环节都要征税，称为“多次课征制”。

总之，纳税环节的确定，主要解决征一道税、两道税，还是需要道道征税的问题，以及确定在哪个环节征税的问题，它关系到税制结构和税种的布局，关系到税款能否及时足额缴入国库，关系到地区间税收收入的分配。

五、纳税期限

纳税期限是指纳税人交纳税款的法定期限。每一个税种都要明确规定纳税期限，这是由税收的强制性和固定性的特征所决定的。

在确定纳税期限时，主要应考虑以下几个方面的因素：

(1) 要根据国民经济各部门生产经营的不同特点和不同的课税对象来确定。

(2) 要根据纳税人交纳税额的多少来确定。一般来说，应纳税数额大的，纳税期限可规定得短一些；应纳税额小的，纳税期限可规定得较长一些。

(3) 根据纳税行为的发生情况，对有些税种可以实行依次征收。

六、减免税优惠

减税、免税是对某些纳税人或征税对象给予鼓励和照顾的一种特殊规定。减税是对应纳税额少征一部分税额；免税是对应纳税额全部免征。减免税优惠的规定，主要是使税收制度按照因地制宜和因事制宜的原则，更好地贯彻国家税收政策。因为各种税的征收办法和税率的设计是根据经济发展的一般情况和社会平均负担能力来确定，能够适应普遍性、一般性的要求，而不能适应个别的、特殊的要求，因此，在统一税收制度的基础上，需要有一种灵活调节的手段来加以补充，故减免税的存在是必要的，是税收制度构成的一个不可缺少的要素。世界各国的税收法规都有减免税的规定，我国的税收制度也如此。

减免税的形式有多种，其中包括以下两种：

(1) 起征点。起征点是征税对象达到征税数额开始征税的界限。征税对象的数额未达到起征点的，不征税；达到或超过起征点的，就其全部数额征税，而不是仅就超过部分征税。

(2) 免征额。免征额是在征税对象总额中免予征税的数额，即按照一定标准从征税对象总额中预先扣除的数额，免征额部分不征税。

七、违章处理

违章处理是对纳税人违反税法行为所采取的教育处罚措施，是维护国家税法严肃性的一种必要措施。违反税收法令的行为，一般有偷税、欠税、抗税和骗税等不同情况。

（一）偷税的处理

偷税是指纳税人有意识地采取非法手段，不按税法规定缴纳税款的违法行为，例如：伪造或涂改凭证、账册、报表以及转移资产或收入，隐匿应税项目、数量、金额；乱摊成本、费用或擅自提高开支标准。《中华人民共和国税收征收管理法》（以下简称《征管法》）第 63 条规定：对纳税人偷税的，由税务机关追缴其不缴或者少缴的税款、滞纳金，并处不缴或者少缴的税款 50%以上 5 倍以下的罚款；构成犯罪的，依法追究刑事责任。《征管法》第 64 条规定：纳税人、扣缴义务人编造虚假计税依据的，由税务机关责令限期改正，并处 5 万元以下的罚款。

（二）欠税的处理

欠税是指纳税人不按规定期限缴纳税款的违章行为。我国《征管法》第 65 条规定：妨碍税务机关追缴欠税的，由税务机关追缴欠缴的税款、滞纳金，并处欠缴税款 50%以上 5 倍以下的罚款。

（三）抗税的处理

抗税是指纳税人对抗国家税法，拒不依法纳税的一种违法行为。我国《征管法》第 67 条规定：情节轻微，未构成犯罪的，由税务机关追缴其拒缴的税款、滞纳金，并处拒缴税款 1 倍以上 5 倍以下的罚款。

（四）骗税的处理

骗税是指采取弄虚作假和欺骗手段，骗取出口退（免）税或减免税款的行为。我国《征管法》第 66 条规定：对骗取国家出口退税款的，由税务机关追缴其骗取的退税款，并处以骗取税款 1 倍以上 5 倍以下的罚款。税务机关可以在规定期间内停止为其办理出口退税。

复习思考题

1. 如何理解税收制度的含义？
2. 税收制度的特征是什么？
3. 税收制度的基本要素有哪些？
4. 纳税人与负税人的含义有何不同？
5. 税率的三大基本形式是什么？

第二章 增值税

本章要点提示

- 增值税的概念
- 增值税的特点
- 增值税的作用
- 增值税的征收范围
- 增值税的纳税义务人
- 增值税的税率、征收率
- 销项税额与进项税额
- 增值税的纳税义务发生时间
- 增值税的纳税地点

第一节 增值税概述

一、增值税的概念

由于增值税是以法定增值额为征税对象的一种税，因此，在阐述增值税的概念时，首先要明确什么是增值额、什么是法定增值额。

（一）增值额

增值额是指生产者或经营者在生产经营过程中新创造的价值。从马克思的劳动价值理论来看，增值额相当于商品价值总额扣除在生产上消耗掉的生产资料的转移价值之后的余额。其中生产上消耗掉的生产资料包括固定资产项目（土地、房屋、机器、设备等）和非固定资产项目（原材料、燃料、动力、低值易耗品等）。增值额主要包括工资、利润、利息和其他属于增值性质的费用。

增值额的概念还可以从以下两个方面理解：

(1) 就某个生产经营单位而言，增值额就是其商品销售额扣除规定的非增值项目后的余额，这个余额大体上相当于该经营单位活劳动创造的价值。

(2) 就商品生产的全过程而言，一个商品从生产到流通各个经营环节的增值额之和，相当于该商品进入最终消费的销售总值。

(二) 法定增值额

法定增值额是指以法律形式确定的增值额，是相对于理论增值额而言的。从各国实践看，增值额不一定是理论上的增值额。法定增值额的意义在于：

(1) 体现本国的经济政策。有的国家出于鼓励扩大投资的考虑，规定外购的固定资产不论是否消耗掉都可以一次性扣除；有的国家出于财政收入的考虑，规定外购的固定资产全部不给予扣除。

(2) 统一计算税额的需要。只有从法律上规定增值额，才能保证增值税税额计算的统一性。

(三) 增值税

增值税是以商品的法定增值额为课税对象的一种税。但开征增值税的国家在计算增值税时，都不是直接以增值额为计税依据，而是采用销售额乘以适用税率计算出应纳税额，再扣除外购项目已纳的税额的税款抵扣法。增值税的计算之所以采用这种方法，是因为计算各个生产经营环节的增值额在实际征管中是一件比较困难的事情，会加大税务机关的征收成本和纳税人的纳税成本。

二、增值税的产生与发展

增值税最早是由法国于20世纪40年代末50年代初创立的。实行增值税之前，法国实行的是对商品在各生产环节按全部价值征收的“营业税”，这种税的最大弊端是重复课税，不利于专业化生产的发展。法国于1948年在生产环节实行按从商品全部价值中扣除购进原材料、零部件或半成品所付价款的余额征收的“生产税”，1954年又将扣除范围扩大到购入的固定资产，征税范围扩大到商业批发环节，改称“增值税”，以后征税范围又扩大到商业零售环节以及农业、服务业等。

由于增值税较好地克服了传统的流转税道道全额课税所带来的重复课税问题，有利于生产向专业化、协作化方向的发展，很快在世界各国普遍通行。目前世界上有120多个国家和地区实行了增值税，增值税逐渐成为一个国际通用的税种。

我国在改革开放后才逐步引进和推广增值税。1979年我国首先选择重复课税矛盾突出的机器、机械和农业机具两个行业，在部分城市进行试点；1983年对上述两行业及缝纫机、自行车、电风扇三种产品，在全国范围内统一试行征收增值税；1984年正式颁布增值税条例，征税范围在原有基础上扩大到12类产品，这标志着增值税在我国正式实行。此后继续扩大征税范围，1994年颁布新的增值税条例，征税范围为工业产制环节、商业批发、零售环节和服务业中的加工、修理修配劳务。目前增值税已成为我国的第一大税种。

三、增值税的类型

实行增值税的国家在计算应纳税额时，都允许将纳税人在生产经营过程中消耗的外购原材料、辅助材料、半成品、零部件、燃料、动力等流动资产的已纳税额予以扣除，也就是在计算法定增值额时，允许扣除外购流动资产的已纳税额。但对外购的机器、设备、厂房等固定资产的已纳税额是否给予扣除，各国的增值税法则作出了不同的规定，于是形成了以下三种类型的增值税：

（1）消费型增值税。征收增值税时，允许将纳税期内外购的固定资产的已纳税额一次性扣除，即纳税人用于生产的全部外购生产资料都不课税，就整个社会而言，课税依据实际上只限于消费资料，故称消费型增值税。

（2）收入型增值税。征收增值税时，只允许扣除相当于当期外购的固定资产折旧部分的已纳税额，就整个社会而言，课税依据相当于国民收入，故称收入型增值税。

（3）生产型增值税。征收增值税时，不允许将外购固定资产的已纳税额扣除，就整个社会而言，课税依据既包括消费资料又包括生产资料，课税范围与国民生产总值相一致，故称生产型增值税。

由于上述三种类型的计税依据有所差别，因此不同类型增值税的收入效应和激励效应是不同的。从财政收入的角度看，生产型增值税的效应最大，因为生产型增值税的计税依据较大，在同样的税率条件下，带来的增值税税额也多。从激励投资的角度看，消费型增值税的效应最大，因为消费型增值税在征收增值税时，允许将纳税期内外购的固定资产的已纳税额一次性给予扣除，有利于调动企业的生产积极性，可以彻底消除重复征税带来的各种弊端，将增值税对投资的任何不利影响减少到最低限度，有利于加速设备更新、推动技术进步。同时，消费型增值税与其他两种类型的增值税相比，在计算征收方面更简便，凭发票扣税，既有利于纳税人操作，又可以实现纳税人的交叉审计，便于税务机关的征收管理，被公认为是当前国际上最先进、最能体现增值税制度优越性的一种增值税类型。有的经济不发达国家选择实行生产型增值税，而发达国家则多选择实行消费型增值税。

2009 年 1 月 1 日之前我国增值税采用生产型增值税，即不允许将外购固定资产的已纳税额在计征增值税时给予扣除。需要说明的是，自 2004 年 1 月 1 日起我国在东北地区选择了八个行业，即装备制造业、汽车制造业、高新技术产业、船舶制造业、冶金工业、石油化工业、军品工业和农产品加工业，进行了由生产型增值税向消费型增值税转型的试点工作。自 2007 年 7 月 1 日起增值税转型试点进一步扩大到中部六省（河南、山西、湖南、湖北、江西、安徽）的 26 个城市，具体涉及装备制造业、石油化工业、冶金业、船舶制造业、汽车制造业、农产品加工业六大行业。2009 年 1 月 1 日起施行的新的《中华人民共和国增值税暂行条例》（2008 年 11 月 5 日经国务院第 34 次常务会议修订通过）规定，我国增值税实行消费型增值税，这标志着我国增值税实现了由生产型向消费型的转换。

四、增值税的特点

（一）只就销售额中的增值部分课税，克服了重复课税

增值税仅就企业销售额中属于本企业创造的、尚未征过税的那部分价值征税，对销售额中在其他企业已纳过税才转移到企业的那部分价值不再征税。这是增值税最本质的特征，也是增值税区别于其他间接税的一个显著特点。

（二）具有同一售价商品税负的一致性

增值税征收不因生产、流通环节的变化而影响税收负担，不同商品只要最后销售的总值相同，不论生产、经营环节多少，税负都是一致的。例如：甲商品和乙商品适用的增值税税率均为10%，其他条件见表2—1。

表2—1　甲乙商品税额计算表

商品	环节	售价	增值额	税额	税额合计
甲	1	50	50	5	10
	2	100	50	5	
乙	1	20	20	2	10
	2	50	30	3	
	3	80	30	3	
	4	100	20	2	

甲商品从生产到消费经过两个环节，第一环节的销售价格为50单位，增值额为50单位；第二环节的销售价格即最终销售价格的100单位。由于增值税是以增值额为计税依据，所以第一环节的税额是5（＝50×10%）单位，第二环节的税额是5（＝50×10%）单位，两环节的税额共10单位。乙商品从生产到消费经过四个环节，第一环节的销售价格为20单位，增值额为20单位；第二环节的销售价格为50单位，增值额为30单位；第三环节的销售价格为80单位，增值额为30单位；第四环节的销售价格为100单位，即最终销售价格为100单位，增值额为20单位。由于增值税是以增值额为计税依据，所以第一环节的税额是2（＝20×10%）单位，第二环节的税额是3（＝30×10%）单位，第三环节的税额是3（＝30×10%）单位，第四环节的税额是2（＝20×10%）单位，四个环节的税额共10单位。可见，甲、乙商品的最终销售额都是100单位，两商品无论经过两个环节还是经过四个环节，最终负担的税额是一致的。

（三）具有征收上的广泛性和连续性

广泛性是指从生产经营的横向关系看，凡从事生产经营的企业，只要有增值额就征税，而不论这个企业的经营性质、经营方式、经营规模、经营结果如何。连续性是指从生产经营的纵向关系看，增值税延伸到生产、流通各个环节，商品每经过一个环节都要就该环节的增值额纳税。

五、增值税的作用

增值税的上述特点决定了增值税在促进企业生产经营结构的合理化、保证财政收入的

稳定增长以及促进对外贸易发展等方面具有积极的作用，具体表现如下所述。

（一）有利于促进企业生产经营结构的合理化

在发达的商品经济社会中，社会生产力发展本身要求企业的生产组织形式是专业化、协作化的生产组织形式。生产的专业化、协作化是在社会分工越来越细的基础上建立起来的同类生产的集中化，它是一种科学的、合理的、先进的生产组织形式。其最大特点是生产过程中分工很细，同一生产对象往往需要许多不同的生产部门、不同的企业来共同完成；同时，其产品经过的生产环节多，产品结构中外购件所占的比重大，反映在以商品全部价值为课税对象的流转税上，就是随着流转环节的增加和产品结构中外购协作件的增加，商品的税负也不断增加，即按流转全额课税的税种对专业化、协作化生产方式的发展起阻碍作用。而增值税是按增值额课税，不同商品不论其流转环节多少，只要商品最后销售价格相同，税负就一致，因而增值税可以促进专业化、协作化生产方式的发展，促进企业生产经营结构的合理化。

（二）有利于财政收入的稳定增长

在实行按流转全额课税的税制情况下，企业为了少负担税款，往往采取搞“大而全、小而全”的全能厂，以达到减少销售环节，进而减少纳税环节，少缴纳税款的目的。可见，按流转全额课税，税收收入会受到流转环节的影响，流转环节多，税收收入多，流转环节少，税收收入就少。而增值税是按增值额课税，增值额对整个社会而言，是一个国家一定时期的国民收入，因此增值税收入会随着国民收入的增加而增长，税收收入稳定，不受流转环节多少的影响。

（三）有利于促进对外贸易的发展

出口商品不含税是国际税收的惯例，对出口产品实行退税，是一国发展对外贸易的重要措施，它可以使出口商品以不含税的价格进入国际市场，增强出口商品在国际市场上的竞争力，扩大该国的出口规模。增值税按增值额课税，各环节增值额之和等于该产品的最终销售额，按商品的最终销售额计算退税，可以将该商品在生产、流通全过程缴纳的全部税款退给企业，既准确又彻底。

对进口商品征增值税，是为了平衡国内商品和进口商品的税负，可以解决按流转全额征税造成的进口商品税负轻于国内商品税负的问题，避免使国内商品失去竞争力。根据进口商品的进口金额和增值税税率计算的增值税税额，相当于国内同种商品在生产、流通环节缴纳的全部增值税税额。由此可见，对进口商品征增值税，有利于本国经济的发展。

第二节　征收范围

一、征收范围的一般规定

根据 1993 年 12 月国务院发布的《中华人民共和国增值税暂行条例》的规定，在我国境内销售货物、提供加工及修理修配劳务以及进口货物，属于增值税的征收范围。

（一）销售或者进口货物

货物是指有形动产，包括电力、热力、气体在内。

销售货物是指有偿转让货物的所有权。

进口货物是指直接从境外进口的货物，还包括从境内保税工厂、保税仓库、保税区运往境内其他地区的货物。

（二）提供加工、修理修配劳务

“加工”是指受托加工货物，即委托方提供原料及主要材料，受托方按照委托方的要求制造货物并收取加工费的业务，如烟丝加工厂受托加工烟丝。

“修理修配”是指受托对损伤或丧失功能的货物进行修复，使其恢复原状和功能的业务，如汽车修理厂修理汽车。

二、征收范围的特殊规定

（一）征税范围的特殊项目

（1）货物期货（包括商品期货和贵金属期货）应当征收增值税，在期货的实物交割环节纳税。

（2）银行销售金银的业务，应当征收增值税。

（3）典当业的死当物品销售业务和寄售业代委托人销售寄售物品的业务，均应征收增值税。

（4）集邮商品（如邮票、首日封、邮折等）的生产以及邮政部门以外的其他单位和个人销售的，均应征收增值税。

（二）视同销售货物行为

单位或个体工商户的下列行为，视同销售货物：

（1）将货物交付他人代销。

（2）销售代销货物。

（3）设有两个以上机构并实行统一核算的纳税人，将货物从一个机构移送于其他机构用于销售，但相关机构设在同一县（市）的除外。

（4）纳税人将自产或委托加工的货物用于非应税项目。“非应税项目”是指提供非应税劳务、转让无形资产、销售不动产和固定资产在建工程等。纳税人新建、改建、扩建、修缮、装饰建筑物，无论会计制度规定如何核算，均属于固定资产在建工程。

（5）将自产、委托加工或购买的货物作为投资，提供给其他单位或个体经营者。

（6）将自产、委托加工或购买的货物分配给股东或投资者。

（7）将自产、委托加工的货物用于集体福利或个人消费。

（8）将自产、委托加工或购买的货物无偿赠送他人。

“视同销售货物”是指上述销售行为虽会计上不作为销售收入，但税法规定视同销售货物缴纳增值税。纳税人在会计核算时按会计制度的有关规定进行，但履行纳税义务时，要按税法的规定执行。

税法作出上述规定的目的是：第一，保证增值税税款抵扣制度的实行，避免由于纳税人发生上述行为而导致税款抵扣环节的中断。由于增值税实行凭发票抵扣税款的税款抵扣制度，发票将应税商品各个流转环节的生产者和经营者连接起来，形成一个有机的扣税链条，即销售方销售货物开具的增值税发票既是销售方计算销项税额的凭证，同时也是购货方据以抵扣进项税额的凭证。第二，避免由于纳税人发生上述行为而导致销售货物税收负担不平衡的问题。

（三）混合销售行为

一项销售行为，如果既涉及增值税应税货物又涉及非应税劳务，即为混合销售行为。其中“一项销售行为”是指销售货物与提供非应税劳务，两者同时发生，紧密相连，且从同一受让者取得价款。“非应税劳务”是指纳营业税的劳务。例如电梯生产企业销售电梯并负责安装电梯，视为混合销售行为。

税法对混合销售行为的规定如下：从事货物的生产、批发或者零售的企业、企业性单位和个体工商户的混合销售行为，视为销售货物，应当缴纳增值税；其他单位和个人的混合销售行为，视为销售非增值税应税劳务，不缴纳增值税。

纳税人的下列混合销售行为，应当分别核算货物的销售额和非增值税应税劳务的营业额，并根据其销售货物的销售额计算缴纳增值税，非增值税应税劳务的营业额不缴纳增值税；未分别核算的，由主管税务机关核定其货物的销售额：(1) 销售自产货物并同时提供建筑业劳务的行为；(2) 财政部、国家税务总局规定的其他情形。

所谓非增值税应税劳务，是指属于应缴营业税的交通运输业、建筑业、金融保险业、邮电通信业、文化体育业、娱乐业、服务业税目征收范围的劳务。

所谓从事货物的生产、批发或者零售的企业、企业性单位和个体工商户，包括以从事货物的生产、批发或者零售为主，并兼营非增值税应税劳务的单位和个体工商户在内。

（四）兼营行为

兼营行为是指增值税纳税人在从事应税货物销售或提供应税劳务的同时，还从事非应税劳务，且从事的非应税劳务与某一项销售货物或提供应税劳务并无直接的联系和从属关系。例如，某建筑装饰材料商店既从事批发和零售建筑材料，又对外承揽安装和装饰业务。

税法对兼营行为的规定如下：纳税人兼营非增值税应税项目的，应分别核算货物或者应税劳务的销售额和非增值税应税项目的营业额；未分别核算的，由主管税务机关核定货物或者应税劳务的销售额。

第三节　纳税义务人

一、纳税人的一般规定

增值税纳税人是指在中国境内销售货物、提供加工修理修配劳务以及进口货物的单位和个人。所谓在中国境内销售货物或者提供加工、修理修配劳务，是指：(1) 销售货物的起运地或者所在地在境内；(2) 提供的应税劳务发生在境内。

所谓单位，是指企业、行政单位、事业单位、军事单位、社会团体及其他单位。

所谓个人，是指个体工商户和其他个人。

二、纳税人的特殊规定

企业租赁或者承包给他人经营的，以承租人或者承包人为纳税人。

境外单位或个人在境内销售应税劳务而在境内未设有经营机构的，其应纳税款以代理人为扣缴义务人；没有代理人的以购买者为扣缴义务人。

进口货物，以收货人或办理报关手续的单位和个人为纳税人。

三、小规模纳税人和一般纳税人的认定

由于增值税实行凭专用发票抵扣税款的制度，上一环节纳税人缴纳的增值税，下一环节纳税人在缴纳增值税时可以抵扣。这就要求增值税纳税人会计核算必须健全，并且能够准确核算增值税的销项税额、进项税额和应纳税额，否则一旦下一环节纳税人多抵扣税款，就会造成国家税收收入的减少。但目前我国增值税纳税人的会计核算水平高低不一，差距较大，有些经营规模小、会计核算不健全的纳税人不能准确核算增值税的销项税额、进项税额和应纳税额。为此，《增值税暂行条例》将纳税人按其会计核算是否健全以及经营规模的大小，分为一般纳税人和小规模纳税人。

（一）小规模纳税人的认定及管理

1. 小规模纳税人的认定标准

（1）从事货物生产或者提供应税劳务的纳税人，以及以从事货物生产或者提供应税劳务为主，并兼营货物批发或者零售的纳税人，年应征增值税销售额在50万元（含）以下的。

（2）上述规定范围以外的纳税人，年应税销售额在80万元（含）以下的。

所称以从事货物生产或者提供应税劳务为主，是指纳税人的年货物生产或者提供应税劳务的销售额占年应税销售额的比重在50%以上。

年应税销售额超过小规模纳税人标准的其他个人按小规模纳税人纳税；非企业性单位、不经常发生应税行为的企业可选择按小规模纳税人纳税。

2. 小规模纳税人的管理

虽然对小规模纳税人实行简易征税的办法，一般不使用增值税专用发票，但考虑到增值税征收管理中一般纳税人与小规模纳税人之间客观存在经济往来的实情，国家税务总局根据授权专门制定了《增值税小规模纳税人征收管理办法》。该办法规定：

（1）基层税务机关要加强对小规模生产企业财会人员的培训，帮助建立会计账簿。只要小规模企业有会计，有账册，能够正确计算进项税额、销项税额和应纳税额，并能按规定报送有关税务资料，年应税销售额不低于30万元，可以认定为增值税一般纳税人。

（2）对没有条件设置专职会计人员的小规模企业，在纳税人自愿并配有本单位兼职会计人员的前提下，可采取以下措施，使兼职人员尽快独立工作，进行会计核算：

1）由税务机关帮助小规模企业从税务咨询公司、会计师事务所等聘请会计人员建账、

核算。

2）由税务机关组织从事过财会业务、有一定工作经验、遵纪守法的离退休会计人员，帮助小规模企业建账、核算。

3）在职会计人员经所在单位同意，主管税务机关批准，也可以到小规模企业兼任会计。

（3）小规模企业可以单独聘请会计人员，也可以几个企业联合聘请会计人员。

（二）一般纳税人的认定及管理

1. 一般纳税人的认定标准

一般纳税人是指年应税销售额超过税法规定的小规模纳税人标准的企业和企业性单位。下列纳税人不属于一般纳税人：

（1）年应税销售额未超过小规模纳税人标准的企业。

（2）个人（除个体经营者以外的其他个人）。

（3）非企业性单位。

（4）不经常发生增值税应税行为的企业。

2. 一般纳税人的管理

增值税一般纳税人须向税务机关办理认定手续，以取得法定资格。为此，1994 年国家税务总局专门制定实施了《增值税一般纳税人申请认定办法》。该办法规定：

（1）凡增值税一般纳税人，均应依照该办法向其企业所在地主管税务机关申请办理一般纳税人认定手续。

一般纳税人总分支机构不在同一县（市）的，应分别向其机构所在地主管税务机关申请办理一般纳税人认定手续。

（2）企业申请办理一般纳税人认定手续，应提出申请报告，并提供下列有关证件、资料：营业执照；有关合同、章程、协议书；银行账号证明；税务机关要求提供的其他有关证件、资料。

（3）主管税务机关在初步审核企业的申请报告和有关资料后，发给《增值税一般纳税人申请认定表》。企业应如实填写该表。该表经审批后一份交基层征收机关，一份退企业留存。

（4）对于企业填报的《增值税一般纳税人申请认定表》，负责审批的县级以上税务机关应在收到之日起 30 日内审核完毕。符合一般纳税人条件的，在其《税务登记证》副本首页上方加盖“增值税一般纳税人”确认专章，作为领购增值税专用发票的证件。

“增值税一般纳税人”确认专章印色统一为红色，红模由国家税务总局制定。

（5）新开业的符合一般纳税人条件的企业，应在办理税务登记的同时申请办理一般纳税人的认定手续。税务机关对其（非商贸企业）预计年应纳税销售额超过小规模企业标准的，暂认定为一般纳税人；其开业后的实际年应纳税销售额未超过小规模纳税人标准的，应重新申请办理一般纳税人认定手续。

（6）除国家税务总局另有规定外，纳税人一经认定为一般纳税人后，不得转为小规模纳税人。

第四节 税率和征收率

从各国增值税的实践看，增值税税率的设计一般都遵循了减少税率档次的原则，这主要是和增值税的中性税种、发挥普遍调节作用以及实行税款抵扣制度有关。

我国现行增值税对一般纳税人实行17%的基本税率、13%的低税率和出口零税率，对小规模纳税人实行6%和4%的征收率。

一、税率

（一）税率的一般规定

1.17%的基本税率

增值税一般纳税人销售或者进口货物，提供加工、修理修配劳务，除适用低税率和适用征收率外，一律适用17%的基本税率。

2.13%的低税率

增值税一般纳税人销售或者进口下列货物，按13%的低税率计征增值税：

（1）粮食、食用植物油。

（2）暖气、冷气、热水、煤气、石油液化气、天然气、沼气、居民用煤炭制品。

（3）图书、报纸、杂志。

（4）饲料、化肥、农药、农机、农膜。

（5）国务院规定的其他货物。

另外，根据国务院的决定，农业产品、金属矿采选产品、非金属矿采选产品的增值税税率为17%，食盐仍适用13%的税率。

这里需要说明的是，农业产品的具体产品品目应按照财政部、国家税务总局《关于印发〈农业产品征税范围注释〉的通知》执行，包括种植业、养殖业、林业、牧业、水产业生产的各种植物、动物的初级产品。除农业生产者销售自产农业产品予以免征增值税外，一切单位和个人销售外购农业产品或外购农业产品生产、加工后销售的仍然属于《农业产品征税范围注释》所列农业产品的，应按规定税率征税。金属矿采选产品包括黑色和有色金属矿采选产品。非金属矿采选产品包括除金属矿采选产品以外的非金属矿采选产品和煤炭。

（二）税率的特殊规定

税法对兼营不同税率货物或者应税劳务的适用税率作出了特殊的规定。

所谓兼营不同税率货物或者应税劳务，是指纳税人生产或销售不同税率的货物，或者既销售货物又提供应税劳务。如某农业机械厂既生产销售农机，又修理农机。

税法规定，纳税人兼营不同税率货物或者应税劳务，应分别核算不同税率货物和应税劳务的销售额，未分别核算或不能准确核算销售额的，从高适用税率。

所谓分别核算是指对兼营不同税率货物或应税劳务在取得收入后，应分别记账，分别核算销售额，并按照不同的税率各自计算应纳税额。如上例中，农业机械厂生产、销售农机适用13%的低税率，修理农机适用17%的基本税率，如果两项销售额分别核算的，则分别按13%、17%的税率各自计算应纳税额，如果两项销售额不分别核算，一律按17%的税率计算应纳税额。

二、征收率

考虑到小规模纳税人经营规模小，且会计核算不健全，难以按基本税率和低税率计税和使用增值税专用发票抵扣进项税款，增值税规定对小规模纳税人统一按3%的征收率计税。

第五节　应纳税额的计算

一、一般纳税人应纳税额的计算

增值税一般纳税人销售货物或提供应税劳务，其应纳税额为当期销项税额抵扣当期进项税额后的余额。因此，增值税一般纳税人当期应纳增值税税额的大小，主要取决于当期销项税额和当期进项税额两个因素。

（一）销项税额的计算

销项税额是指纳税人销售货物或者提供应税劳务，按照销售额或应税劳务收入和规定的适用税率计算并向购买方收取的增值税税额。销项税额的计算公式为：

销项税额＝销售额×适用税率

1. 一般销售方式下销售额的确定

销售额是指纳税人销售货物或者提供应税劳务向购买方收取的全部价款和价外费用。价外费用，包括价外向购买方收取的手续费、补贴、基金、集资费、返还利润、奖励费、违约金、滞纳金、延期付款利息、赔偿金、代收款项、代垫款项、包装费、包装物租金、储备费、优质费、运输装卸费以及其他各种性质的价外收费。但下列项目不包括在内：

（1）受托加工应征消费税的消费品所代收代缴的消费税。

（2）同时符合以下条件的代垫运输费用：

1）承运部门的运输费用发票开具给购买方的。

2）纳税人将该项发票转交给购买方的。

（3）同时符合以下条件代为收取的政府性基金或者行政事业性收费：

1）由国务院或者财政部批准设立的政府性基金，由国务院或者省级人民政府及其财政、价格主管部门批准设立的行政事业性收费。

2）收取时开具省级以上财政部门印制的财政票据。

3）所收款项全额上缴财政。

（4）销售货物的同时代办保险等而向购买方收取的保险费，以及向购买方收取的代购买方缴纳的车辆购置税、车辆牌照费。

2. 特殊销售方式下销售额的确定

纳税人在销售活动中会采用多种不同的销售方式。在不同的销售方式下如何确定计征增值税的销售额，税法对此作出了如下规定：

(1) 采取折扣方式销售。折扣销售是指销货方在销售货物或应税劳务时，因购货方购货数量较大等原因而给予购货方价格优惠。折扣销售与实现销售是同时发生的。

税法规定，采用折扣方式销售货物，如果销售额和折扣额在同一张发票上分别注明，可按扣除折扣后的销售额计算增值税；如果折扣额另开发票的，无论其财务上如何处理，均不得从销售额中扣减折扣额。税法中对纳税人采取折扣方式销售的货物销售额的核定，之所以强调销售额与折扣额必须在同一张发票上注明，这主要是从保证增值税征收管理的需要考虑的，即征税与扣税要一致。在此还需要注意以下几点：1) 税法中所指的折扣销售不同于销售折扣。销售折扣是为了鼓励购货方及时偿还货款而给予的折扣优待，它发生在销售之后，且不得从销售额中减除。2) 折扣销售不同于销售折让。销售折让是指由于货物的品种或质量等原因引起销售额的减少，销货方为避免购货方退货而给予的价格折让。销售折让可以从发生销售折让的当期销售额中减除。3) 折扣销售仅限于货物价格的折扣。如果销售者将自产、委托加工和购买的货物用于实物折扣的，则该实物款额不能从货物销售额中减除，且该实物应按"视同销售货物"中的"赠送他人"的有关规定计算征收增值税。

(2) 采取以旧换新方式销售。以旧换新销售是指纳税人在销售货物时，有偿收回旧货物并以折价部分冲减货物价款的一种销售方式。税法规定，采取以旧换新方式销售货物，应按新货物的同期销售价格确定销售额，不得扣减旧货物的收购价格。

(3) 采取还本销售方式销售。还本销售是指纳税人在销售出货物后，按约定的期限一次或分次将购货款全部或部分退还给购货方的一种销售方式。税法规定，纳税人采取还本销售方式销售货物，其销售额就是货物的销售价格，不得从销售额中减除还本支出。

(4) 采取以物易物方式销售。以物易物销售是指购销双方不是以货币结算，而是以同等价款的货物相互结算，实现货物购销的一种销售方式。税法规定，以物易物双方都应作购销处理，以各自发出的货物核算销售额并计算销项税额，以各自收到的货物按规定核算购货额并计算进项税额。税法的上述规定是为了保证增值税税款抵扣的链条不中断。需要强调的是，在以物易物销售方式下，购销双方均应开具合法的票据计算销项税额，同时以各自取得的增值税专用发票或者其他合法发票抵扣进项税额，但如果收到货物不能取得相应的增值税专用发票或者其他合法发票的，不得抵扣进项税额。

(5) 包装物押金的计税问题。税法规定，纳税人为销售货物而出租出借包装物所收取的押金，单独记账核算的，时间在1年以内且未过期的，不并入销售额征税；但对因逾期未收回包装物而不退还的押金，应按所包装货物的适用税率计算销项税额。对此还需要注意以下几个问题：1)"逾期"是指按合同约定实际期限已逾期，或以1年为期限，对收取1年以上的押金，无论是否退还均应并入销售额征税。2) 包装物押金并入销售额征税时，要先将该押金换算为不含税价，再并入销售额征税。3) 包装物的适用税率，与所包装货物的适用税率一致。

从1995年6月1日起，对销售除啤酒、黄酒外的其他酒类产品而收取的包装物押金，无论是否返还以及会计上如何核算，均应并入销售额征税。

(6) 对视同销售货物行为销售额的确定。税法规定，对视同销售征税而无销售额的，按下列顺序确定销售额：

1) 按纳税人当月同类货物的平均销售价格确定。

2) 按纳税人最近时期同类货物的平均销售价格确定。

3) 按组成计税价格确定。组成计税价格的计算公式为：

组成计税价格＝成本×（1＋成本利润率）

征收增值税的货物，同时又征收消费税的，其组成计税价格的计算公式为：

组成计税价格＝成本×（1＋成本利润率）＋消费税

或：　组成计税价格＝成本×（1＋成本利润率）÷（1－消费税税率）

其中的成本，销售自产货物的为实际生产成本，销售外购货物的为实际采购成本。成本利润率由国家税务总局确定。但属于按从价定率征收消费税的货物，其组成计税价格计算公式中的成本利润率，为《消费税若干具体问题的规定》中规定的成本利润率。

3. 含税销售额的换算

由于增值税是价外税，因此计税销售额是不含税销售额。但在现实生活中，经常会出现一般纳税人销售货物或者应税劳务采用销售额和销项税额合并定价收取的情况，这时其销售额就是含税销售额。因此，在计算销项税额时，必须将一般纳税人销售货物或者应税劳务取得的含税销售额换算为不含税的销售额。

将含税销售额换算为不含税销售额的计算公式为：

不含税销售额＝含税销售额÷（1＋增值税税率）

【例 2—1】 某百货商场为增值税一般纳税人，5 月份销售本月购进钢琴两台，每台零售价 11.7 万元，请计算该百货商场 5 月份销售这两台钢琴的不含税销售额。

解答：

不含税销售额＝11.7÷（1＋17%）×2＝20（万元）

（二）进项税额的计算

进项税额是指纳税人购进货物或接受应税劳务所支付的增值税税额。销售方收取的销项税额就是购买方支付的进项税额。这是因为在购销业务中，销货方在取得销货款额的同时，收回销项税额；购货方在支付销货款额同时，支付进项税额。可见，进项税额与销项税额是相互对应的两个概念。对于任何一个增值税纳税人来说，在其生产经营过程中，都会发生销售货物或者提供应税劳务，又会发生购进货物或者接受应税劳务，因此，每一个增值税纳税人都会有收取的销项税额和支付的进项税额。

1. 准予从销项税额中抵扣的进项税额

允许抵扣的进项税额有：增值税专用发票上注明的税额；从海关取得的进口完税凭证上注明的税额；允许抵扣进项税额的特殊情况。其中，特殊情况下允许抵扣的进项税额是不能直接凭销售方开具的增值税专用发票上注明的增值税税额和海关开具的完税凭证上注明的增值税额得出的，而要根据购进货物或者接受应税劳务的金额和法定的扣除率计算得出。

准允抵扣的进项税额具体包括：

(1) 从销售方取得的增值税专用发票上注明的增值税额。

(2) 从海关取得的完税凭证上注明的增值税额。

(3) 运输费用的进项税额。一般纳税人外购货物（固定资产除外）所支付的运输费用，以及一般纳税人销售货物所支付的运输费用（不并入销售额的代垫运费除外），根据运费结算单据（普通发票）所列运费金额依7%的扣除率计算抵扣进项税额。进项税额的计算公式为：

准予抵扣的进项税额＝运费×扣除率

需要说明的几点是：

1）准予抵扣的货物运费金额是指在运输单位开具的货票上注明的运费和建设基金，但不包括随同运费支付的装卸费、保险费等其他杂费。

2）准予作为抵扣凭证的运费结算单据（普通发票），是指国有铁路、民用航空、公路和水上运输单位开具的货票，以及从事货物运输的非国有运输单位开具的套印全国统一发票监制章的货票。

3）外购固定资产的运费不得抵扣。

4）购买或销售免税货物（购进免税农业产品除外）所发生的运输费用也不得计算进项税额抵扣。

5）自2003年11月1日起，提供货物运输劳务的纳税人必须经主管地方税务局认定后方可开具货物运输业发票。

6）从2003年12月1日起，国家税务局将对增值税一般纳税人申请抵扣的所有运输发票与营业税纳税人开具的货物运输业发票进行比对。凡比对不符的，一律不予抵扣。对比对异常情况进行核查，并对违反有关法律法规开具或取得货物运输业发票的单位进行处罚。

7）增值税一般纳税人在申报抵扣自2003年11月1日起取得的运输发票增值税进项税额时，应向主管国家税务局填报《增值税运输发票抵扣清单》纸制文件及电子信息，未报送的其进项税额不得抵扣。

8）纳税人取得的2003年10月31日以后开具的运输发票，应当自开票之日起90天内向主管国家税务局申报抵扣，超过90天的不得予以抵扣。

9）一般纳税人购进或销售货物（东北以外地区固定资产除外）通过铁路运输，并取得铁路部门开具的运输发票，如果铁路部门开具的铁路运输发票上托运人或收货人名称与纳税人名称不一致，但铁路运输发票上托运人栏或备注栏注有该纳税人名称的（手写无效），该运输发票可以作为进项税额抵扣凭证，允许计算抵扣进项税额。

10）一般纳税人在生产经营过程中所支付的运输费用，允许计算抵扣进项税额。

(4) 购进农产品，除取得增值税专用发票或者海关进口增值税专用缴款书外，按照农产品收购发票或者销售发票上注明的农产品买价和13%的扣除率计算的进项税额。进项税额计算公式：

准予抵扣的进项税额＝农产品买价×扣除率

需要说明的几点是：

1）所谓"农产品"是指直接从事植物的种植、收割和动物的饲养、捕捞的单位和个人销售的自产农产品；农业产品所包括的具体品目按照1995年6月财政部、国家税务总局印发的《农业产品征税范围注释》执行。

2）所谓"买价"是指经主管税务机关批准使用的收购凭证上注明的价款。

3）购买农产品的单位在收购价格之外按规定缴纳并负担的烟叶税，准予并入农产品的买价计算进项税额，并在计算缴纳增值税时予以扣除。扣除额依规定的烟叶收购金额和烟叶税及法定扣除率计算。烟叶收购金额包括纳税人支付给烟叶销售者的烟叶收购价款和价外补贴，价外补贴统一暂按烟叶收购价款的10%计算。收购烟叶准予抵扣的进项税额的计算公式如下：

准予抵扣的进项税额＝(收购金额＋烟叶税)×13%

收购金额＝收购价款×(1＋10%)

4）扣除率为13%。增值税一般纳税人向小规模纳税人购买农产品，可依13%的扣除率抵扣进项税额。

（5）生产企业的一般纳税人购入废旧物资回收经营单位销售的免税废旧物资，可按照废旧物资回收经营单位开具的由税务机关监制的普通发票上注明的金额，依10%的扣除率计算抵扣进项税额。

废旧物资回收经营单位应将销售废旧物资开具的普通发票逐票填写《废旧物资发票开具清单》，在进行增值税纳税申报时随同纳税申报表一并报送。

废旧物资回收单位销售其收购的废旧物资，开具普通发票时，应加盖财务印章和开票人专章。生产企业增值税一般纳税人取得未加盖“开票人专章”的普通发票，不得计算抵扣进项税额。增值税一般纳税人取得所有需抵扣增值税进项税额的废旧物资发票，因根据相关废旧物资发票逐票填写《废旧物资发票抵扣清单》，在进行增值税纳税申报时随同纳税申报表一并报送。

需要说明两点：一是纳税人购进货物或者应税劳务，取得的增值税专用发票、海关进口增值税专用缴款书、农产品收购发票和农产品销售发票以及运输费用结算单据等扣税凭证不符合法律、行政法规或者国务院税务主管部门有关规定的，其进项税额不得从销项税额中抵扣。二是混合销售行为依照《增值税暂行条例实施细则》第五条规定应当缴纳增值税的，该混合销售行为所涉及的非增值税应税劳务所用购进货物的进项税额，凡符合规定的，准予从销项税额中抵扣。

2. 不准予从销项税额中抵扣的进项税额

税法规定，下列项目的进项税额不得从销项税额中抵扣：

（1）用于非增值税应税项目、免征增值税项目、集体福利或者个人消费的购进货物或者应税劳务；

（2）非正常损失的购进货物及相关的应税劳务；

（3）非正常损失的在产品、产成品所耗用的购进货物或者应税劳务；

（4）国务院财政、税务主管部门规定的纳税人自用消费品；

（5）第（1）项至第（4）项规定的不得抵扣进项税额货物的运输费用和销售免税货物的运输费用。

第（1）项所称购进货物，不包括既用于增值税应税项目（不含免征增值税项目）也用于非增值税应税项目、免征增值税项目、集体福利或者个人消费的固定资产（固定资产，是指使用期限超过12个月的机器、机械、运输工具以及其他与生产经营有关的设备、工具、器具等）。所称个人消费包括纳税人的交际应酬消费。所称非增值税应税项目，是指提供非增值税应税劳务、转让无形资产、销售不动产（不动产是指不能移动或者移动后会引起性质、形状改变的财产，包括建筑物、构筑物和其他土地附着物）和不动产在建工程。纳税人新建、改建、扩建、修缮、装饰不动产，均属于不动产在建工程。

第（2）、（3）项所称非正常损失，是指因管理不善造成被盗、丢失、霉烂变质的损失。

第（4）项所称纳税人自用消费品，是指纳税人自用的应征消费税的摩托车、汽车、游艇。

（三）应纳税额的计算

纳税人销售货物或应税劳务，其应纳税额为当期销项税额抵扣当期进项税额后的余额。其计算公式为：

应纳税额＝当期销项税额－当期进项税额

1. 确定销项税额的时间

增值税纳税人销售货物或者提供应税劳务后，什么时间确定销项税额，关系到纳税人当期应纳税额的多少，对此税法作出了严格的规定。确定销项税额的时间总的原则是，销项税额的确定不得滞后。

2. 确定进项税额的抵扣时限

增值税纳税人在购进货物或者接受应税劳务时，要负担增值税税额，即进项税额。纳税人进项税额抵扣时间的确定，直接关系到纳税人当期应纳税额的多少，对此税法作出了严格的规定。确定进项税额的抵扣时限总的原则是，进项税额的抵扣不得提前。

（1）防伪税控系统开具的增值税专用发票进项税额的抵扣时限。增值税一般纳税人申请抵扣的防伪税控系统开具的增值税专用发票，必须自该发票开具之日起 90 天内到税务机关认证，否则不予抵扣进项税额。

增值税一般纳税人认证通过的防伪税控系统开具的增值税专用发票，应在认证通过的当月按照增值税有关规定核算当期进项税额并申报抵扣，否则不予抵扣进项税额。

增值税一般纳税人取得由税务机关代开的专用发票后，应以专用发票上填写的税额为进项税额，即按发票注明的销售额和征收率计算的应纳税额为抵扣的进项税额。

（2）海关完税凭证进项税额的抵扣时限。增值税一般纳税人取得的 2004 年 2 月 1 日以后开具的海关完税凭证，应当自开票之日起 90 天后的第一个纳税申报期结束以前向主管税务机关申报抵扣，逾期不予抵扣。

（3）运费发票进项税额的抵扣时限。增值税一般纳税人取得的 2003 年 10 月 31 日以后开具的运输发票，应当自开票之日起 90 天内向主管国家税务局申报抵扣，超过 90 天的不予抵扣。在办理运费进项税额抵扣时，应附抵扣发票清单。

（4）购进废旧物资取得的普通发票进项税额的抵扣时限。增值税一般纳税人取得的 2004 年 3 月 1 日以后开具的废旧物资发票，应当自开票之日起 90 天后的第一个纳税申报期结束以前向主管税务机关申报抵扣，逾期不予抵扣。

（5）一般纳税人因销售货物退回或者折让而退还给购买方的增值税额，应从发生销售货物退回或者折让当期的销项税额中扣减；因购进货物退出或者折让而收回的增值税额，应从发生购进货物退出或者折让当期的进项税额中扣减。

3. 进项税额不足抵扣的处理

当期销项税额大于当期进项税额，为应交税款；当期销项税额小于当期进项税额不足抵扣时，不足抵扣的部分可以结转下期继续抵扣。

4. 扣减发生期进项税额的规定

由于增值税实行以当期销项税额抵扣当期进项税额的“购进扣税法”，当期购进的货物或应税劳务如果事先并未确定将用于非生产经营项目，其进项税额会在当期销项税额中予以抵扣。但已抵扣进项税额的购进货物或应税劳务如果事后改变用途，如用于非应税项目、用于集体福利或个人消费、购进货物发生非正常损失、在产品或产成品发生非正常损失，应将该项购进货物或应税劳务的进项税额从当期发生的进项税额中扣减。

【例 2—2】 某机械厂为增值税一般纳税人，采用直接收款结算方式销售货物，购销货物的增值税税率均为17%。8月份发生下列经济业务：

(1) 开出增值税专用发票销售甲产品50台，单价8 000元，并交与购货方。

(2) 将20台乙产品分配给投资者，单位成本6 000元，没有同类产品的销售价格。

(3) 基本建设工程领用材料1 000公斤，不含税单价50元，计50 000元。

(4) 改、扩建职工食堂领用材料200公斤，不含税单价50元，计10 000元，改、扩建领用乙产品1台。

(5) 本月丢失钢材8吨，不含税单价2 000元，作待处理财产损失处理。

(6) 本月外购货物取得防伪税控系统开具的增值税专用发票上注明的增值税为70 000元，支付运输费用30 000元，取得经税务机关认定的运输公司开具的普通发票。

请计算该机械厂8月份的销项税额、进项税额转出额以及本月应交纳的增值税额。

解答：

(1) 销项税额＝8 000×50×17%＝68 000（元）

(2) 销项税额＝6 000×20×（1＋10%）×17%＝22 440（元）

(3) 进项税额转出额＝50 000×17%＝8 500（元）

(4) 进项税额转出额＝10 000×17%＝1 700（元）

销项税额＝6 000×（1＋10%）×17%＝1 122（元）

(5) 进项税额转出额＝2 000×8×17%＝2 720（元）

(6) 进项税额＝70 000＋30 000×7%＝72 100（元）

本月销项税额＝68 000＋22 440＋1 122＝91 562（元）

本月进项税额转出额＝8 500＋1 700＋2 720＝12 920（元）

本月应交增值税＝91 562－72 100＋12 920＝32 382（元）

二、小规模纳税人应纳税额的计算

小规模纳税人销售货物或应税劳务，按照销售额和规定的征收率计算应纳税额，不得抵扣进项税额。其计算公式为：

应纳税额＝销售额×征收率（3%）

小规模纳税人在计算应纳税额时，应注意以下几个问题。

（一）小规模纳税人不得抵扣进项税额

小规模纳税人会计核算不健全，不能准确核算销项税额和进项税额，在计算应纳税额时不实行税款抵扣制度，而实行简易计税办法。同时，销售货物也不得自行开具增值税专用发票。

（二）小规模纳税人销售额的确定

小规模纳税人的销售额的确定与一般纳税人销售额一样，即为销售货物或应税劳务向购买方收取的全部价款和价外费用，不包括依3%的征收率收取的增值税税额。

（三）含税销售额的换算

因为增值税是价外税，所以小规模纳税人在计算应纳税额时必须将含税销售额换算成不含税的销售额后才能计算应纳税额。小规模纳税人不含税销售额的换算公式为：

不含税销售额＝含税销售额÷（1＋征收率）

（四）主管税务机关为小规模纳税人代开发票的应纳税额计算

小规模纳税人销售货物或应税劳务，可以申请由主管税务机关代开发票。主管税务机关为小规模纳税人代开发票，应在专用发票"单价"栏和"金额"栏分别填写不含增值税税额的单价和销售额，其应纳税额按销售额依照征收率计算。

【例2—3】 某日用品加工厂为增值税小规模纳税人，2月份取得销售收入总额63.6万元。计算该日用品加工厂2月份应缴纳的增值税税额。

解答：

不含税销售额＝63.6÷（1＋3%）＝61.75（万元）

应纳增值税税额＝61.75×3%＝1.85（万元）

三、进口货物应纳税额的计算

对进口货物征税是国际上大多数国家的通常做法，目的是平衡进口商品与国内商品的税负。根据我国《增值税暂行条例》的规定，在中华人民共和国境内一切进口货物的单位和个人都应当依照规定缴纳增值税。

（一）进口货物纳税人

《增值税暂行条例》规定，增值税进口货物纳税人为进口货物的收货人或者办理报关手续的单位和个人，包括国内一切从事进口业务的企事业单位、机关团体和个人。

（二）进口货物征税范围

《增值税暂行条例》规定，申报进入中华人民共和国海关境内的货物，均应缴纳增值税。

（三）进口货物适用税率

进口货物增值税税率与增值税一般纳税人在国内销售同类货物的税率相同。

（四）进口货物应纳税额的计算

1. 组成计税价格的确定

组成计税价格的计算公式为：

组成计税价格＝关税完税价格＋关税

或：组成计税价格＝关税完税价格＋关税＋消费税

按照《海关法》和《进出口关税条例》的规定，一般贸易项下进口货物的关税完税价格是指以海关审定的成交价格为基础的到岸价格。所谓成交价格，是指一般贸易项下进口货物的买方为购买该项货物而向卖方实际支付或应当支付的价格。到岸价格是指货物价格加上货物运抵我国关境内输入地点起卸前的包装费、运费、保险费和其他劳务费用的价格。特殊贸易下进口的货物，由于进口时没有“成交价格”可作依据，为此，《进出口关税条例》对这些进口货物制定了确定其完税价格的具体办法。

如果进口货物属于《消费税暂行条例》规定的应税消费品，该进口货物的组成计税价格中还要包括进口环节已纳的消费税税额。

2. 应纳税额的计算

纳税人进口货物，按照组成计税价格和《增值税暂行条例》规定的税率计算应纳税额，不得抵扣任何税额，即不得抵扣发生在我国境外的各种税金。其计算公式如下：

应纳税额＝组成计税价格×税率

进口货物在海关缴纳的增值税，符合抵扣范围的，凭借海关开具的完税凭证，可以从当期销项税额中抵扣。

【例 2—4】 有进出口经营权的某外贸公司，9 月份从国外进口货物 500 吨，海关审定的到岸价格是 290 万元。该货物的关税税率为 10%，增值税税率为 17%。计算该外贸公司 9 月份从国外进口该货物在进口环节缴纳的增值税。

解答：

组成计税价格＝关税完税价格＋关税

＝290×（1＋10%）＝319（万元）

应纳税额＝组成计税价格×税率

＝319×17%＝54.23（万元）

第六节 出口货物退（免）税

出口货物退（免）税是国际贸易中通常采用的、目的在于鼓励各国出口货物公平竞争的一种退还或免征间接税的税收措施。

我国的出口货物退（免）税是指在国际贸易业务中，对我国报关出口的货物退还其在国内各生产环节和流转环节按税法规定缴纳的增值税和消费税，或免征应缴纳的增值税和消费税。

一、出口货物退（免）税基本政策

为了提高出口货物在国际市场上的竞争力，鼓励和扩大本国产品出口，我国现行增值税规定，实行出口货物退（免）税的政策。目前我国的出口货物税收政策分为以下三种形式：

（1）出口免税并退税。出口免税是指货物在出口销售环节不征增值税；出口退税是指对货物在出口前实际承担的税款，按规定的退税率给予退税。

（2）出口免税不退税。出口免税是指货物在出口销售环节不征增值税；出口不退税是指货物在出口销售环节以前的生产、销售或进口环节是免税的，该货物的价格中本身就不含税。

（3）出口不免税也不退税。出口不免税是指对国家限制或禁止出口的某些货物的出口环节视同内销环节，照常征税；出口不退税是指不退还出口销售环节以前负担的税款。

二、出口货物退（免）税货物的适用范围

我国现行出口货物退税的货物范围主要是报关出口的增值税应税货物。但考虑到国家宏观调控和国际惯例的需要，对一些特定货物也实行了退税。

（一）一般退（免）税货物的适用范围

凡企业出口的属于已征或应征增值税、消费税的货物，除国家明确规定不予退（免）税的外，都属于一般退（免）税货物范围。

享受退（免）税的一般货物应具备以下四个条件：

（1）必须是属于增值税征税范围的货物。

（2）必须是报关离境的货物。所谓报关离境，即货物输出海关，它是区别货物是否退（免）税的主要标志之一。凡报关不离境的货物，不论出口企业是以外汇结算还是以人民币结算，也不论出口企业在财务上作何处理，均不能视为出口货物予以退（免）税。

（3）必须是在财务上作销售处理的货物。

（4）必须是出口收汇并已核销的货物。

（二）特准退（免）税货物的适用范围

货物虽然不同时具备上述四个条件，但由于其销售方式、消费环节、结算办法的特殊性以及国际间的特殊情况，国家特准退还或免征其增值税和消费税。这些货物主要有：

（1）对外承包工程公司运出境外用于对外承包项目的货物。

（2）对外承接修理修配业务的企业用于对外修理修配的货物。

（3）外轮供应公司、远洋运输供应公司销售给外轮、远洋国轮而收取外汇的货物。

（4）企业在国内采购并运往境外作为在国外投资的货物。

（5）利用外国政府贷款或国际金融组织贷款，通过国际招标由国内企业中标的机电产品。

（三）出口免税但不予退税货物的适用范围

出口免税但不退税的货物有：

（1）属于生产企业的小规模纳税人自营出口或委托外贸企业代理出口的自产货物。

（2）外贸企业从小规模纳税人购进并持普通发票的货物用于出口的。但对列举的12类出口货物考虑其占出口比重较大及其生产、采购的特殊因素，特准退税。

（3）外贸企业直接购进国家规定的免税货物（包括免税农产品）出口的。

（4）下列出口货物免税但不予退税：1）来料加工复出口的货物，即原材料进口免税，加工自制的货物出口不退税。2）避孕药品和用具、古旧图书，内销免税，出口也免税。3）出口卷烟：有出口卷烟权的企业出口国家出口卷烟计划内的卷烟，在生产环节免征增值税、消费税，出口环节不办理退税；其他非计划内出口的卷烟照章征收增值税和消费税，出口一律不退税。4）军品以及军队系统企业出口军需工厂生产或军需部门调拨的货

物。5）国家规定的其他免税货物，例如农业生产者销售的自产农业产品、饲料、农膜等。

出口享受免征增值税的货物，其耗用的原材料、零部件等支付的进项税额包括准予抵扣的运输费用所含的进项税额，不能从内销货物的销项税额中抵扣，应计入产品成本处理。

（四）不免税也不退税货物的适用范围

（1）出口的原油。

（2）援外出口货物。自1999年1月1日起，对一般物资援助项下出口的货物，仍实行出口不退税政策；对利用中国政府的援外优惠贷款和合作项目基金出口的货物，比照一般贸易出口，实行出口退税政策。

（3）国家禁止出口的货物，包括天然牛黄、麝香、铜及铜基合金（出口电解铜自2001年1月1日起按17%的退税率退还增值税）、白银等。

三、出口货物退（免）税企业的适用范围

出口货物退（免）税企业，包括经国家商务主管部门及其授权单位批准，享有进出口经营权的企业，以及委托出口企业代理出口自产货物的生产企业。具体包括：

（1）经国家商务主管部门及其授权单位批准，享有进出口经营权的外贸企业。

（2）经国家商务主管部门及其授权单位批准，享有进出口经营权的自营生产企业。

（3）外商投资企业。

（4）委托外贸企业代理出口的生产企业。

（5）特定退（免）税企业。

四、出口货物退税率

出口货物退税率，是指出口货物的应退税额与计税依据之间的比例。

国务院作出改革出口退税机制的决定后，2003年10月13日财政部、国家税务总局联合发文，自2004年1月1日起，对出口货物增值税退税率进行结构性调整，调整后的出口退税率的平均水平降低3个百分点。2007年6月19日财政部、国家税务总局联合发布《关于调低部分商品出口退税率的通知》。我国现行出口货物退税率为17%、13%、11%、8%、6%、5%六档。

五、出口退（免）税的方式及计算

为了与出口企业的会计核算办法相一致，我国《出口货物退（免）税管理办法》规定了两种退税计算办法：第一种办法是“免、抵、退”办法，主要适用于自营和委托出口自产货物的生产企业；第二种办法是“先征后退”办法，主要适用于收购货物出口的外（工）贸企业。

（一）“免、抵、退”的计算方法

自2002年1月1日起，生产企业自营或委托外贸企业代理出口自产货物，除另有规

定外，增值税一律实行“免、抵、退”办法。“生产企业”是指独立核算，经主管国家税务机关认定为增值税一般纳税人，并且具有实际生产能力的企业和企业集团。增值税小规模纳税人出口自产货物继续实行免征增值税办法。

“免、抵、退”办法中，“免”税是指对生产企业出口的自产货物，免征本企业生产、销售环节增值税；“抵”税是指生产企业出口自产货物所耗用的原材料、零部件、动力等所含应予退还的进项税额，抵顶内销货物的应纳税额；“退”税是指生产企业出口的自产货物在当月应抵顶的进项税额大于应纳税额时，对未抵顶完的部分予以退税。

计算公式为：

（1）当期应纳税额＝当期内销货物的销项税额－当期进项税额－当期免抵退不得免征和抵扣税额－上期留抵税额

当期免抵退不得免征和抵扣税额＝当期出口货物的离岸价格×（征税率－退税率）

（2）当期免抵退税额＝出口货物离岸价×人民币牌价×退税率

（3）当期应退税额＝当期应纳税额与免抵退税额取低者

（4）当期免抵税额＝当期免抵退税额－当期应退税额

当期进项税额包括内销和外销两部分，用于内销，可以抵；用于出口，可以抵，但不可以抵征、退税率差。

【例 2—5】 有自营出口经营权的某生产企业为增值税一般纳税人，8 月份经营业务如下：购进原材料一批，取得的增值税专用发票注明的价款 200 万元，外购货物准予抵扣的进项税额 34 万元，本月已通过税务机关的认定；本月内销货物不含税销售额 120 万元，取得价税合计数 140.4 万元；本月出口货物的销售额折合人民币 200 万元；上月末留抵税款 3 万元。计算该企业当期的“免、抵、退”税额（出口货物的征税率为 17%，退税率为 13%）。

解答：

（1）当期免抵退不得免征和抵扣税额＝200×（17%－13%）＝8（万元）

当期应纳税额＝120×17%－（34－8）－3＝－8.6（万元）

（2）当期免抵退税额＝200×13%＝26（万元）

（3）当期应退税额＝8.6（万元）

（4）当期免抵税额＝26－8.6＝17.4（万元）

期末留抵结转下期继续抵扣税额为 0。

（二）“先征后退”的计算方法

外贸企业出口销售环节的增值税免税，退还出口货物进项税额。因为外贸企业在支付收购货款的同时也支付了生产经营该类商品的企业已纳的增值税税额，所以在货物出口后应退还给外贸企业，征、退税之差计入企业成本。

（1）外贸企业以及实行外贸企业财务制度的工贸企业收购货物出口，其出口销售环节的增值税免征；其收购货物的成本部分，因外贸企业在支付收购货款的同时也支付了生产经营该类商品的企业已纳的增值税款，因此，在货物出口后按收购成本与退税税率计算退税退还给外贸企业，征、退税之差计入企业成本。

外贸企业出口货物增值税的计算应依据购进出口货物增值税专用发票上所注明的进项金额和退税税率计算。公式如下：

应退税额＝外贸收购不含增值税购进金额×退税税率

（2）外贸企业收购小规模纳税人出口货物增值税的退税规定。

1）凡从小规模纳税人购进持普通发票特准退税的抽纱、工艺品等12类出口货物，实行销售出口货物的收入免税，并退还出口货物进项税额的办法。由于小规模纳税人使用的是普通发票，其销售额和应纳税额没有单独计价，而小规模纳税人应纳的增值税也是价外计征的，因此，在计算退税额时必须先将合并定价的销售额换算为不含税销售额。计算公式如下：

应退税额＝普通发票所列销售金额÷（1＋征收率×6%或5%）

2）凡从小规模纳税人购进税务机关代开的增值税专用发票的出口货物，其退税额的计算公式如下：

应退税额＝增值税专用发票注明的金额×6%或5%

【例2—6】 某进出口公司4月份出口平纹布8 000米，收购平纹布时，进货增值税专用发票上注明的单价是每平方米30元，进项金额为240 000元。平纹布退税率为13%。计算出口退税额。

解答：

应退税额＝240 000×13%＝31 200（元）

第七节 征收管理与申报缴纳

一、纳税义务发生时间

增值税纳税义务发生时间，是指增值税纳税义务人发生应税行为应承担纳税义务的起始时间。纳税义务发生时间一经确定，纳税人必须按此时间计算应纳税款。这一规定在增值税征收管理中是十分重要的。

由于增值税的应税行为的发生与收入的取得在时间上不一致，因此，明确增值税纳税义务发生时间就能确定税务机关与纳税人之间的征纳关系和应尽职责，合理确定纳税期限，监督纳税人切实履行纳税义务，保证国家财政收入。

增值税纳税义务发生时间的具体规定为：

（1）销售货物或者应税劳务，为收讫销售款或者取得索取销售款凭据的当天，先开具发票的，为开具发票的当天。按销售结算方式可具体确定为：

1）采取直接收款方式销售货物的，不论货物是否发出，均为收到销售额或取得索取销售额凭据并将提货单交给买方的当天。

2）采取托收承付和委托银行收款方式销售货物的，为发出货物并办妥托收手续的当天。

3）采取赊销和分期付款方式销售货物的，为合同约定的收款日期。

4）采取预收货款方式销售货物的，为货物发出的当天，但销售生产工期超过12个月的大型机械设备、船舶、飞机等货物，为收到预收款或者书面合同约定的收款日期的当天。

5）委托其他纳税人代销货物的，为收到代销单位销售的代销清单的当天，或者收到全部或者部分货款的当天。未收到代销清单及货款的，为发出代销货物满180天的当天。

6）销售应税劳务的，为提供劳务同时收讫销售额或取得索取销售额凭据的当天。

7）纳税人发生视同销售货物行为的，为货物移送使用的当天。

(2) 进口货物，为报关进口的当天。

二、纳税期限

增值税的纳税期限分别为1日、3日、5日、10日、15日、1个月或者1个季度。纳税人的具体纳税期限，由主管税务机关根据纳税人应纳税额的大小分别核定；不能按照固定期限纳税的，可以按次纳税。

纳税人以1个月或者1个季度为1个纳税期的，自期满之日起15日内申报纳税；以1日、3日、5日、10日或者15日为1个纳税期的，自期满之日起5日内预缴税款，于次月1日起15日内申报纳税并结清上月应纳税款。

扣缴义务人解缴税款的期限，依照前两款规定执行。

三、纳税地点

增值税的纳税地点，就是纳税人申报缴纳增值税的具体地点。

(1) 固定业户应在其机构所在地主管税务机关申报纳税。总机构和分支机构不在同一县（市）的，应当分别向各自所在地的主管税务机关申报纳税；经国务院财政、税务主管部门或者其授权的财政、税务机关批准，可以由总机构汇总向总机构所在地主管税务机关申报纳税。

(2) 固定业户到外县（市）销售货物或者应税劳务，应当向其机构所在地主管税务机关申请开具外出经营活动税收管理证明，向其机构所在地主管税务机关申报纳税；未开具证明的，应当向销售地或者劳务发生地的主管税务机关申报纳税；未向销售地或者劳务发生地的主管税务机关申报纳税的，由其机构所在地主管税务机关补征税款。

(3) 非固定业户销售货物或者应税劳务，应当向销售地或者劳务发生地主管税务机关申报纳税；未向销售地或者劳务发生地的主管税务机关申报纳税的，由机构所在地或者居住地的主管税务机关补征税款。

(4) 进口货物应当向报关地海关申报纳税。

(5) 扣缴义务人应当向其机构所在地或者居住地的主管税务机关申报缴纳其扣缴的税款。

四、申报缴纳

（一）增值税一般纳税人的纳税申报

增值税一般纳税人的纳税申报资料包括《增值税纳税申报表（适用于增值税一般纳税人）》（见表2—2）以及三个附表——《增值税纳税申报表附列资料（表一）》（见表2—

3）、《增值税纳税申报表附列资料（表二）》（见表2—4）和《固定资产进项税额抵扣情况表》（见表2—5）。

表2—2

增值税纳税申报表

（适用于增值税一般纳税人）

根据《中华人民共和国增值税暂行条例》第二十二条和第二十三条的规定制定本表。纳税人不论有无销售额，均应按主管税务机关核定的纳税期限按期填报本表，并于次月一日起十五日内，向当地税务机关申报。

税款所属时间：自　　年　月　日至　　年　月　日

填表日期：　　年　月　日　　　　　　　　金额单位：元至角分

纳税人识别号				所属行业：		
纳税人名称	（公章）	法定代表人姓名		注册地址	营业地址	
开户银行及账号		企业登记注册类型			电话号码	

	项目	栏次	一般货物及劳务		即征即退货物及劳务	
			本月数	本年累计	本月数	本年累计
销售额	（一）按适用税率征税货物及劳务销售额	1				
	其中：应税货物销售额	2				
	应税劳务销售额	3				
	纳税检查调整的销售额	4				
	（二）按简易征收办法征税货物销售额	5				
	其中：纳税检查调整的销售额	6				
	（三）免、抵、退办法出口货物销售额	7			—	—
	（四）免税货物及劳务销售额	8			—	—
	其中：免税货物销售额	9			—	—
	免税劳务销售额	10			—	—
税款计算	销项税额	11				
	进项税额	12				
	上期留抵税额	13		—		—
	进项税额转出	14				
	免抵退货物应退税额	15			—	—
	按适用税率计算的纳税检查应补缴税额	16			—	—
	应抵扣税额合计	17＝12＋13－14－15＋16		—		—
	实际抵扣税额	18（如 17 ＜ 11，则为17；否则为11）				
	应纳税额	19＝11－18				
	期末留抵税额	20＝17－18		—		—
	简易征收办法计算的应纳税额	21				
	按简易征收办法计算的纳税检查应补缴税额	22			—	—
	应纳税额减征额	23				
	应纳税额合计	24＝19＋21－23				

税款缴纳	期初未缴税额（多缴为负数）	25				
	实收出口开具专用缴款书退税额	26			—	—
	本期已缴税额	27＝28＋29＋30＋31				
	①分次预缴税额	28		—		—
	②出口开具专用缴款书预缴税额	29		—	—	—
	③本期缴纳上期应纳税额	30				
	④本期缴纳欠缴税额	31				
	期末未缴税额（多缴为负数）	32＝24＋25＋26－27				
	其中：欠缴税额（≥0）	33＝25＋26－27		—		—
	本期应补（退）税额	34＝24－28－29		—		—
	即征即退实际退税额	35	—	—		
	期初未缴查补税额	36			—	—
	本期入库查补税额	37			—	—
	期末未缴查补税额	38＝16＋22＋36－37			—	—

授权声明	如果你已委托代理人申报，请填写下列资料： 为代理一切税务事宜，现授权 （地址）　　为本纳税人的代理申报人，任何与本申报表有关的往来文件，都可寄予此人。 授权人签字：	申报人声明	此纳税申报表是根据《中华人民共和国增值税暂行条例》的规定填报的，我相信它是真实的、可靠的、完整的。 声明人签字：

以下由税务机关填写：

收到日期：　　　　接收人：　　　　主管税务机关盖章：

表 2—3　　**增值税纳税申报表附列资料（表一）**

（本期销售情况明细）

税款所属时间：　　年　月

纳税人名称：（公章）　　填表日期：　　年　月　日　　金额单位：元至角分

一、按适用税率征收增值税货物及劳务的销售额和销项税额明细													
项目	栏次	应税货物						应税劳务			小计		
		17%税率			13%税率								
		份数	销售额	销项税额	份数	销售额	销项税额	份数	销售额	销项税额	份数	销售额	销项税额
防伪税控系统开具的增值税专用发票	1												
非防伪税控系统开具的增值税专用发票	2	—	—	—	—	—	—	—	—	—	—	—	—
开具普通发票	3												
未开具发票	4	—			—			—			—		
小计	5＝1＋2＋3＋4	—			—			—			—		
纳税检查调整	6	—			—			—			—		
合计	7＝5＋6	—			—			—			—		

二、简易征收办法征收增值税货物的销售额和应纳税额明细										
项目	栏次	6%征收率			4%征收率			小计		
		份数	销售额	应纳税额	份数	销售额	应纳税额	份数	销售额	应纳税额
防伪税控系统开具的增值税专用发票	8									
非防伪税控系统开具的增值税专用发票	9	—	—	—	—	—	—	—	—	—
开具普通发票	10									
未开具发票	11	—			—			—		
小计	12=8+9+10+11	—			—			—		
纳税检查调整	13	—			—			—		
合计	14=12+13	—			—			—		

三、免征增值税货物及劳务销售额明细										
项目	栏次	免税货物			免税劳务			小计		
		份数	销售额	税额	份数	销售额	税额	份数	销售额	税额
防伪税控系统开具的增值税专用发票	15				—	—	—			
开具普通发票	16			—			—			—
未开具发票	17	—		—	—		—	—		—
合计	18=15+16+17	—			—		—	—		

表 2—4　　**增值税纳税申报表附列资料（表二）**

（本期进项税额明细）

税款所属时间：　　年　月

纳税人名称：（公章）　　填表日期：　　年　月　日　　金额单位：元至角分

一、申报抵扣的进项税额				
项目	栏次	份数	金额	税额
（一）认证相符的防伪税控增值税专用发票	1			
其中：本期认证相符且本期申报抵扣	2			
前期认证相符且本期申报抵扣	3			
（二）非防伪税控增值税专用发票及其他扣税凭证	4			
其中：海关进口增值税专用缴款书	5			
农产品收购发票或者销售发票	6			
废旧物资发票	7			
运输费用结算单据	8			
6%征收率	9	—	—	—
4%征收率	10	—	—	—
（三）外贸企业进项税额抵扣证明	11	—	—	
当期申报抵扣进项税额合计	12			

二、进项税额转出额		
项目	栏次	税额
本期进项税转出额	13	
其中：免税货物用	14	
非应税项目用、集体福利、个人消费	15	
非正常损失	16	
按简易征收办法征税货物用	17	
免抵退税办法出口货物不得抵扣进项税额	18	
纳税检查调减进项税额	19	
未经认证已抵扣的进项税额	20	
红字专用发票通知单注明的进项税额	21	

三、待抵扣进项税额				
项目	栏次	份数	金额	税额
（一）认证相符的防伪税控增值税专用发票	22	—	—	—
期初已认证相符但未申报抵扣	23			
本期认证相符且本期未申报抵扣	24			
期末已认证相符但未申报抵扣	25			
其中：按照税法规定不允许抵扣	26			
（二）非防伪税控增值税专用发票及其他扣税凭证	27			
其中：海关进口增值税专用缴款书	28			
农产品收购发票或者销售发票	29			
废旧物资发票	30			
运输费用结算单据	31			
6%征收率	32	—	—	—
4%征收率	33	—	—	—
	34			

四、其他				
项目	栏次	份数	金额	税额
本期认证相符的全部防伪税控增值税专用发票	35			
期初已征税款挂账额	36	—	—	
期初已征税款余额	37	—	—	
代扣代缴税额	38	—	—	

注：第1栏＝第2栏＋第3栏＝第23栏＋第35栏－第25栏；第2栏＝第35栏－第24栏；第3栏＝第23栏＋第24栏－第25栏；第4栏等于第5栏至第10栏之和；第12栏＝第1栏＋第4栏＋第11栏；第13栏等于第14栏至第21栏之和；第27栏等于第28栏至第34栏之和。

表2—5　　固定资产进项税额抵扣情况表

纳税人识别号：　　　　纳税人名称（公章）：

填表日期：　　年　月　日　　　　金额单位：元至角分

项　目	当期申报抵扣的固定资产进项税额	当期申报抵扣的固定资产进项税额累计
增值税专用发票		
海关进口增值税专用缴款书		
合　计		

注：本表一式二份，一份纳税人留存，一份主管税务机关留存

（二）增值税小规模纳税人的纳税申报

增值税小规模纳税人的纳税申报表见表 2—6。

表 2—6　　**增值税纳税申报表**

（适用于小规模纳税人）

纳税人识别号：□□□□□□□□□□□□□□□□□□□□

纳税人名称（公章）：　　　　　　　　　　　　　　　　金额单位：元（列至角分）

税款所属期：　　年　月　日至　　年　月　日　　　　　　　　填表日期：　年　月　日

	项　目	栏　次	本期数	本年累计
一、计税依据	（一）应征增值税货物及劳务不含税销售额	1		
	其中：税务机关代开的增值税专用发票不含税销售额	2		
	税控器具开具的普通发票不含税销售额	3		
	（二）销售使用过的应税固定资产不含税销售额	4	—	—
	其中：税控器具开具的普通发票不含税销售额	5	—	—
	（三）免税货物及劳务销售额	6		
	其中：税控器具开具的普通发票销售额	7		
	（四）出口免税货物销售额	8		
	其中：税控器具开具的普通发票销售额	9		
二、税款计算	本期应纳税额	10		
	本期应纳税额减征额	11		
	应纳税额合计	12=10−11		
	本期预缴税额	13		
	本期应补（退）税额	14=12−13		

纳税人或代理人声明：	
此纳税申报表是根据国家税收法律的规定填报的，我确定它是真实的、可靠的、完整的。	如纳税人填报，由纳税人填写以下各栏： 办税人员（签章）：　　财务负责人（签章）： 法定代表人（签章）：　　联系电话： 如委托代理人填报，由代理人填写以下各栏： 代理人名称：　　经办人（签章）：　　联系电话： 代理人（公章）：

受理人：　　　受理日期：　　年　月　日　　受理税务机关（签章）：

本表为 A3 竖式一式三份，一份纳税人留存，一份主管税务机关留存，一份征收部门留存。

第八节　专用发票的使用和管理

一、专用发票领购、使用范围

增值税专用发票的领购、使用仅限于增值税一般纳税人，小规模纳税人和非增值税纳税人不得领购、使用。

一般纳税人有下列情形之一的，不得领购、使用增值税专用发票：

（1）会计核算不健全，即不能按会计制度和税务机关的要求准确核算增值税销项税额、进项税额和应纳税额。

（2）不能向税务机关准确提供增值税销项税额、进项税额、应纳税额及其有关增值税税务资料。

（3）有下列行为，经税务机关责令限期改正而仍未改正的：

1）私自印制专用发票。

2）向个人或税务机关以外的单位买取专用发票。

3）借用他人专用发票。

4）向他人提供专用发票。

5）未按规定开具专用发票。

6）未按规定保管专用发票。

7）未按规定申报专用发票的购、用、存情况。

8）未按规定接受税务机关检查。

（4）销售的货物全部属于免税项目。

二、专用发票开具范围

一般纳税人销售货物（包括视同销售在内）、应税劳务、根据《增值税暂行条例实施细则》规定应当征收增值税的非应税劳务，应向购买方开具专用发票。下列情形不得开具专用发票：

（1）向消费者销售应税项目。

（2）销售免税项目。

（3）销售报关出口的货物、在境外销售应税劳务。

（4）将货物用于非应税项目。

（5）将货物用于集体福利或个人消费。

（6）提供非应税劳务（应当征收增值税的除外）、转让无形资产或销售不动产。

向小规模纳税人销售应税项目，可以不开具专用发票。

增值税小规模纳税人需要开具专用发票的，可向主管税务机关申请代开。

三、专用发票开具要求

（一）一般专用发票的开具要求

一般专用发票的开具要求如下：

（1）字迹清楚。

（2）不得涂改。

（3）项目填写齐全。

（4）票、物相符，票面金额与实际收取的金额一致。

（5）各项目内容正确无误。

（6）全部联次一次填开，上、下联的内容和金额一致。

（7）发票联和抵扣联加盖财务专用章或发票专用章。

(8) 按照规定的时限开具专用发票。

(9) 不得开具伪造的专用发票。

(10) 不得拆本使用专用发票。

(11) 不得开具票样与国家税务总局统一制定的票样不相符合的专用发票。

(二) 电子计算机开具专用发票的要求

使用电子计算机开具专用发票必须报经主管税务机关批准，并使用由税务机关监制的机外发票。

符合下列条件的一般纳税人，可以向主管税务机关申请使用电子计算机开具专用发票：

(1) 有专业电子计算机技术人员、操作人员。

(2) 具备通过电子计算机开具专用发票和按月列印进货、销货及库存清单的能力。

(3) 国家税务总局直属分局规定的其他条件。

申请使用电子计算机开具专用发票，必须向主管税务机关提出申请报告并提供以下资料：

(1) 按照专用发票（机外发票）格式用电子计算机制作的模拟样张。

(2) 根据会计操作程序用电子计算机制作的最近月份的进货、销货及库存清单。

(3) 电子计算机设备的配置情况。

(4) 有关专用电子计算机技术人员、操作人员的情况。

(5) 国家税务总局直属分局要求提供的其他资料。

四、专用发票开具时限

专用发票开具时限规定如下：

(1) 采取预收货款、托收承付和委托银行收款结算方式的，为发出货物的当天。

(2) 采取交款提货结算方式的，为收到款项的当天。

(3) 采取赊销和分期付款结算方式的，为合同约定的收款日期的当天。

(4) 将货物交付他人代销的，为收到受托人送交的代销清单的当天。

(5) 设有两个以上机构并实行统一核算的纳税人，将货物从一个机构移送于其他机构用于销售，按规定应当征收增值税的，为货物移送的当天。

(6) 将货物作为投资提供给其他单位或个体经营者的，为货物移送的当天。

(7) 将货物分配给股东的，为货物移送的当天。

一般纳税人必须按规定的时限开具专用发票，不得提前或滞后。对已开具专用发票的销售货物，要及时足额计入当期销售额计税。凡开具了专用发票，其销售额未按规定计入销售账户核算的，一律按偷税论处。

五、专用发票与不得抵扣进项税额的规定

除购进免税农业产品和自营进口货物外，购进应税项目有下列情况之一者，不得抵扣进项税额：

(1) 未按规定取得专用发票。有下列情形之一者，为未按规定取得专用发票：

1) 未从销售方取得专用发票。

2) 只取得记账联或只取得抵扣联。

(2) 未按规定保管专用发票。有下列情形之一者，为未按规定保管专用发票：

1) 未按照税务机关的要求建立专用发票管理制度。

2) 未按照税务机关的要求设专人保管专用发票。

3) 未按照税务机关的要求设置专门存放专用发票的场所。

4) 税款抵扣联未按税务机关的要求装订成册。

5) 未经税务机关查验擅自销毁专用发票的基本联次。

6) 丢失专用发票。

7) 损(撕)毁专用发票。

8) 未执行国家税务总局或其直属省级国家税务局提出的其他有关保管专用发票的要求。

(3) 销售方开具的专用发票不符合上述“一般专用发票的开具要求”中第1项至第9项和第11项的要求。

有上述三项情形者，如其购进应税项目的进项税额已经抵扣，应从税务机关发现其有上述情形的当期的进项税额中扣减。

六、开具专用发票后发生退货或销售折让的处理

销售货物并向购买方开具专用发票后，如发生退货或销售折让，应视不同情况分别按以下规定办理：

(1) 购买方在未付货款并且未作账务处理的情况下，须将原发票联和税款抵扣联主动退还销售方。销售方收到后，如果未将记账联作账务处理，应在该发票联和税款抵扣联及相应的存根联、记账联上注明“作废”字样，并依次粘贴在存根联后面，该联发票作废即可。如果销售方已将记账联作账务处理，可开具相同内容的红字专用发票，将红字专用发票的记账联撕下作为扣减当期销项税额的凭证，存根联、抵扣联和发票联不得撕下，将从购买方收到的原抵扣联、发票联粘贴在红字专用发票联后面，并在上面注明原发票记账联和红字专用发票记账联的存放地点，作为开具红字专用发票的依据。未收到购买方退还的专用发票前，销售方不得扣减当期销项税额。属于销售折让的，销售方应按折让后的货款重开专用发票。

(2) 在购买方已付货款，或者货款未付但已作账务处理，发票联及抵扣联无法退还的情况下，购买方必须取得当地主管税务机关开具的进货退出或索取折让证明单（以下简称证明单）送交销售方，作为销售方开具红字专用发票的合法依据。销售方在未收到证明单以前，不得开具红字专用发票；收到证明单后，根据退回货物的数量、价款或折让金额向购买方开具红字专用发票。红字专用发票的存根联、记账联作为销售方扣减当期销项税额的凭证，其发票联、税款抵扣联作为购买方扣减进项税额的凭证。购买方收到红字专用发票后，应将红字专用发票所注明的增值税额从当期进项税额中扣减。如不扣减，造成不纳税或少纳税的，属于偷税行为。

证明单的基本联次为三联：第一联为存根联，由税务机关留存备查；第二联为证明联，交由购买方送销售方作为开具红字专用发票的合法依据；第三联由购货单位留存。

证明单必须由税务机关开具，并加盖主管税务机关印章，不得将证明单交由纳税人自行开具。证明单的印制，按照《发票管理办法》及其细则有关发票印制的规定办理。一般纳税人对取得的证明单，应按照税务机关的要求装订成册，并按照有关发票保管的规定进行保管。

（3）纳税人销售货物并向购买方开具增值税专用发票后，由于购货方在一定时期内累计购买货物达到一定数量，或者由于市场价格下降等原因，销货方给予购货方相应的价格优惠或补偿等折扣、折让行为，销货方可按现行《增值税专用发票使用规定》的有关规定开具红字增值税专用发票。

七、加强增值税专用发票的管理

（一）防伪税控系统增值税专用发票的管理

（1）税务机关专用发票管理部门在运用防伪税控发售系统进行发票入库管理或向纳税人发售专用发票时，要认真录入发票代码、号码，并与纸质专用发票进行仔细核对，确保发票代码、号码的电子信息与纸质发票的代码、号码完全一致。

（2）纳税人在运用防伪税控系统开具专用发票时，应认真检查系统中的电子发票代码、号码与纸质发票是否一致。如发现税务机关错填电子发票代码、号码的，应持纸质专用发票和税控 IC 卡到税务机关办理退回手续。

（3）对税务机关错误录入代码或号码后又被纳税人开具的专用发票，按以下办法处理：

1）纳税人当月发现上述问题的，应按照专用发票使用管理的有关规定，对纸质专用发票和防伪税控开票系统中专用发票电子信息同时进行作废，并及时报主管税务机关。纳税人在以后月份发现的，应按有关规定开具负数专用发票。

2）主管税务机关按照有关规定追究有关人员责任，同时将有关情况，如发生原因、主管税务机关名称、编号、纳税人名称、纳税人识别号、发票代码号码（包括错误的和正确的）、发生时间、责任人以及处理意见或请求等逐级上报至国家税务总局。

3）对涉及发票数量多、影响面较大的，总局将按规定程序对“全国作废发票数据库”进行修正。

（4）在未收回专用发票抵扣联及发票联，或虽已收回专用发票抵扣联及发票联，但购货方已将专用发票抵扣联报送税务机关认证的情况下，销货方一律不得作废已开具的专用发票。

（5）从 2003 年 7 月开始，国家税务总局将对各地增值税专用发票计算机稽核系统因操作失误而形成的“属于作废发票”进行考核，按月公布考核结果，对问题严重地区将组织力量进行抽查并通报批评。

（二）代开增值税专用发票的管理

（1）自 2004 年 6 月 1 日起，代开发票的税务机关应将当月所代开发票逐票填写《代开发票开具清单》，自 2004 年 7 月申报期起应同时利用代开票汇总采集软件形成《开具清单》电子文档。

（2）自 2004 年 6 月申报期起，增值税一般纳税人使用代开发票抵扣进项税额的，应逐票填写《代开发票抵扣清单》，在进行增值税纳税申报时随同《纳税申报表》一并报送。在 6 月申报时纳税人只报送《抵扣清单》纸质资料，从 7 月申报期开始纳税人除报送《抵扣清单》纸质资料外，还需同时报送载有《抵扣清单》电子数据的软盘（或其他存储介质）。未单独报送或未按照规定要求填写《抵扣清单》纸质资料及电子数据的，不得抵扣进项税额。

（3）自 2004 年 7 月起，各地应于每月 20 日前将当月采集的《开具清单》、《开具清单》电子数据以 ZIP 文件形式通过 FTP 服务器上报税务总局。各级税务机关检查、汇总上传方法及流程。

（4）《开具清单》和《抵扣清单》信息采集软件及数据检查、汇总软件由国家税务总局统一开发，供税务机关和纳税人免费使用。如果纳税人无使用信息采集软件的条件，可委托税务代理等中介机构代为采集。

（5）纳税人当期未使用代开发票抵扣进项税额的，可不向主管税务机关报送《抵扣清单》。

（三）关于被盗、丢失增值税专用发票的处理

（1）纳税人必须严格按《增值税专用发票使用规定》保管、使用专用发票，对违反规定发生被盗、丢失专用发票的纳税人，按《征管法》和《发票管理办法》的规定，处以 1 万元以下的罚款，并可视具体情况，对丢失专用发票的纳税人，在一定期限内（最长不超过半年）停止领购专用发票。对纳税人申报遗失的专用发票，如发现非法代开、虚开问题的，该纳税人应承担偷税、骗税的连带责任。

（2）纳税人丢失专用发票后，必须按规定程序向当地主管税务机关、公安机关报失。各地税务机关在对丢失专用发票的纳税人按规定进行处罚的同时，代收取“挂失登报费”，并将丢失专用发票的纳税人名称、发票份数、字轨号码、盖章与否等情况统一传（寄）至中国税务报社刊登“遗失声明”。传（寄）至中国税务报社的“遗失声明”，必须经县（市）国家税务机关审核盖章、签署意见。

（四）关于对代开、虚开增值税专用发票的处理

代开发票是指为没有与自己发生直接购销关系的他人开具发票的行为。虚开发票是指在没有任何购销事实的前提下，为他人、为自己或让他人为自己或介绍他人开具发票的行为。代开、虚开发票的行为都是严重的违法行为。对代开、虚开专用发票的，一律按票面所列货物的适用税率全额征补税款，并按《税收征收管理法》的规定按偷税给予处罚。对纳税人取得代开、虚开的增值税专用发票，不得作为增值税合法抵扣凭证抵扣进项税额。代开、虚开发票构成犯罪的，按全国人大常委会发布的《关于惩治虚开、伪造和非法出售增值税专用发票犯罪的决定》处以刑罚。

（五）关于纳税人善意取得虚开的增值税专用发票的处理

购货方与销售方存在真实的交易，销售方使用的是其所在省（自治区、直辖市和计划单列市）的专用发票，专用发票注明的销售方名称、印章、货物数量、金额及税额等全部内容与实际相符，且没有证据表明购货方知道销售方提供的专用发票是以非法手段获得的，对购货方不以偷税或者骗取出口退税论处，但应按有关规定不予抵扣进项税款或者不

予出口退税；购货方已经抵扣的进项税款或者取得的出口退税，应依法追缴。

购货方能够重新从销售方取得防伪税控系统开出的合法、有效专用发票的，或者取得手工开出的合法、有效专用发票，且取得了销售方所在地税务机关已经或者正在依法对销售方虚开专用发票行为进行查处证明的，购货方所在地税务机关应依法准予抵扣进项税款或者出口退税。

复习思考题

1. 如何理解理论增值额和法定增值额？
2. 增值税的特点是什么？
3. 增值税的作用是什么？
4. 增值税的类型有哪些？
5. 增值税的纳税人中的一般纳税人和小规模纳税人是如何划分的？
6. 增值税的征收范围有哪些？
7. 增值税视同销售的规定是什么？
8. 混合销售和兼营行为的计税销售额是如何规定的？
9. 我国出口货物退（免）税的税收政策是什么？
10. 增值税的纳税义务发生时间是什么？

第三章 消费税

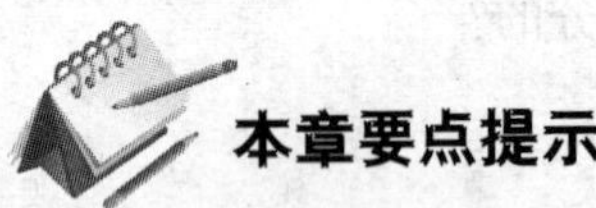

本章要点提示

- 消费税的概念
- 消费税的特点
- 消费税的作用
- 消费税的征收范围
- 消费税的纳税义务人
- 消费税的税率
- 消费税销售额的确定
- 消费税准予扣除已纳税额的确定
- 消费税纳税义务的发生时间
- 消费税的纳税地点

第一节 消费税概述

一、消费税的概念

消费税是以特定消费品和消费行为的流转额为课税对象征收的一种税。世界各国普遍征收消费税，目前有 120 多个国家和地区征收消费税。

我国消费税是国家为了体现消费政策，对生产、委托加工和进口应税消费品的单位和个人取得的收入征收的一种税。消费税是 1994 年税制改革时新设立的一个税种，它和增值税共同构成我国流转税的双层次调节结构。

我国现行消费税是 1994 年税制改革新设立的税种。新中国成立初期征收的货物税、

20 世纪 50 年代征收的商品流通税、1958 年至 1973 年征收的工商统一税、1973 年至 1983 年征收的工商税中相当于货物税的部分以及 1983 年至 1993 年征收的增值税、产品税，都部分具有消费税的性质，只是一直没有单独设立一个税种。1993 年 12 月 13 日国务院颁布《中华人民共和国消费税暂行条例》，自 1994 年 1 月 1 日起施行。现行消费税的基本规范，是 2008 年 11 月 5 日国务院第 34 次常务会议修订通过的《中华人民共和国消费税暂行条例》，以及 2008 年 12 月 15 日财政部、国家税务总局第 51 号令颁布的《中华人民共和国消费税暂行条例实施细则》。

二、消费税的特点

目前世界各国开征的消费税都是兼有财政收入职能和经济调节职能的一种商品劳务税。与此相适应，现代消费税一般具有如下基本特征。

（一）具有特殊调节作用

消费税是国家运用税收杠杆对特定消费品和消费行为进行特殊调节的税种，即消费税与增值税相配合，根据国家的产业政策和消费政策，在对货物普遍征收增值税的基础上，选择特定的应税消费品和消费行为再进行一次特殊调节。同时，对选定的特殊应税消费品和消费行为，制定高低不同的税率，对需要限制和控制的消费品和消费行为实行较重的税负。

（二）具有较强的聚财功能

消费税尽管征税范围较小，但纳入征税范围的消费品的消费量一般都比较大，且使用面广，因而税源充足。另外，纳入消费税征收范围的消费品有些本身就是具有重要财政意义的产品，因此消费税具有较强的聚财功能。

（三）具有征税项目的选择性

我国消费税的应税消费品是根据我国的产业政策和消费政策而选择的高档消费品、奢侈品、高能耗消费品、不可再生资源消费品和限制消费的消费品等。对这些消费品征税，既不会影响人们的生活水平，又可以发挥限制有害消费品的使用、抑制不良消费行为、促进资源有效利用和缓解社会分配不公的作用。

（四）具有征税环节的单一性

消费税选择在生产、流通或消费的某一环节一次性征收，其他环节不再征收。税源比较集中，一方面可以防止税款的流失，另一方面可以节约征收成本，提高征管效率。

三、消费税的作用

我国现行的消费税是对在我国境内从事生产、委托加工和进口应税消费品的单位和个人，以其应税消费品的销售额和销售数量为征税对象而征收的一种税。现阶段我国征收消费税的意义主要体现在以下几个方面。

（一）贯彻国家的产业政策和消费政策，调节消费结构，引导消费行为

消费税对特定的消费品征税，税率一般都比较高，并且其税负最终由消费者负担，这

就使消费税具有了一定的调节消费的作用。消费环节征税的范围仅限于国家选择的少数商品，这些商品或者具有一定的财政意义，或者是属于国家控制或限制的特殊商品。对消费税的征税范围，国家还可根据一定时期的经济形势变化进行调整，分别确定高低不同的税率，以体现调节意图。由于税收负担的高低直接影响到价格的高低，进而关系到消费者的切身利益，影响到消费者的消费决策，因此，通过一定时期对消费税的征税范围及税率等进行调整，可以调节纳税人的经济利益，引导消费的方向和结构，体现国家的消费政策。由于消费对生产的反作用，消费结构的变化对生产结构也会产生直接的影响，进而可以引导产业结构和产品结构的调整。消费税通过调节纳税人的经济利益，影响其经营活动的方向和内容，进而调节整个社会的消费结构，实现国家的消费政策。

（二）保证国家财政收入的稳定增长

由于消费税是在1994年税制改革的大背景下出台的，而此前的流转税主要是增值税、产品税，其收入主要集中在卷烟、酒、石化、化工等几类产品上，税率高且档次多，组织收入的作用强。税制改革后许多高税率产品改征增值税，而增值税又是中性税种，只设一档基本税率（17%）和一档低税率（13%），使得税负减少很多，影响了国家的财政收入。为了确保税制改革尽量不减少财政收入，同时又不削弱税收对某些产品生产和消费的调节作用，就需要开征消费税。消费税的开征一方面保证了国家的财政收入，另一方面又发挥了税收的调节作用。

消费税尽管征税范围较小，但在取得财政收入方面具有重要意义。这是因为消费税的税源广泛，平均税率比较高，以及以流转全额为计税依据，与企业的经营成本无关，这使得消费税可以稳定、及时、足额地聚集财政资金。

（三）缓解社会分配不公的矛盾

在我国当前以及今后相当长的一段时间里，居民个人收入水平客观上还会存在较大的差异，在税收上除了可通过征收个人所得税等有关税种缓解收入差距外，还可以通过消费税来加以调节。因为在我国现阶段，受多种因素制约，仅靠个人所得税不可能完全实现税收的公平分配目标。通过对某些奢侈品和高消费行为征收消费税，从调节个人支付能力的角度增加某些消费者的税收负担，达到调节高收入者的高消费、缓解社会分配不公矛盾的目的。

第二节　征收范围和纳税义务人

一、征收范围

消费税的征收范围是在中华人民共和国境内生产、委托加工和进口的应税消费品。

纳税人生产的应税消费品，于纳税人销售时纳税。所称销售，是指有偿转让应税消费品的所有权。所称有偿，是指从购买方取得货币、货物或者其他经济利益。

消费税的征收范围的确定要综合考虑我国的经济发展水平，国家在某一时期的消费政策和产业政策，城乡居民的生活水平、消费水平和消费结构等状况，以及财政收入的稳定增长等因素，同时要考虑我国现阶段流转税的双层次调节结构，即对纳入消费税征税范围的消费品，在普遍征收消费税的基础上还要征收消费税。

消费税的征收范围是《消费税暂行条例》规定的应税消费品。就具体的征税品目来看，并非是所有的消费品都纳入消费税的征收范围，而是选择了部分特定的消费品，这些消费品大致有以下特征：

（1）过度消费会对人身健康、社会秩序和生态环境造成危害的特定消费品，如烟、酒、鞭炮、焰火等。

（2）非生活必需品中的奢侈品，如化妆品、贵重首饰及珠宝玉石等。

（3）高能耗及高档消费品，如摩托车、小汽车、游艇等。

（4）不可再生且不宜替代的稀缺性资源消费品，如成品油等。

（5）具有财政意义的消费品，如汽车轮胎等。

消费税的征收范围并非一成不变，它会随着我国经济的发展，根据国家的宏观经济政策和消费结构的变化等，适时进行调整。

二、纳税义务人

消费税纳税义务人是指在中华人民共和国境内从事生产、委托加工和进口应税消费品的单位和个人，以及国务院确定的销售应税消费品的其他单位和个人。

所谓“在中华人民共和国境内”是指生产、委托加工和进口应税消费品的起运地或所在地在境内；“单位”是指企业、行政单位、事业单位、军事单位、社会团体及其他单位；“个人”是指个体工商户及其他个人。

消费税纳税义务人具体包括：

（1）生产应税消费品的单位和个人。

（2）进口应税消费品的单位和个人。

（3）委托加工应税消费品的单位和个人。其中，委托加工的应税消费品由受托方于委托方提货时代扣代缴（受托方为个体工商户除外）；自产自用的应税消费品，由自产自用单位和个人在移送使用时缴纳消费税。

第三节　税目和税率

一、税目

《消费税暂行条例》规定的税目有 14 个，即烟、酒及酒精、化妆品、贵重首饰及珠宝玉石、鞭炮焰火、成品油、轮胎、小汽车、摩托车、高尔夫球及球具、高档手表、游艇、木制一次性筷子、实木地板。

消费税属于价内税，并实行单一环节征收，一般在应税消费品的生产、委托加工和进口环节缴纳，在以后的批发、零售环节因价款中已经包含消费税而不再征收。从 1995 年

1月1日起，金银首饰的消费税由生产销售环节改为零售环节征收；从2002年1月1日起，钻石及钻石饰品的消费税由生产、进口环节改为零售环节征收。

二、税率

消费税的税率形式包括比例税率和定额税率（见表3—1），不同的应税消费品适用不同的税率形式，其中卷烟、粮食白酒和薯类白酒既适用比例税率，又适用定额税率。

消费税对不同的应税消费品适用不同的税率形式，甚至对同一种应税消费品适用不同的税率形式，目的是贯彻国家的消费政策。

表3—1　　消费税税目税率表

税　目	税　率
一、烟	
1. 卷烟	
(1) 甲类卷烟	45%加0.003元/支
(2) 乙类卷烟	30%加0.003元/支
2. 雪茄烟	25%
3. 烟丝	30%
二、酒及酒精	
1. 白酒	20%加0.5元/500克（或者500毫升）
2. 黄酒	240元/吨
3. 啤酒	
(1) 甲类啤酒	250元/吨
(2) 乙类啤酒	220元/吨
4. 其他酒	10%
5. 酒精	5%
三、化妆品	30%
四、贵重首饰及珠宝玉石	
1. 金银首饰、铂金首饰和钻石及钻石饰品	5%
2. 其他贵重首饰和珠宝玉石	10%
五、鞭炮、焰火	15%
六、成品油	
1. 汽油	
(1) 含铅汽油	0.28元/升
(2) 无铅汽油	0.20元/升
2. 柴油	0.10元/升
3. 航空煤油	0.10元/升
4. 石脑油	0.20元/升
5. 溶剂油	0.20元/升
6. 润滑油	0.20元/升
7. 燃料油	0.10元/升
七、汽车轮胎	3%

续前表

税　目	税　率
八、摩托车	
1. 气缸容量（排气量，下同）在250毫升（含250毫升）以下的	3%
2. 气缸容量在250毫升以上的	10%
九、小汽车	
1. 乘用车	
(1) 气缸容量（排气量，下同）在1.0升（含1.0升）以下的	1%
(2) 气缸容量在1.0升以上至1.5升（含1.5升）的	3%
(3) 气缸容量在1.5升以上至2.0升（含2.0升）的	5%
(4) 气缸容量在2.0升以上至2.5升（含2.5升）的	9%
(5) 气缸容量在2.5升以上至3.0升（含3.0升）的	12%
(6) 气缸容量在3.0升以上至4.0升（含4.0升）的	25%
(7) 气缸容量在4.0升以上的	40%
2. 中轻型商用客车	5%
十、高尔夫球及球具	10%
十一、高档手表	20%
十二、游艇	10%
十三、木制一次性筷子	5%
十四、实木地板	5%

注：(1) 2008年9月1日起排气量在1.0升（含1.0升）以下的乘用车，税率由3%下调至1%。

(2) 根据2008年12月18日国务院印发《关于实施成品油价格和税费改革的通知》，成品油税费改革从2009年1月1日起实施。成品油税费改革后，汽油消费税单位税额每升提高0.8元，柴油消费税单位税额每升提高0.7元，其他成品油单位税额相应提高。

(3)《消费税税目税率表》中所列应税消费品的具体征税范围，由财政部、国家税务总局确定。

第四节　计税依据的确定

消费税的计税依据的确定，主要从应税消费品的价格变化情况和便于征收管理的角度考虑，分别采用从价定率、从量定额和从价定率与从量定额复合计税方法。

一、从价定率计算方法

在从价定率计税方法下，计税依据是应税消费品的销售额。

（一）销售额的确定

1. 销售额的一般规定

销售额是指纳税人销售应税消费品向购买方收取的全部价款和价外费用，不包括应向购货方收取的增值税税款。所称价外费用，是指价外向购买方收取的手续费、补贴、基金、集资费、返还利润、奖励费、违约金、滞纳金、延期付款利息、赔偿金、代收款项、代垫款项、包装费、包装物租金、储备费、优质费、运输装卸费以及其他各种性质的价外收费。但下列项目不包括在内：

(1) 同时符合以下条件的代垫运输费用：

1) 承运部门的运输费用发票开具给购买方的；

2) 纳税人将该项发票转交给购买方的。

(2) 同时符合以下条件代为收取的政府性基金或者行政事业性收费：

1) 由国务院或者财政部批准设立的政府性基金，由国务院或者省级人民政府及其财政、价格主管部门批准设立的行政事业性收费；

2) 收取时开具省级以上财政部门印制的财政票据；

3) 所收款项全额上缴财政。

应税消费品连同包装销售的，无论包装物是否单独计价，也不论在会计上如何核算，均应并入应税消费品的销售额中征收消费税。如果包装物不作价随同产品销售，而是收取押金（收取酒类产品的包装物押金除外），且单独核算又未过期的，此项押金则不应并入应税消费品的销售额中征税。但对因逾期未收回的包装物不再退还的和已收取一年以上的押金，应并入应税消费品的销售额，按照应税消费品的适用税率征收消费税。对既作价随同应税消费品销售，又另外收取包装物押金，凡纳税人在规定的期限内不予退回的，均应并入应税消费品的销售额，按照应税消费品的适用税率征收消费税。

对酒类产品生产企业销售酒类产品而收取的包装物押金，无论押金是否返还与会计上如何核算，均需并入应税消费品的销售额中，依酒类产品的适用税率征收消费税。

2. 含税销售额的换算

应税消费品在缴纳消费税的同时，还应缴纳增值税。按照《消费税暂行条例》的规定，应税消费品的销售额不包括向购货方收取的增值税税款。如果纳税人应税消费品的销售额中未扣除增值税税款，或者因不得开具增值税专用发票而发生价款和增值税税款合并收取的，在计算消费税时，应将含税销售额换算为不含税的销售额，其换算公式为：

应税消费品不含税的销售额＝含税的销售额÷(1＋增值税税率或征收率)

如果消费税的纳税人同时又是增值税一般纳税人的，适用17%的增值税率；如果消费税的纳税人是增值税小规模纳税人的，适用3%的征收率。

3. 纳税人应税消费品的计税价格明显偏低并无正当理由的

纳税人应税消费品的计税价格明显偏低并无正当理由的，由主管税务机关核定其计税价格。应税消费品的计税价格的核定权限规定如下：

(1) 卷烟、白酒和小汽车的计税价格由国家税务总局核定，送财政部备案；

(2) 其他应税消费品的计税价格由省、自治区和直辖市国家税务局核定；

(3) 进口的应税消费品的计税价格由海关核定。

实行复合计税办法计算纳税的组成计税价格，计算公式如下：

组成计税价格＝(成本＋利润＋自产自用数量×定额税率)÷(1－比例税率)

所称同类消费品的销售价格，是指纳税人或者代收代缴义务人当月销售的同类消费品的销售价格，如果当月同类消费品各期销售价格高低不同，应按销售数量加权平均计算。但销售的应税消费品有下列情况之一的，不得列入加权平均计算：

(1) 销售价格明显偏低并无正当理由的；

(2) 无销售价格的。

如果当月无销售或者当月未完结，应按照同类消费品上月或者最近月份的销售价格计算纳税。

上述公式中所说的成本，是指应税消费品的产品生产成本。

上述公式中所说的利润，是指根据应税消费品的全国平均成本利润率计算的利润。应税消费品全国平均成本利润率由国家税务总局确定。

二、从量定额计算方法

（一）销售数量的确定

适用从量定额征收的应税消费品，其销售数量的确定依据如下：

(1) 销售应税消费品，为应税消费品的销售数量。

(2) 自产自用应税消费品，为应税消费品的移送使用数量。

(3) 委托加工应税消费品，为纳税人收回的应税消费品数量。

(4) 进口的应税消费品，为海关核定的应税消费品进口数量。

（二）计量单位的换算

《消费税暂行条例》规定，黄酒、啤酒以吨为税额单位；汽油、柴油以升为税额单位。但是，考虑到在实际销售过程中，一些纳税人会把吨或升这两个计量单位混用，为了规范不同产品的计量单位，以准确计算应纳税额，现介绍吨与升两个计量单位的换算标准如下：

黄酒	1吨＝962升
啤酒	1吨＝988升
汽油	1吨＝1 388升
柴油	1吨＝1 176升
航空煤油	1吨＝1 246升
石脑油	1吨＝1 385升
溶剂油	1吨＝1 282升
润滑油	1吨＝1 126升
燃料油	1吨＝1 015升

第五节 应纳税额的计算

一、生产销售环节应税消费品应纳税额的计算

在生产销售环节应缴纳的消费税，包括直接对外销售应税消费品应缴纳的消费税和自产自用应税消费品应缴纳的消费税。

（一）直接对外销售应税消费品应纳消费税的计算

1. 从价定率计算

应纳税额等于销售额乘以适用的比例税率，计算公式为：

应纳税额＝销售额×比例税率

【例3—1】 某化妆品生产企业为增值税一般纳税人，7月份生产销售化妆品套装80 000套，每套不含税销售额120元。计算该化妆品生产企业应纳的消费税额。

解答：

应税销售额＝120×80 000＝9 600 000（元）

应纳消费税额＝9 600 000×30%＝2 880 000（元）

2. 从量定额计算

应纳税额等于销售数量乘以适用的定额税率，计算公式为：

应纳税额＝销售数量×定额税率

3. 从价定率和从量定额复合计征的计算

现行消费税征税范围中，只有卷烟和白酒采用复合计算方法。公式如下：

应纳税额＝销售额×比例税率＋销售数量×定额税率

【例3—2】 某白酒厂10月份生产销售粮食白酒共计80吨，每吨不含税销售价18 000元。计算该酒厂10月份应纳的消费税额。

解答：

应纳消费税税额＝18 000×80×20%＋80×2 000×0.5＝368 000（元）

（二）自产自用应税消费品消费税的计算

所谓自产自用，就是纳税人生产应税消费品后，不是用于直接对外销售，而是用于自己连续生产应税消费品，或用于其他方面。

税法规定，纳税人自产自用的应税消费品，用于连续生产应税消费品的，不纳税。所谓“纳税人自产自用的应税消费品，用于连续生产应税消费品的”，是指作为生产最终应税消费品的直接材料并构成最终产品实体的应税消费品。例如，卷烟厂生产出烟丝，烟丝已是应税消费品，卷烟厂再用生产出的烟丝连续生产卷烟，这样，用于连续生产卷烟的烟丝就不缴纳消费税，只对生产的卷烟征收消费税。当然，生产出的烟丝如果是直接销售，则烟丝要缴纳消费税。税法规定对自产自用的应税消费品，用于连续生产应税消费品的不征税，体现了税不重征和计税简便的原则。

纳税人自产自用的应税消费品，除用于连续生产应税消费品外，凡用于其他方面的，于移送使用时纳税。用于其他方面的是指纳税人用于生产非应税消费品和在建工程，管理部门、非生产机构提供劳务，以及用于馈赠、赞助、集资、广告、样品、职工福利、奖励等方面的应税消费品。所谓“用于生产非应税消费品”，是指把自产的应税消费品用于生产消费税税目税率表所列11类产品以外的产品。所谓“用于在建工程”，是指把自产的应税消费品用于本单位的各项建设工程。所谓“用于管理部门、非生产机构”，是指把自己生产的应税消费品用于与本单位有隶属关系的管理部门或非生产机构。所谓“用于馈赠、赞助、集资、广告、样品、职工福利、奖励”，是指把自己生产的应税消费品无偿赠送给他人或以资金的形式投资于外单位或作为商品广告、经销样品或以福利、奖励的形式发给职工。总之，企业自产的应税消费品虽然没有用于销售或连续生产应税消费品，但只要是用于税法所规定的范围的，都要视同销售，依法缴纳消费税。

纳税人自产自用的应税消费品，凡用于其他方面，应当纳税的，按照纳税人生产的同类消费品的销售价格计算纳税。同类消费品的销售价格是指纳税人当月销售的同类消费品的销售价格，如果当月同类消费品各期销售价格高低不同，应按销售数量加权平均计算。但销售的应税消费品有下列情况之一的，不得列入加权平均计算：(1) 销售价格明显偏低又无正当理由的；(2) 无销售价格的。如果当月无销售或者当月未完结，应按照同类消费品上月或最近月份的销售价格计算纳税。没有同类消费品销售价格的，按照组成计税价格计算纳税。

实行从价定率办法计算纳税的组成计税价格的计算公式为：

组成计税价格＝(成本＋利润)÷(1－比例税率)

实行复合计税办法计算纳税的组成计税价格的计算公式为：

组成计税价格＝(成本＋利润＋自产自用数量×定额税率)÷(1－比例税率)

上述公式中所说的“成本”，是指应税消费品的产品生产成本。所说的“利润”，是指根据应税消费品的全国平均成本利润率计算的利润。应税消费品的全国平均成本利润率由国家税务总局确定。

1993 年 12 月 28 日国家税务总局颁布的《消费税若干具体问题的规定》与 2006 年 3 月下发的通知确定了应税消费品的全国平均成本利润率（见表 3—2）。

表 3—2　　应税消费品全国平均成本利润率表

货物名称	利润率（%）	货物名称	利润率（%）
1. 甲类卷烟	10	11. 贵重首饰及珠宝玉石	6
2. 乙类卷烟	5	12. 汽车轮胎	5
3. 雪茄烟	5	13. 摩托车	6
4. 烟丝	5	14. 高尔夫球及球具	10
5. 粮食白酒	10	15. 高档手表	20
6. 薯类白酒	5	16. 游艇	10
7. 其他酒	5	17. 木制一次性筷子	5
8. 酒精	5	18. 实木地板	5
9. 化妆品	5	19. 乘用车	8
10. 鞭炮、焰火	5	20. 中轻型商用客车	5

【例 3—3】 某日用化工厂 5 月份将自产的一批化妆品作为职工福利发放给职工，化妆品的成本为 5 000 元。该化妆品无同类产品的销售价格，已知化妆品的成本利润率为 5%，消费税税率为 30%。计算该批化妆品应缴纳的消费税。

解答：

组成计税价格＝［5 000×（1+5%）］÷（1−30%）＝7 500（元）

应纳消费税＝7 500×30%＝2 250（元）

二、委托加工环节应税消费品应纳税额的计算

委托加工的应税消费品是指由委托方提供原料和主要材料，受托方只收取加工费和代垫部分辅助材料加工的应税消费品。对于由受托方提供原材料生产的应税消费品，或者受托方先将原材料卖给委托方，然后再接受加工的应税消费品，以及由受托方以委托方的名义购进原材料生产的应税消费品，不论纳税人在财务上是否作销售处理，都不得作为委托加工应税消费品，而应当按照销售自制应税消费品缴纳消费税。

税法规定，委托加工的应税消费品，按照受托方的同类消费品的销售价格计算纳税。同类消费品的销售价格是指受托方（即代收代缴义务人）当月销售的同类消费品的销售价格。如果当月同类消费品各期销售价格高低不同，应按销售数量加权平均计算。但销售的应税消费品有下列情况之一的，不得列入加权平均计算：(1) 销售价格明显偏低又无正当理由的；(2) 无销售价格的。如果当月无销售或者当月未完结，应按照同类消费品上月或最近月份的销售价格计算纳税。没有同类消费品销售价格的，按照组成计税价格计算纳税。

实行从价定率办法计算纳税的组成计税价格的计算公式为：

组成计税价格=(材料成本+加工费)÷(1−比例税率)

实行复合计税办法计算纳税的组成计税价格的计算公式为：

组成计税价格=(材料成本+加工费+委托加工数量×定额税率)÷(1−比例税率)

其中：

(1) 材料成本："材料成本"是指委托方所提供加工材料的实际成本。

委托加工应税消费品的纳税人，必须在委托加工合同上如实注明（或以其他方式提供）材料成本。凡未提供材料成本的，受托方所在地主管税务机关有权核定其材料成本。从这一条规定可以看出，税法对委托方提供原料和主要材料，并要以明确的方式如实提供材料成本，要求是很严格的，其目的就是为了防止假冒委托加工应税消费品或少报材料成本、逃避纳税的现象。

(2) 加工费："加工费"是指受托方加工应税消费品向委托方所收取的全部费用（包括代垫辅助材料的实际成本，不包括增值税税金）。这是税法对受托方的要求，受托方必须如实提供向委托方收取的全部费用，这样才能既保证组成计税价格及代收代缴消费税被准确地计算出来，也方便受托方按加工费正确计算其应纳的增值税。

【例 3—4】 北京嘉兴化妆品厂为增值税一般纳税人，1 月份委托展舫日化厂加工 S 型号的口红，本单位自己提供库存原材料 20 万元，自受托方取得增值税专用发票，注明加工费 15 万元（含代垫辅助材料 3 万元）、增值税额 2.55 万元。已经收到受托方的消费税代收代缴完税凭证。嘉兴化妆品厂收回口红后当月全部售出，取得不含税销售收入 90 万元。计算：(1) 嘉兴化妆品厂当月应纳的增值税税额；(2) 展舫日化厂应代收代缴的消费税税额；(3) 嘉兴化妆品厂当月销售口红时应纳消费税税额。

解答：

(1) 嘉兴化妆品厂当月应纳的增值税税额=90×17%−2.55=12.75（万元）

(2) 展舫日化厂应代收代缴的消费税税额=（20+15）÷（1−30%）×30%=15（万元）

(3) 嘉兴化妆品厂委托加工收回的应税消费品直接对外销售时不再缴纳消费税。

三、进口应税消费品应纳税额计算

进口应税消费品的纳税人是进口应税消费品的收货人或办理报关手续的单位和个人。

进口应税消费品的应纳税额以进口商品总值为计税依据。进口商品总值包括关税完税价值、关税和消费税三部分内容。

进口应税消费品的税率、税目依照消费税税目税率表执行。

进口应税消费品的消费税由海关代征，由进口人或者代理人向报关地海关申报纳税。

进口应税消费品按照组成计税价格计算纳税。

实行从价定率办法计算纳税的组成计税价格的计算公式为：

$$组成计税价格=(关税完税价格+关税)\div(1-消费税比例税率)$$

实行复合计税办法计算纳税的组成计税价格的计算公式为：

$$组成计税价格=\frac{关税完税价格+关税+进口数量\times消费税定额税率}{1-消费税比例税率}$$

【例 3—5】 国浩外贸进出口公司 10 月份从国外进口一批应税消费品，该批应税消费品的完税价格为 200 万元。假设该批应税消费品的关税税率为 20%，消费税税率为 10%。计算该外贸公司进口环节应纳的消费税。

解答：

组成计税价格＝［200×（1＋20%）］÷（1－10%）＝266.67（万元）

应纳消费税＝266.67×10%＝26.67（万元）

四、准予扣除已纳税额的计算

由于某些应税消费品是用外购或委托加工收回的已缴纳消费税的应税消费品连续生产出来的，因此，在对这些连续生产出来的应税消费品计算征税时，税法规定应按当期生产领用数量计算准予扣除外购的应税消费品已纳的消费税税款，其目的是避免重复征税。

（一）准予扣除的应税消费品

准予扣除的应税消费品为：

（1）外购或委托加工收回的已税烟丝生产的卷烟；

（2）外购或委托加工收回的已税化妆品生产的化妆品；

（3）外购或委托加工收回的已税珠宝玉石生产的贵重首饰及珠宝玉石；

（4）外购或委托加工收回的已税鞭炮、焰火生产的鞭炮、焰火；

（5）外购或委托加工收回的已税汽车轮胎生产的汽车轮胎；

（6）外购或委托加工收回的已税摩托车生产的摩托车；

（7）外购或委托加工收回的杆头、杆身和握把为原料生产的高尔夫球杆；

（8）外购或委托加工收回的木制一次性筷子为原料生产的木制一次性筷子；

（9）外购或委托加工收回的实木地板为原料生产的实木地板；

（10）外购或委托加工收回的石脑油为原料生产的应税消费品；

（11）外购或委托加工收回的润滑油为原料生产的润滑油。

（二）当期准予扣除税额的计算

（1）当期准予扣除外购应税消费品已纳税额的，按当期生产领用数量计算扣除。计算公式如下：

$$\begin{matrix}当期准予扣除外购\\应税消费品已纳税额\end{matrix}=\begin{matrix}当期准予扣除外购\\应税消费品买价\end{matrix}\times\begin{matrix}外购应税消费品\\适用税率\end{matrix}$$

$$\begin{matrix}当期准予扣除外购\\应税消费品买价\end{matrix}=\begin{matrix}期初库存的外购\\应税消费品买价\end{matrix}+\begin{matrix}当期购进的应\\税消费品买价\end{matrix}-\begin{matrix}期末库存的外购应\\税消费品买价\end{matrix}$$

(2) 当期准予扣除委托加工应税消费品已纳税额的，按当期生产领用数量计算扣除。计算公式如下：

当期准予扣除委托加工应税消费品已纳税额 = 期初库存的委托加工应税消费品已纳税额 + 当期收回的委托加工应税消费品已纳税额 − 期末库存的委托加工应税消费品已纳税额

第六节　出口应税消费品退（免）税

纳税人出口应税消费品，国家给予退（免）税的税收优惠基本与出口货物退（免）增值税的规定相同，下面仅对不同于出口货物退（免）增值税的规定介绍如下。

一、出口应税消费品退（免）税基本政策

（一）出口免税并退税

适用这个政策的有：有出口经营权的外贸企业购进应税消费品直接出口，以及受其他外贸企业委托代理出口应税消费品。

需要注意的是，外贸企业只有受其他外贸企业委托，代理出口应税消费品，才可办理退税；外贸企业受其他企业（主要是非生产性的商贸企业）委托，代理出口应税消费品，是不予退（免）税的。

（二）出口免税但不退税

有出口经营权的生产性企业自营出口或生产企业委托外贸企业代理出口自产的应税消费品，依据其实际出口数量免征消费税，不予办理退还消费税。这里“免征消费税”是指对生产性企业按其实际出口数量免征生产环节的消费税。“不予办理退还消费税”，是指因已免征生产环节的消费税，该应税消费品出口时已不含有消费税，所以也无须再办理退还消费税了。

（三）出口不免税也不退税

除生产企业、外贸企业外的其他企业，即一般商贸企业，委托外贸企业代理出口应税消费品，一律不予退（免）税。

二、出口货物退税率

计算出口应税消费品应退消费税的税率或单位税额，依据《消费税暂行条例》所附《消费税税目税率（税额）表》执行。

企业应将不同消费税税率的出口应税消费品分开核算和申报，凡划分不清适用税率的，一律从低适用税率计算应退消费税税额。

三、出口货物退税计算

外贸企业从生产企业购进货物直接出口或受其他外贸企业委托代理出口应税消费品的，应退消费税税款。退税额计算分以下两种情况：

（1）属于从价定率计征消费税的应税消费品，应依照外贸企业从工厂购进货物时征收消费税的价格计算应退消费税税款。其计算公式为：

应退消费税税款＝出口货物的工厂销售额×税率

其中“出口货物的工厂销售额”不含增值税，对含增值税的价格应换算为不含增值税的销售额。

（2）属于从量定额计征消费税的应税消费品，应依货物购进和报关出口的数量计算应退消费税税款。其计算公式为：

应退消费税税款＝出口数量×单位税额

第七节　征收管理与申报缴纳

一、纳税义务发生时间

消费税纳税义务发生时间分为以下几种情况：

（1）纳税人销售应税消费品，其纳税义务发生时间为：

1）纳税人采取赊销和分期收款结算方式的，为销售合同规定的收款日期的当天，书面合同没有约定收款日期或者无书面合同的，为发出应税消费品的当天。

2）纳税人采取预收货款结算方式的，为发出应税消费品的当天。

3）纳税人采取托收承付和委托银行收款方式销售的应税消费品，为发出应税消费品并办妥托收手续的当天。

4）纳税人采取其他结算方式的，为收讫销售款或者取得索取销售款项凭据的当天。

（2）纳税人自产自用的应税消费品，其纳税义务发生时间为移送使用的当天。

（3）纳税人委托加工的应税消费品，其纳税义务发生时间为纳税人提货的当天。

（4）纳税人进口的应税消费品，其纳税义务发生时间为报关进口的当天。

二、纳税期限

消费税的纳税期限分别为1日、3日、5日、10日、15日、1个月或者一个季度。纳税人的具体纳税期限，由主管税务机关根据纳税人应纳税额的大小分别核定；不能按照固定期限纳税的，可以按次纳税。

纳税人以1个月或者一个季度为1个纳税期限的，自期满之日起15日内申报纳税；

其他纳税期限自期满之日起5日内预缴税款，于次月1日起15日内申报纳税并结清上月应纳税款。

纳税人进口应税消费品，应当自海关填发海关进口消费栏专用缴款书之日起15日内缴纳税款。

三、纳税地点

消费税纳税人的纳税地点分为以下几种情况：

(1) 纳税人销售的应税消费品，以及自产自用的应税消费品，除国务院财政、税务主管部门另有规定外，应当向纳税人机构所在地或者居住地的主管税务机关申报纳税。

(2) 委托加工的应税消费品，除受托方为个人外，由受托方向机构所在地或者居住地的主管税务机关解缴消费税税款。委托个人加工的应税消费品，由委托方向其机构所在地或者居住地主管税务机关申报纳税。

(3) 进口的应税消费品，应当由进口人或者其代理人向报关地海关申报纳税。

(4) 纳税人到外县（市）销售或者委托外县（市）代销自产应税消费品的，于应税消费品销售后，向机构所在地或者居住地主管税务机关申报纳税。

(5) 纳税人的总机构与分支机构不在同一县（市）的，应当分别向各自机构所在地的主管税务机关申报纳税；经财政部、国家税务总局或者其授权的财政、税务机关批准，可以由总机构汇总向总机构所在地的主管税务机关申报纳税。

(6) 纳税人销售的应税消费品，如因质量等原因由购买者退回时，经机构所在地或者居住地主管税务机关审核批准后，可退还已缴纳的消费税税款。

四、纳税申报

消费税纳税人应按有关规定及时办理纳税申报，并应如实填写《消费税纳税申报表》（见表3—3至表3—7）。

表3—3 **烟类应税消费品消费税纳税申报表**

税款所属期：　　年　月　日至　　年　月　日

纳税人名称（公章）：　　　　纳税人识别号：

填表日期：　　年　月　日　　单位：卷烟万支、雪茄烟支、烟丝千克；金额单位：元（列至角分）

项目 应税消费品名称	适用税率		销售数量	销售额	应纳税额
	定额税率	比例税率			
卷烟	30元/万支	45%			
卷烟	30元/万支	30%			
雪茄烟	—	25%			
烟丝	—	30%			
合计	—	—	—	—	

<table>
<tr><td>本期准予扣除税额：</td><td rowspan="3">声明
此纳税申报表是根据国家税收法律的规定填报的，我确定它是真实的、可靠的、完整的。

经办人（签章）：
财务负责人（签章）：
联系电话：</td></tr>
<tr><td>本期减（免）税额：</td></tr>
<tr><td>期初未缴税额：</td></tr>
<tr><td>本期缴纳前期应纳税额：</td><td rowspan="4">（如果你已委托代理人申报，请填写）
授权声明
为代理一切税务事宜，现授权＿＿＿＿（地址）＿＿＿＿为本纳税人的代理申报人，任何与本申报表有关的往来文件，都可寄予此人。

授权人签章：</td></tr>
<tr><td>本期预缴税额：</td></tr>
<tr><td>本期应补（退）税额：</td></tr>
<tr><td>期末未缴税额：</td></tr>
</table>

以下由税务机关填写

受理人（签章）：　　　　受理日期：　年　月　日　　　　受理税务机关（章）：

表 3—4　　**酒及酒精消费税纳税申报表**

税款所属期：　年　月　日至　年　月　日

纳税人名称（公章）：　　　　纳税人识别号：□□□□□□□□□□□□□□□□□□□□

填表日期：　年　月　日　　　　金额单位：元（列至角分）

项目 应税消费品名称	适用税率		销售数量	销售额	应纳税额
	定额税率	比例税率			
粮食白酒	0.5元/斤	20%			
薯类白酒	0.5元/斤	20%			
啤酒	250元/吨	—			
啤酒	220元/吨	—			
黄酒	240元/吨	—			
其他酒	—	10%			
酒精	—	5%			
合计	—	—	—	—	

<table>
<tr><td>本期准予抵减税额：</td><td rowspan="3">声明
此纳税申报表是根据国家税收法律的规定填报的，我确定它是真实的、可靠的、完整的。

经办人（签章）：
财务负责人（签章）：
联系电话：</td></tr>
<tr><td>本期减（免）税额：</td></tr>
<tr><td>期初未缴税额：</td></tr>
</table>

本期缴纳前期应纳税额：	（如果你已委托代理人申报，请填写） 授权声明 为代理一切税务事宜，现授权__________（地址）__________为本纳税人的代理申报人，任何与本申报表有关的往来文件，都可寄予此人。 授权人签章：
本期预缴税额：	
本期应补（退）税额：	
期末未缴税额：	

以下由税务机关填写

受理人（签章）： 受理日期： 年 月 日 受理税务机关（章）：

表 3—5

成品油消费税纳税申报表

税款所属期： 年 月 日至 年 月 日

纳税人名称（公章）： 纳税人识别号：□□□□□□□□□□□□□□□□□□□□

填表日期： 年 月 日 计量单位：升；金额单位：元（列至角分）

项目 应税消费品名称	适用税率（元/升）	销售数量	应纳税额
汽油	0.20		
柴油	0.10		
石脑油	0.20		
溶剂油	0.20		
润滑油	0.20		
燃料油	0.10		
航空煤油	0.10		
合计	—	—	

本期准予扣除税额：	声明 此纳税申报表是根据国家税收法律的规定填报的，我确定它是真实的、可靠的、完整的。 经办人（签章）： 财务负责人（签章）： 联系电话：
本期减（免）税额：	
期初未缴税额：	
本期缴纳前期应纳税额：	（如果你已委托代理人申报，请填写） 授权声明 为代理一切税务事宜，现授权__________（地址）__________本纳税人的代理申报人，任何与本申报表有关的往来文件，都可寄予此人。 授权人签章：
本期预缴税额：	
本期应补（退）税额：	
期末未缴税额：	

以下由税务机关填写

受理人（签章）： 受理日期： 年 月 日 受理税务机关（章）：

表 3—6 **小汽车消费税纳税申报表**

税款所属期： 年 月 日至 年 月 日

纳税人名称（公章）： 纳税人识别号：□□□□□□□□□□□□□□□□□□□□

填表日期： 年 月 日 计量单位：辆；金额单位：元（列至角分）

应税消费品名称 \ 项目		适用税率	销售数量	销售额	应纳税额
乘用车	气缸容量≤1.5升	3%			
	1.5升＜气缸容量≤2.0升	5%			
	2.0升＜气缸容量≤2.5升	9%			
	2.5升＜气缸容量≤3.0升	12%			
	3.0升＜气缸容量≤4.0升	15%			
	气缸容量＞4.0升	20%			
中轻型商用客车		5%			
合计		—	—	—	

本期准予扣除税额：	声明 此纳税申报表是根据国家税收法律的规定填报的，我确定它是真实的、可靠的、完整的。 经办人（签章）： 财务负责人（签章）： 联系电话：
本期减（免）税额：	
期初未缴税额：	
本期缴纳前期应纳税额：	（如果你已委托代理人申报，请填写） 授权声明 为代理一切税务事宜，现授权＿＿＿＿（地址）＿＿＿＿为本纳税人的代理申报人，任何与本申报表有关的往来文件，都可寄予此人。 授权人签章：
本期预缴税额：	
本期应补（退）税额：	
期末未缴税额：	

以下由税务机关填写

受理人（签章）： 受理日期： 年 月 日 受理税务机关（章）：

表 3—7 **其他应税消费品消费税纳税申报表**

税款所属期： 年 月 日至 年 月 日

纳税人名称（公章）： 纳税人识别号：□□□□□□□□□□□□□□□□□□□□

填表日期： 年 月 日 金额单位：元（列至角分）

应税消费品名称 \ 项目	适用税率	销售数量	销售额	应纳税额
合计	—	—	—	

<table>
<tr><td>本期准予抵减税额：</td><td rowspan="3">声明
此纳税申报表是根据国家税收法律的规定填报的，我确定它是真实的、可靠的、完整的。

经办人（签章）：
财务负责人（签章）：
联系电话：</td></tr>
<tr><td>本期减（免）税额：</td></tr>
<tr><td>期初未缴税额：</td></tr>
<tr><td>本期缴纳前期应纳税额：</td><td rowspan="4">（如果你已委托代理人申报，请填写）

授权声明

为代理一切税务事宜，现授权＿＿＿＿＿（地址）＿＿＿＿＿为本纳税人的代理申报人，任何与本申报表有关的往来文件，都可寄予此人。

授权人签章：</td></tr>
<tr><td>本期预缴税额：</td></tr>
<tr><td>本期应补（退）税额：</td></tr>
<tr><td>期末未缴税额：</td></tr>
</table>

以下由税务机关填写

受理人（签章）：　　　　受理日期：　　年　月　日　　　　受理税务机关（章）：

复习思考题

1. 消费税的特点是什么？
2. 消费税的作用是什么？
3. 消费税规定的应税消费品有哪些？
4. 制定消费税的税率通常要遵循什么原则？
5. 消费税自产自用应税消费品的计税销售额是如何规定的？
6. 消费税委托加工应税消费品的计税销售额是如何规定的？
7. 消费税的征税环节是如何规定的？

第四章 营业税

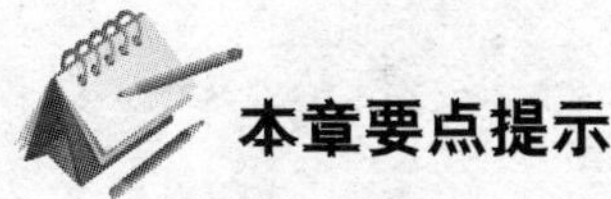

本章要点提示

- 营业税的概念
- 营业税的特点
- 营业税的作用
- 营业税的征收范围
- 营业税的纳税义务人
- 营业税的税率
- 营业额的确定
- 营业税减免税优惠
- 营业税的纳税义务发生时间
- 营业税的纳税地点

第一节 营业税概述

一、营业税的概念

营业税是对在我国境内提供应税劳务、转让无形资产和销售不动产的单位和个人取得的营业额征收的一种税。

营业税是新中国成立初期实行的一个老税种。早在1950年，我国的工商税制中就有营业税。1958年税制改革时，营业税并入到工商业税中。1973年工商统一税与盐税、屠宰税、城市房地产税、车船使用牌照税等合并为工商税。1984年10月实行第二步利改税时，为适应经济发展的需要，改变税制过于简单的状况，又将工商税中批发、零售按商品流转额征税和服务按营业收入征税的部分划分出来，并加以完善，重新设立了营业税，使营业税成为对商业批发、商业零售环节的商品流转额和服务性营业收入征收的一种税。它与产品税、增值税一起成为我国原流转税制的三大主要税种。

1994 年的税制改革中，以全面实行增值税为主要内容的流转税改革是整个税制改革的关键，其中营业税是在原营业税、工商统一税的基础上形成的。因此，新的营业税的建立贯彻了不增加税负、统一税政、简化税制的原则。新的营业税在纳税人、征税范围、税目、税率等方面都作了重要的调整和改正。1993 年 12 月 13 日国务院发布的《中华人民共和国营业税暂行条例》是营业税的基本法规，1993 年 12 月 25 日财政部又发布了《中华人民共和国营业税暂行条例实施细则》。2008 年 11 月 5 日国务院第 34 次常务会议修订通过《中华人民共和国营业税暂行条例》，2008 年 12 月 15 日财政部、国家税务总局第 52 令发布了《中华人民共和国营业税暂行条例实施细则》，自 2009 年 1 月 1 日起施行。

二、营业税的特点

（一）以营业额为主要计税依据

营业税属于传统的商品劳务税，但由于营业税与增值税、消费税在征收范围上的分工，使得现行营业税形成了对非商品营业额、商品销售额并行课征，以非商品营业额为主的征收格局。营业税一般以营业额全额为计税依据，税额不受成本、费用高低的影响，这对于保证财政收入的稳定增长具有十分重要的作用。

（二）按行业大类设计税目税率

现行营业税按不同的行业设计相应的税目和税率，税率的总体水平较低，体现了营业税的普遍征收。由于各种经营业务盈利水平高低不同，对同一个行业营业税实行统一税率，对不同行业实行差别税率，可以体现公平税负、鼓励平等竞争的政策。

（三）计算简便，便于征管

由于营业税一般以营业额全额为计税依据，按行业设计税目和税率，且实行比例税率，因此，税额计算方法简便，征收成本较低，便于税务机关的征收管理。

三、营业税的作用

营业税是我国现行流转税体系中的主体税种之一，是地方税体系中的主体税种。营业税不仅具有较强的聚财功能，同时也具有较强的调节经济的作用。

（一）组织财政收入

现行营业税的征收范围包括第三产业的大部分行业，征税领域广泛。营业税规定，凡有偿提供应税劳务、转让无形资产、销售不动产的单位和个人，都要就其取得的营业额纳税，这体现了营业税的普遍征税原则。同时，营业税不受经营者的成本高低和利润多少的影响，只要发生应税行为、取得营业收入就要缴税。因此，营业税税源广泛且稳定，可以为国家及时、可靠地取得财政收入。特别是随着我国第三产业的进一步发展，营业税在组织财政收入方面将会发挥更大的作用。

（二）促进各行业协调发展

营业税实行差别税率，根据不同行业在国民经济中的作用程度和盈利水平分别设计税率。对一些关系国计民生的行业如交通运输、邮电通信、文化体育等实行低税率；对一些盈利水平较高和高档消费的行业如歌厅、舞厅、高尔夫俱乐部等采取高税率。这样既可以照顾那些与人民生活密切相关的行业，又可以保证财政收入，对社会经济活动发挥调控作用，引导各个行业健康协调发展。

（三）监督社会经济活动

营业税具有征收范围广的特点，通过对营业税的日常征收管理，既可以了解相关行业的发展变化情况，引导其按国民经济的要求健康发展，又可以创造平等的外部环境，促进纳税人在平等的条件下公平竞争。

第二节　征收范围和纳税义务人

一、征收范围

（一）征收范围的一般规定

对营业税的征收范围是通过《营业税暂行条例》列举 9 个税目加以规定的。营业税的税目按照行业、类别的不同分别设置，现行营业税共设置了 9 个税目。

1. 交通运输业

交通运输业是指使用运输工具或人力、畜力将货物或旅客送达目的地的业务，具体包括陆路运输、水路运输、航空运输、管道运输、装卸搬运。

（1）陆路运输是指通过陆路（地上或地下）运送货物或旅客的运输业务，包括铁路运输、公路运输、缆车运输、索道运输及其他陆路运输。

（2）水路运输是指通过江、河、湖、川等天然、人工水道或海洋航道运送货物或旅客的运输业务。尽管打捞不是运输业务，但与水路运输有着密切的关系，所以打捞也可以比照水路运输的办法征税。

（3）航空运输是指通过空中航线运送货物或旅客的运输业务。与航空直接有关的通用航空业务、航空地面服务业务也按照航空运输业务征税。

（4）管道运输是指通过管道设施输送气体、液体、固体物资的运输业务。

（5）装卸搬运是指使用装卸搬运工具或人力、畜力将货物在运输工具之间、装卸现场之间或运输工具与装卸现场之间进行装卸和搬运的业务。

2. 建筑业

建筑业是指建筑安装工程作业等，具体包括建筑、安装、修缮、装饰和其他工程作业等。

（1）建筑是指新建、改建、扩建各种建筑物、构筑物的工程作业，包括与建筑物相连的各种设备或支柱、操作平台的安装或装设的工程作业，以及各种窑炉和金属结构工程作业在内。但自建自用建筑物不是建筑业税目的征税范围。出租或投资入股的自建建筑物也不是建筑业的征税范围。

(2) 安装是指生产设备、动力设备、起重设备、运输设备、传动设备、医疗实验设备及其他各种设备的装配、安置工程作业，包括与设备相连的工作台、梯子、栏杆的装设工程作业和被安装设备的绝缘、防腐、保温、油漆等工程作业。

(3) 修缮是指对建筑物、构筑物进行修补、加固、养护、改善，使之恢复原来的使用价值或延长其使用期限的工程作业。

(4) 装饰是指对建筑物、构筑物进行修饰，使之美观或具有特定用途的工程作业。

(5) 其他工程作业是指除建筑、安装、修缮、装饰工程作业以外的各种工程作业，如代办电信工程、水利工程、道路修建、疏浚、钻井（打井）、拆除建筑物、平整土地、搭脚手架、爆破等工程作业。

(6) 管道煤气集资费（初装费）业务。管道煤气集资费（初装费），是用于管道煤气工程建设和技术改造，在报装环节一次性向用户收取的费用。

3. 金融保险业

金融保险业是指经营金融、保险的业务，具体包括金融、保险。

(1) 金融是指经营货币资金融通活动的业务，包括贷款、融资租赁、金融商品转让、金融经纪业务和其他金融业务。

贷款是指将资金有偿贷与他人使用（包括以贴现、押汇方式）的业务。以货币资金投资但收取固定利润或保底利润的行为，也属于这里所称的贷款业务。按资金来源不同，贷款分为外汇转贷业务和一般贷款业务两种。外汇转贷业务，是指金融企业直接向境外借入外汇资金，然后再贷给国内企业或其他单位、个人。各银行总行向境外借入外汇资金后，通过下属分支机构贷给境内单位或个人使用的，也属于外汇转贷业务。一般贷款业务指除外汇转贷以外的各种贷款。

融资租赁是指经中国人民银行或商务部批准可从事融资租赁业务的单位所从事的具有融资性质和所有权转移特点的设备租赁业务。

金融商品转让是指转让外汇、有价证券或非货物期货的所有权的行为，包括股票转让、债券转让、外汇转让、其他金融商品转让。

金融经纪业务和其他金融业务是指受托代他人经营金融活动的中间业务，如委托业务、代理业务、咨询业务等。

(2) 保险是指将通过契约形式集中起来的资金，用以补偿被保险人的经济利益的活动。

4. 邮电通信业

邮电通信业是指专门办理信息传递的业务，具体包括邮政、电信。

邮政是指传递实物信息的业务，包括传递函件或包件（含快递业务）、邮汇、报刊发行、邮务物品销售、邮政储蓄及其他邮政业务。

电信是指用各种电传设备传输电信号以传递信息的业务，包括电报、电传、电话、电话机安装、电信物品销售及其他电信业务。电信业务包括基础电信业务和增值电信业务。基础电信业务是指提供公共网络基础设施、公共数据传送和基本语音通信服务的业务，具体包括固定网国内长途及本地电话业务、移动通信业务、卫星通信业务、互联网及其他数据传送业务、网络元素出租出售业务、电信设备及电路的出租业务、网络接入及网络托管业务、国际通信基础设施及国际电信业务、无线寻呼业务和转售的基础电信业务。增值电信业务是指利用公共网络基础设施提供的电信与信息服务的业务，具体包括固定电话网增值电信业务、移动电话网增值电信业务、卫星网增值电信业务、互联网增值电信业务、其他数据传送网络增值电信业务等服务。

5. 文化体育业

文化体育业是指经营文化、体育活动的业务，具体包括文化业、体育业。其中，文化业是指经营文化活动的业务，包括表演、播映、经营游览场所和各种展览、培训活动，举办文学、艺术、科技讲座、讲演、报告会，图书馆的图书和资料的借阅业务等。体育业是指举办各种比赛和为体育比赛或体育活动提供场所的业务。

6. 娱乐业

娱乐业是指为娱乐活动提供场所和服务的业务，具体包括经营歌厅、舞厅、卡拉OK歌舞厅、音乐茶座、台球厅、高尔夫球场、保龄球场、网吧、游艺场等娱乐场所，以及娱乐场所为顾客进行娱乐活动提供服务的业务。娱乐场所为顾客提供的饮食服务及其他各种服务也按照娱乐业征税。

7. 服务业

服务业是指利用设备、工具、场所、信息或技能为社会提供服务的业务，具体包括代理业、旅店业、饮食业、旅游业、仓储业、租赁业、广告业和其他服务业。

(1) 单位和个人在旅游景点经营索道取得的收入按“服务业”税目中的“旅游业”项目征收营业税。

(2) 交通部门有偿转让高速公路收费权行为，属于营业税征收范围，应按“服务业”税目中的“租赁”项目征收营业税。

(3) 自2002年1月1日起，福利彩票机构发行销售福利彩票取得的收入不征收营业税。对福利彩票机构以外的代销单位销售福利彩票取得的手续费收入，应按规定征收营业税。福利彩票机构包括福利彩票销售管理机构和与销售管理机构签有电脑福利彩票投注站代理销售协议书并直接接受销售管理机构的监督管理的电脑福利彩票投注站。

8. 转让无形资产

转让无形资产是指转让无形资产的所有权或使用权的行为，具体包括转让土地使用权、转让商标权、转让专利权、转让非专利技术、出租电影拷贝、转让著作权和转让商誉。

自2003年1月1日起，以无形资产投资入股，参与接受投资方的利润分配，共同承担投资风险的行为，不征收营业税。在投资后转让其股权的，也不征收营业税。

9. 销售不动产

销售不动产是指有偿转让不动产所有权的行为，具体包括销售建筑物或构筑物和销售其他土地附着物。

自2003年1月1日起，以不动产投资入股，参与接受投资方的利润分配，共同承担投资风险的行为，不征收营业税。在投资后转让其股权的，也不征收营业税。

（二）征收范围的特殊规定

1. 混合销售行为

一项销售行为如果既涉及应税劳务又涉及货物的，为混合销售行为。从事货物的生产、批发或零售的企业、企业性单位及个体工商户的混合销售行为，视为销售货物，不征收营业税；其他单位和个人的混合销售行为，视为提供应税劳务，应当征收营业税。

从事货物的生产、批发或零售的企业、企业性单位及个体工商户，包括以从事货物的生产、批发或零售为主，并兼营应税劳务的企业、企业性单位及个体工商户在内。纳税人的下列混合销售行为，应当分别核算应税劳务的营业额和货物的销售额，其应税劳务的营业额缴纳营业税，货物的销售额不缴纳营业税；未分别核算的，由主管税务机关核定其应税劳务的营业额：

(1) 提供建筑业劳务的同时销售自产货物的行为；

(2) 财政部、国家税务总局规定的其他情形。

纳税人的混合销售行为是否属于混合销售行为，由国家税务总局所辖征收机关确定。

2. 兼营应税劳务与货物或非应税劳务行为

纳税人兼营应税劳务与货物或非应税劳务行为的，应分别核算应税劳务的营业额与货物或非应税劳务的销售额，其应税行为的营业额缴纳营业税，货物或者非应税劳务的销售额不缴纳营业税；未分别核算的，由主管税务机关核定其应税行为的营业额。

3. 视同提供应税劳务

单位或个人自己新建建筑物后销售，其自建行为视同提供应税劳务，按建筑业缴纳营业税。

4. 视同销售不动产

单位或者个人将不动产或者土地使用权无偿赠与其他单位或者个人，视同销售不动产，征收营业税。

二、纳税义务人

(一) 纳税人的一般规定

在中华人民共和国境内提供应税劳务、转让无形资产或者销售不动产的单位和个人，为营业税的纳税人。

提供应税劳务、转让无形资产或销售不动产是指有偿提供应税劳务、有偿转让无形资产或者有偿销售不动产的行为。有偿是指通过提供、转让或销售行为取得货币、货物或其他经济利益。但单位或者个体工商户聘用的员工为本单位或者雇主提供的劳务不包括在内。

单位是指企业、行政单位、事业单位、军事单位、社会团体及其他单位。

个人是指个体工商户及其他个人。

在中华人民共和国境内是指在税收行政管辖权的区域内。具体包括以下情况：

(1) 提供或接受应税劳务的单位或者个人在境内。

(2) 所转让的无形资产（不含土地使用权）的接受单位或者个人在境内。

(3) 所转让或者出租土地使用权的土地在境内。

(4) 所销售或者出租的不动产在境内。

（二）纳税人的特殊规定

《营业税暂行条例实施细则》中对营业税的纳税人作了一些特殊规定：

(1) 从事铁路运输的纳税人。

1) 中央铁路运营业务的纳税人为铁道部。

2) 合资铁路运营业务的纳税人为合资铁路公司。

3) 地方铁路运营业务的纳税人为地方铁路管理机构。

4) 基建临管线铁路运营业务的纳税人为基建临管线管理机构。

(2) 从事水路运输、航空运输、管道运输或其他陆路运输业务并负有营业税纳税义务的单位，为从事运输业务并计算盈亏的单位。从事运输业务并计算盈亏的单位须具备以下条件：

1) 利用运输工具从事运输业务、取得运输收入。

2) 在银行开设有结算账户。

3) 在财务上计算营业收入、营业支出、经营利润。

(3) 单位以承包、承租、挂靠方式经营的，承包人、承租人、挂靠人（以下统称承包人）发生应税行为，承包人以发包人、出租人、被挂靠人（以下统称发包人）名义对外经营并由发包人承担相关法律责任的，以发包人为纳税人；否则以承包人为纳税人。

(4) 金融保险业纳税人。

1) 银行，包括人民银行、商业银行、政策性银行。

2) 信用合作社。

3) 证券公司。

4) 金融租赁公司、证券基金管理公司、财务公司、信托投资公司、证券投资基金。

5) 保险公司。

6) 其他经中国人民银行、中国证监会、中国保监会批准成立且经营金融保险业务的机构等。

（三）扣缴义务人的规定

在税收征管实践中，有些具体情况难以确定纳税人，为保证税款及时足额入库，《营业税暂行条例实施细则》中规定了扣缴义务人。营业税的扣缴义务人主要包括以下几种：

(1) 中华人民共和国境外的单位或者个人在境内提供应税劳务、转让无形资产或者销售不动产，在境内未设有经营机构的，以其境内代理人为扣缴义务人；在境内未设有代理人的，以受让方或者购买方为扣缴义务人。

(2) 国务院财政、税务主管部门规定的其他扣缴义务人。

第三节　税目和税率

一、税率的一般规定

现行营业税实行分行业比例税率，对大多数应税劳务以及转让无形资产和销售不动产，实行较低的比例税率，主要是3%和5%两个档次，以体现营业税的普遍征收特点。

对娱乐业则实行5%～20%的幅度比例税率，由省、自治区、直辖市人民政府根据当地的实际情况，在5%～20%税率的幅度内，决定本地实际适用税率。对娱乐业实行幅度比例税率，主要是考虑到各地区经济发展水平相差悬殊，消费水平也会存在较大的差距，娱乐业的实际适用税率不宜在全国采取统一的比例税率，同时，这样做也有利于地方政府根据本地区娱乐业发展的实际情况，灵活运用税收杠杆，适当调节消费。

营业税税目、税率的调整，由国务院规定。

各个税目的适用税率见表4—1。

表4—1　　营业税税目、税率表

税目	税率
交通运输业	3%
建筑业	3%
金融保险业	5%
邮电通信业	3%
文化体育业	3%
娱乐业	5%～20%
服务业	5%
转让无形资产	5%
销售不动产	5%

二、税率的特殊规定

《营业税暂行条例》规定，纳税人兼营不同税目应税行为的，应当分别核算不同税目的营业额、转让额、销售额，并按各自的适用税率计算应纳税额；未分别核算的，将从高适用税率计算应纳税额。

营业额是指从事交通运输业、建筑业、金融保险业、邮电通信业、文化体育业、娱乐业和服务业所取得的营业收入；转让额是指转让无形资产所取得的收入；销售额是指销售不动产所取得的收入。

例如，某交通运输企业在提供交通运输服务的同时，还将闲置的库房出租。如果该企业能分别核算提供交通运输服务的营业额和出租库房的营业额，则分别按照3%和5%的税率计算纳税；如果不能分别核算两项营业额的，应将两项营业额合并，按照5%的税率计算纳税。

第四节　计税依据的确定

一、计税依据的一般规定

营业税的计税依据是营业额，营业额为纳税人提供应税劳务、转让无形资产或者销售不动产向购买方收取的全部价款和价外费用。价外费用包括向购买方收取的手续费、补贴、基金、集资费、返还利润、奖励费、建约金、滞纳金、延期付款利息、代收款项、代垫款项、罚息及其他各种性质的价外收费，但不包括同时符合以下条件代为收取的政府性基金或者行政事业性收费：

(1) 由国务院或者财政部批准设立的政府性基金，由国务院或者省级人民政府及其财政、价格主管部门批准设立的行政事业性收费；

(2) 收取时开具省级以上财政部门印制的财政票据；

(3) 所收款项金额上缴财政。

凡价外费用，无论会计制度规定如何，均应并入营业额计算应纳税额。

二、计税依据的特殊规定

除上述一般规定外，为了能够照顾一些行业的经营特点，合理确定营业税的计税依据，《营业税暂行条例》及其实施细则对计算缴纳营业税的营业额又作了一些具体规定。

(1) 纳税人将承揽的运输业务分给其他单位或者个人的，以其取得的全部价款和价外费用扣除其支付给其他单位或者个人的运输费用后的余额为营业额。

(2) 纳税人从事旅游业务的，以其取得的全部价款和价外费用扣除替旅游者支付给其他单位或者个人的住宿费、餐费、交通费、旅游景点门票和支付给其他接团旅游企业的旅游费后的余额为营业额。

(3) 纳税人将建筑工程分包给其他单位的，以其取得的全部价款和价外费用扣除其支付给其他单位的分包款后的余额为营业额。

(4) 外汇、有价证券、期货等金融商品买卖业务，以卖出价减去买入价后的余额为营业额。所称外汇、有价证券、期货等金融商品买卖业务，是指纳税人从事的外汇、有价证券、非货物期货和其他金融商品买卖业务。货物期货买卖业务不缴纳营业税。

(5) 娱乐业的营业额为经营娱乐业收取的全部价款和价外费用，包括门票收费、台位费、点歌费和烟酒、饮料、茶水、鲜花、小吃等收费及经营娱乐业的其他各项收费。

(6) 纳税人提供建筑业劳务（不含装饰劳务）的，其营业额应当包括工程所用原材料、设备及其他物资和动力的价款在内，但不包括建设方提供的设备的价款。

(7) 纳税人取得的上述 (1) 至 (6) 项的凭证不符合法律、行政法规或者国务院税务主管部门有关规定的，该项目金额不得扣除。所称符合国务院税务主管部门有关规定的凭证（以下统称合法有效凭证)，是指：

1) 支付给境内单位或者个人的款项，且该单位或者个人发生的行为属于营业税或者增值税征收范围的，以该单位或者个人开具的发票为合法有效凭证；

2) 支付的行政事业性收费或者政府性基金，以开具的财政票据为合法有效凭证；

3) 支付给境外单位或者个人的款项，以该单位或者个人的签收单据为合法有效凭证，税务机关对签收单据有疑义的，可以要求其提供境外公证机构的确认证明；

4) 国家税务总局规定的其他合法有效凭证。

(8) 纳税人提供应税劳务、转让无形资产或者销售不动产的价格明显偏低且无正当理由的，或视同发生应税行为的，由主管税务机关按下列顺序确定其营业额：

1）按纳税人最近时期发生同类应税行为的平均价格核定；

2）按其他纳税人最近时期发生同类应税行为的平均价格核定；

3）按下列公式核定：

营业额＝营业成本或者工程成本×（1＋成本利润率）÷（1－营业税税率）

公式中的成本利润率，由省、自治区、直辖市税务局确定。

（9）营业额的其他规定。

1）单位和个人提供营业税应税劳务、转让无形资产和销售不动产发生退款，凡该项退款已征收过营业税的，允许退还已征税款，也可以从纳税人以后的营业额中减除。

2）单位和个人提供营业税应税劳务、转让无形资产和销售不动产时，如果将价款与折扣额开在同一张发票上的，以折扣后的价款为营业额；如果将折扣额另开发票的，不论财务上如何处理，均不得将折扣额从营业额中减除。

3）单位和个人提供营业税应税劳务、转让无形资产和销售不动产时，因受让方违约而从受让方取得的赔偿金收入，应并入营业额中征收营业税。

4）自 2004 年 12 月 1 日起，营业税纳税人购置税控收款机，经主管税务机关审核批准后，可凭购进税控收款机取得的增值税专用发票，按照发票上注明的增值税税额，抵免当期应纳营业税税额；或者按照购进税控收款机取得的普通发票上注明的价款，依下列公式计算可抵免税额：

可抵免税额＝价款÷(1＋17％)×17％

此外，财政部、国家税务总局联合发布《关于个人住房转让营业税政策的通知》，规定自 2009 年 1 月 1 日起至 12 月 31 日，个人将购买不足 2 年的非普通住房对外销售的，全额征收营业税；个人将购买超过 2 年（含 2 年）的非普通住房或者不足 2 年的普通住房对外销售的，按照其销售收入减去购买房屋的价款后的差额征收营业税；个人将购买超过 2 年（含 2 年）的普通住房对外销售的，免征营业税。

上述普通住房和非普通住房的标准、办理免税的具体程序、购买房屋的时间、开具发票、差额征税扣除凭证、非购买形式取得住房行为及其他相关税收管理规定，按照《国务院办公厅转发关于做好稳定住房价格工作意见的通知》（国办发〔2005〕26 号）、《国家税务总局、财政部、建设部关于加强房地产税收管理的通知》（国税发〔2005〕89 号）和《国家税务总局关于房地产税收政策执行中几个具体问题的通知》（国税发〔2005〕172 号）的有关规定执行。

第五节　应纳税额的计算

营业税实行比例税率，税额的计算方法简便。依据营业税计税依据的不同，营业税的计算可采用下述三种方法。

一、按营业收入全额计算

按营业收入全额计算应纳税额的公式为：

应纳税额＝营业额×营业税适用税率

【例 4—1】 某酒店 3 月份的营业收入为 210 万元，计算该酒店 3 月份应纳的营业税税额。

解答：

应纳税额＝210×5％＝10.50（万元）

二、按营业收入差额计算

按营业收入差额计算应纳税额的公式为：

应纳税额＝(营业额－税法允许扣除的营业额)×营业税适用税率

【例 4—2】 某旅游公司组织 30 人旅游，每人收取旅游费 1 200 元，旅游中该公司为每一游客支付房费 270 元、交通费 240 元、餐费 160 元、门票等费用 90 元，计算该公司此次旅游收入应纳的营业税。

解答：

应纳税额＝（1 200－270－240－160－90）×30×5％＝660（元）

三、按组成计税价格计算

按组成计税价格计算应纳税额的公式为：

$$应纳税额=\frac{营业成本或工程成本\times(1+成本利润率)}{1-营业税适用税率}\times营业税适用税率$$

【例 4—3】 某房地产开发公司将一套公寓无偿赠送给关系单位，该公司无同类公寓的对外销售价格。经税务机关核定，其工程成本为 180 万元，当地规定的成本利润率为 13％，计算该公司应纳的营业税税额。

解答：

应纳税额＝［180×（1＋13％）］÷（1－5％）×5％＝10.71（万元）

第六节　税收优惠

一、对起征点的规定

营业税起征点的适用范围限于个人。

对营业税起征点的幅度规定如下：

(1) 按期纳税的，为月营业额 1 000 元～5 000 元；

(2) 按次纳税的，为每次（日）营业额 100 元。

省、自治区、直辖市财政厅（局）、税务局应当在规定的幅度内，根据实际情况确定本地区适用的起征点，并报财政部、国家税务总局备案。

纳税人营业额未达到国务院财政、税务主管部门规定的营业税起征点的，免征营业税；达到起征点的，全额计算缴纳营业税。

二、法定免税项目

下列项目免征营业税：

(1) 托儿所、幼儿园、养老院、残疾人福利机构提供的育养服务，婚姻介绍，殡葬服务。

(2) 残疾人员个人提供的劳务。

所称残疾人员个人提供的劳务，是指残疾人员本人为社会提供的劳务。

(3) 医院、诊所和其他医疗机构提供的医疗服务。

(4) 学校和其他教育机构提供的教育劳务，学生勤工俭学提供的劳务。

所称学校和其他教育机构，是指普通学校以及经地、市级以上人民政府或者同级政府的教育行政部门批准成立、国家承认其学员学历的各类学校。

(5) 农业机耕、排灌、病虫害防治、植物保护、农牧保险以及相关技术培训业务，家禽、牲畜、水生动物的配种和疾病防治。

所称农业机耕，是指在农业、林业、牧业中使用农业机械进行耕作（包括耕耘、种植、收割、脱粒、植物保护等）的业务；排灌，是指对农田进行灌溉或排涝的业务；病虫害防治，是指从事农业、林业、牧业、渔业的病虫害测报和防治的业务；农牧保险，是指为种植业、养殖业、牧业种植和饲养的动植物提供保险的业务；相关技术培训，是指与农业机耕、排灌、病虫害防治、植物保护业务相关以及为使农民获得农牧保险知识的技术培训业务。家禽、牲畜、水生动物的配种和疾病防治业务的免税范围，包括与该项劳务有关的提供药品和医疗用具的业务。

(6) 纪念馆、博物馆、文化馆、文物保护单位管理机构、美术馆、展览馆、书画院、图书馆举办文化活动的门票收入，宗教场所举办文化、宗教活动的门票收入。

所称纪念馆、博物馆、文化馆、文物保护单位管理机构、美术馆、展览馆、书画院、图书馆举办文化活动，是指这些单位在自己的场所举办的属于文化体育业税目征税范围的文化活动。其门票收入，是指销售第一道门票的收入。宗教场所举办文化、宗教活动的门票收入，是指寺院、宫观、清真寺和教堂举办文化、宗教活动销售门票的收入。

(7) 境内保险机构为出口货物提供的保险产品。

所称为出口货物提供的保险产品，包括出口货物保险和出口信用保险。

营业税的免税、减税项目由国务院规定。其他任何地区、部门均不得规定免税、减税项目。

纳税人兼营免税、减税项目的，应当分别核算免税、减税项目的营业额；未分别核算营业额的，不得免税、减税。

三、补充优惠项目

（1）保险公司开展的1年期以上返还性人身保险业务的保费收入，免征营业税。返还性人身保险业务是指保期1年以上（包括1年期）、到期返还本利的普通人寿保险、养老金保险、健康保险。

对保险公司开办的普通人寿保险、养老金保险、健康保险的具体险种，凡经财政部、国家税务总局审核并列入免税名单的可免征营业税，未列入免税名单的一律征收营业税。

（2）对单位和个人（包括外商投资企业、外商投资设立的研究开发中心、外国企业和外籍个人）从事技术转让、技术开发业务和与之相关的技术咨询、技术服务业务取得的收入，免征营业税。技术转让是指转让者将其拥有的专利和非专利技术的所有权或使用权有偿转让他人的行为；技术开发是指开发者接受他人委托，就新技术、新产品、新工艺或者新材料及其系统进行研究开发的行为；技术咨询是指就特定技术项目提供可行性论证、技术预测、专题技术调查、分析评价报告等；与技术转让、技术开发相关的技术咨询、技术服务业务是指转让方（或受托方）根据技术转让或开发合同的规定，为帮助受让方（或委托方）掌握所转让（或委托开发）的技术而提供的技术咨询、技术服务业务。

《财政部、国家税务总局关于贯彻落实〈中共中央、国务院关于加强技术创新、发展高科技、实现产业化的决定〉有关税收问题的通知》中规定的免征营业税的技术开发、技术转让业务，是指自然科学领域的技术开发和技术转让业务。

（3）个人转让著作权，免征营业税。

（4）将土地使用权转让给农业生产者用于农业生产，免征营业税。

（5）工会疗养院（所）可视为“其他医疗机构”，免征营业税。

（6）凡经中央及省级财政部门批准纳入预算管理或财政专户管理的行政事业性收费、基金，无论是由行政单位收取的，还是由事业单位收取的，均不征收营业税。

（7）立法机关、司法机关、行政机关的收费，同时具备下列条件的，不征收营业税：一是国务院、省级人民政府或其所属财政、物价部门以正式文件允许收费，而且收费标准符合文件规定的；二是所收费用由立法机关、司法机关、行政机关自己直接收取的。

（8）社会团体按财政部门或民政部门规定标准收取的会费，不征收营业税。社会团体是指在中华人民共和国境内经国家社团主管部门批准成立的非营利性的协会、学会、联合会、研究会、基金会、联谊会、促进会、商会等民间群众社会组织。社会团体会费是指社会团体在国家法规、政策许可的范围内，依照社团章程的规定收取的个人会员和团体会员的款额。

各党派、共青团、工会、妇联、中科协、青联、台联、侨联收取的党费、会费，比照上述规定执行。

（9）对从原高校后勤管理部门剥离出来而成立的进行独立核算并有法人资格的高校后勤经济实体（以下简称高校后勤实体），经营学生公寓和教师公寓及为高校教学提供后勤服务而获得的租金和服务性收入，免征营业税；但利用学生公寓或教师公寓等高校后勤服务设施向社会人员提供服务而获得的租金和其他各种服务性收入，应按现行规定计征营业税。

对社会性投资建立的为高校学生提供住宿服务并按高教系统统一收费标准收取租金的学生公寓，其取得的租金收入免征营业税；但利用学生公寓向社会人员提供住宿服务而取得的租金收入，应按现行规定计征营业税。

对设置在校园内的实行社会化管理和独立核算的食堂，向师生提供餐饮服务获得的收入，免征营业税；向社会提供餐饮服务获得的收入，应按现行规定计征营业税。

（10）对住房公积金管理中心用住房公积金在指定的委托银行发放个人住房贷款取得的收入，免征营业税。

第七节　征收管理与申报缴纳

一、纳税义务发生时间

营业税纳税义务发生时间为纳税人提供应税劳务、转让无形资产或者销售不动产并收讫营业收入款项或者取得索取营业收入款项凭据的当天。所称收讫营业收入款项，是指纳税人应税行为发生过程中或者完成后收取的款项。所称取得索取营业收入款项凭据的当天，为书面合同确定的付款日期的当天；未签订书面合同或者书面合同未确定付款日期的，为应税行为完成的当天。

对于某些项目，《营业税暂行条例》则具体规定如下：

（1）纳税人转让土地使用权或者销售不动产，采取预收款方式的，其纳税义务发生时间为收到预收款的当天。

（2）纳税人提供建筑业或者租赁业劳务，采取预收款方式的，其纳税义务发生时间为收到预收款的当天。

（3）纳税人发生将不动产或者土地使用权无偿赠送其他单位或者个人的，其纳税义务发生时间为不动产所有权、土地使用权转移的当天。

（4）纳税人发生自建行为的，其纳税义务发生时间为销售自建建筑物的纳税义务发生时间。

营业税扣缴义务发生时间为纳税人营业税纳税义务发生的当天。

二、纳税期限

营业税的纳税期限分别规定为 5 日、10 日、15 日、1 个月或者 1 个季度。纳税人的具体纳税期限，由主管税务机关根据纳税人应纳税额的大小分别核定；不能按固定期限纳税的，可以按次纳税。

纳税人以 1 个月或者 1 个季度为一个纳税期的，自期满之日起 15 日内申报纳税；以 5 日、10 日或者 15 日为一期纳税的，自期满之日起 5 日内预缴税款，于次月 1 日起 15 日内申报并结清上月税款。

扣缴义务人解缴税款的期限，依照上述规定执行。

三、纳税地点

(1) 纳税人提供应税劳务应当向其机构所在地或者居住地的主管税务机关申报纳税。但是，纳税人提供的建筑业劳务以及国务院财政、税务主管部门规定的其他应税劳务，应当向应税劳务发生地的主管税务机关申报纳税。

(2) 纳税人转让无形资产应当向其机构所在地或者居住地的主管税务机关申报纳税。但是，纳税人转让、出租土地使用权，应当向土地所在地的主管税务机关申报纳税。

(3) 纳税人销售、出租不动产应当向不动产所在地的主管税务机关申报纳税。

扣缴义务人应当向其机构所在地或者居住地的主管税务机关申报缴纳其扣缴的税款。纳税人应当向应税劳务发生地、土地或者不动产所在地的主管税务机关申报纳税，而自应当申报纳税之月起超过6个月没有申报纳税的，由其机构所在地或者居住地的主管税务机关补征税款。

四、申报缴纳

纳税人应按《营业税暂行条例》的有关规定及时办理纳税申报，并如实填写《营业税纳税申报表》(见表4—2)。

表4—2 **营业税纳税申报表**

填表日期：　年　月　日

纳税人识别号：　　　　　　　　　　金额单位：元（列至角分）

<table>
<tr><td colspan="2">纳税人名称</td><td colspan="5"></td><td colspan="3">税款所属时期</td><td colspan="2"></td></tr>
<tr><td rowspan="2">项目</td><td rowspan="2">经营项目</td><td colspan="5">营业额</td><td rowspan="2">税率</td><td colspan="4">本期</td></tr>
<tr><td>全部收入</td><td>不征税项目</td><td>减除项目</td><td>减免税项目</td><td>应税营业额</td><td>应纳税额</td><td>减免税额</td><td>已纳税额</td><td>应补(退)税额</td></tr>
<tr><td>1</td><td>2</td><td>3</td><td>4</td><td>5</td><td>6</td><td>7=3—4—5—6</td><td>8</td><td>9=7×8</td><td>10=6×8</td><td>11</td><td>12</td></tr>
<tr><td></td><td></td><td></td><td></td><td></td><td></td><td></td><td></td><td></td><td></td><td></td><td></td></tr>
<tr><td></td><td></td><td></td><td></td><td></td><td></td><td></td><td></td><td></td><td></td><td></td><td></td></tr>
<tr><td></td><td></td><td></td><td></td><td></td><td></td><td></td><td></td><td></td><td></td><td></td><td></td></tr>
<tr><td></td><td></td><td></td><td></td><td></td><td></td><td></td><td></td><td></td><td></td><td></td><td></td></tr>
<tr><td colspan="2">合计</td><td></td><td></td><td></td><td></td><td></td><td></td><td></td><td></td><td></td><td></td></tr>
<tr><td colspan="5">如纳税人填报，由纳税人填写以下各栏</td><td colspan="5">如委托代理人填报，由代理人填写以下各栏</td><td colspan="2">备注</td></tr>
<tr><td colspan="3" rowspan="3">会计主管
(签章)</td><td colspan="2" rowspan="3">纳税人
(公章)</td><td>代理人名称</td><td colspan="2"></td><td colspan="2" rowspan="3">代理人
(公章)</td><td colspan="2" rowspan="3"></td></tr>
<tr><td>地址</td><td colspan="2"></td></tr>
<tr><td>经办人</td><td></td><td>电话</td></tr>
<tr><td colspan="12">以下由税务机关填写</td></tr>
<tr><td colspan="3">收到申报表日期</td><td colspan="4"></td><td colspan="2">接收人</td><td colspan="3"></td></tr>
</table>

填表说明：

1. 本表适用于营业税纳税义务人填报。

2. “全部收入”系指纳税人的全部收入。

3. “不征税项目”系指税法规定的不属于营业税征税范围的营业额。

4. “减除项目”系指税法规定允许从营业收入中扣除的项目的营业额。

5. “减免税项目”系指税法规定的减免税项目的营业额。

复习思考题

1. 营业税的特点是什么?
2. 营业税的作用是什么?
3. 营业税的税目、税率有哪些特点?
4. 营业税的征收范围是什么?
5. 营业税混合销售行为是如何规定的?
6. 营业税兼营行为是如何规定的?
7. 营业税的税收优惠规定有哪些?

第五章　关　税

本章要点提示

- 关税的概念
- 关税的作用
- 关税的征税对象
- 关税的纳税义务人
- 关税的税则、税目、税率
- 关税的原产地规定
- 关税的完税价格
- 行李和邮递物品进口税
- 关税的减免税优惠
- 关税的征收管理

第一节　关税概述

一、关税的概念

关税是海关依法对进出境货物、物品征收的一种商品税。

关境又称“海关境域”或“关税领域”，是海关法全面实施的领域。在通常情况下，一国的关境与国境是一致的，包括一国的领土、领海、领空。但如果一国在境内设立自由贸易区或自由港时，其国境大于关境，如我国特别行政区香港和澳门，依据香港、澳门基本法的规定，保持香港、澳门自由港地位，属单独关税区。但当不同国家组成关税同盟，形成统一的关境，实施统一的关税法令和对外税则，只对来自或运往其他国家的货物进出共同关境时征税，这些国家的关境大于国境，如欧盟。

二、关税的分类

（一）以通过关境的流动方向分类

进口关税，是指海关对输入本国的货物或物品征收的一种关税。

出口关税，是指海关对输出本国的货物或物品征收的一种关税。

过境关税，是指对外国运经本国关境到达另一国的货物征收的一种关税。

（二）以关税的差别分类

1. 歧视关税

歧视关税是指对同一种进口货物，由于输出国或生产国不同，或输入情况不同，而使用不同税率征收的关税。它主要包括反倾销关税、反补贴关税、报复关税等。

(1) 反倾销关税是指针对倾销产品征收的进口附加税。倾销是指一国产品以低于正常价值的方式挤入另一国市场竞销，从而使该国已建立的某项工业遭受重大损失或重大威胁的行为。

(2) 反补贴关税是指进口国对直接或间接接受出口津贴或补贴的外国货物在进口到本国时所征收的一种进口附加税。

(3) 报复关税是指一国在认为本国出口商品受到不公正的歧视性待遇时，对实施该歧视待遇的国家向本国出口的商品实施的歧视性关税。

2. 优惠关税

优惠关税是指对来自某些特定的受惠国的货物使用比普通税率低的优惠税率。它包括互惠关税、特惠关税、普惠关税和最惠国待遇。

(1) 互惠关税是指两国间相互给予对方比其他国家优惠的税率的一种协定关税，其目的在于发展双方之间的贸易关系。

(2) 特惠关税是指对有特殊关系的国家，单方面或相互间协定采用特别低的进口税率甚至免税的一种关税。其优惠程度高于互惠关税。

(3) 普惠关税是指在国际贸易中发达国家给予自发展中国家出口的货物（包括制成品和半成品）普遍的、非歧视的、非互惠的一种关税优惠制度。所谓普遍是指对于包括制成品和半成品在内的源自发展中国家的进口产品实行关税优惠。非歧视则是指所有发展中国家都不受歧视、无例外地享受普惠制的待遇。非互惠是指发达国家在给予发展中国家关税优惠的同时，不能要求发展中国家给予同样的关税优惠，其他发达国家也不能援引最惠国待遇原则要求同样适用优惠关税。

(4) 最惠国待遇是指缔约国一方将现在和将来给予任何第三国的优惠待遇，无条件地给予其他各成员方。

（三）以关税计征方式分类

从价关税，是指以货物的价格作为计税依据而计算征收的关税。我国对进口商品基本上都实行从价计征关税。

从量关税，是指以货物的重量、长度、容量、面积等计量单位为计税依据而计算征收的关税。

复合关税，是指对同一种进口货物同时使用从价和从量计征的一种关税。

滑动关税，或称滑准税，是指一种关税税率随进口货物价格的由高到低而由低到高设置以计征关税的方法，价格较高的进口货物适用较低的进口关税税率，价格较低的进口货物适用较高的进口关税税率。其目的是使该货物的价格在国内市场上保持价格稳定。

第二节　征税对象和纳税义务人

一、征税对象

我国关税的征税对象是我国准许进出境的货物和物品。货物是指贸易性商品；物品是指入境旅客随身携带的行李物品，个人邮递物品，各种运输工具上的服务人员携带进口的自用物品、馈赠物品，以及以其他方式进境的个人物品。除国家另有规定的以外，进出口的货物和物品应当由海关按照《中华人民共和国海关进出口税则》（以下简称《海关进出口税则》）征收进口税或者出口税。从境外采购进口的原产于中国境内的货物，海关依照《海关进出口税则》征收进口税。进境的旅客行李物品和个人邮递物品征税办法，由国务院关税税则委员会另行制定。

二、纳税义务人

（一）贸易性进出口货物的纳税人

贸易性进出口货物的纳税人是进出口货物的收货人、发货人。进出口货物的收货人、发货人，是依法取得对外贸易经营权，并进口或者出口货物的法人或者其他社会团体。

（二）非贸易性进出境物品的纳税人

非贸易性进出境物品的纳税人是进出境物品的所有人，包括该物品的所有人和推定为所有人的人。推定原则如下：

（1）对于携带进境的物品，推定其携带人为所有人。

（2）对分离运输的行李，推定相应的进出境旅客为所有人。

（3）对以邮递方式进境的物品，推定其收件人为所有人。

（4）对以邮递或其他运输方式出境的物品，推定其寄件人或托运人为所有人。

第三节　税则、税目和税率

一、进出口税则概况

进出口税则是根据国家的关税政策制定、通过一定的立法程序公布实施的进出口货物和物品应适用的关税税率表等，海关凭此征收关税。进出口税则以税率表为主体，通常还包括实施税则的法令、使用税则的有关说明和附录等。我国现行进出口税则包括《中华人民共和国进出口关税条例》、《税率适用说明》、《中华人民共和国进口税则》、《中华人民共和国出口税则》及《进口商品从量税、复合税、滑准税税目税率表》、《进口商品关税配额税目税率表》、《进口商品暂定税率表》、《出口商品暂定税率表》、《非全税目信息技术产品进口税率表》等附录。

税率表作为税则主体，包括税则商品分类目录和税率栏两大部分。税则商品分类目录又分为税则号列和商品名称。税则号列是商品在税则中分类的编号，税则商品分类目录将种类繁多的商品加以综合，按其不同特点分门别类简化成数量有限的商品类目，分别编号按序排列，形成税则号列，再逐号列出该号中应列入的商品名称。商品名称一般按自然属性和加工程度分类顺序排列。税率栏是按税则商品分类目录逐项订出的税率栏目。我国现行进口税则为四栏税率，出口税则为一栏税率。

我国是《商品名称及编码协调制度的国际公约》（以下简称《协调制度公约》）的缔约国，按《协调制度公约》的要求，缔约国的进出口税则均以《协调制度公约》所制定的《商品名称及编码协调制度》（以下简称《HS》）为基础进行编排和修订。中国海关于1992年1月1日起正式根据《HS》目录的分类原则和内容，实施海关进出口税则和统计商品目录。

我国目前实施的进出口税则中对商品的分类全部采用了《HS》目录中商品的分类原则、结构和全部商品名称。《HS》提供了一个完整、系统、通用、准确的国际贸易商品分类体系，共包括7 000多个8位数商品号列，分21类、97章，章下再分为目和子目。商品编码的第一、二位数代表“章”，第三、四位数代表“目”，第五、六位数代表“子目”。《HS》的分类和编排是有一定规律的。从类来看，它基本上是按生产部类来分类的，即将同一生产部类的产品归在同一类里。从章来看，它基本上是按商品的属性或功能、用途来分类的。而每章中各目的排列次序一般也是按动、植、矿物质产品顺序排列，而且较为明显的是，原材料先于成品，加工程度低的产品先于加工程度高的产品，列名具体的品种先于列名一般的品种。

为了适应国际贸易及科学技术的发展，世界海关组织每4到6年对《HS》进行一次修订。最新修订的《HS》于2007年1月1日起开始执行，我国作为《协调制度公约》的缔约方也以《HS》为基础对2006年版《税则》作了重大的调整。该次调整共涉及1 600个本国8位税号的变化，占全部8位税号的20%以上，主要涉及机电产品、化工产品、纺织品、木制品、钢材和钢铁制品等大类，是近十年来我国进出口税则最大的一次调整。由于我国从2006年4月1日起开始实施新的消费税税目税率，2007年版《税则》中涉及的相关内容也相应作出了调整，即在海关税则8位编码的基础上加列了10位编码，包括货品名称、进口税率（最惠国税率、中巴税率、普通税率）、增值税率、出口退税率、计量单位、监管条件，以及准确规范的英文商品名称等栏，并加列了《进口商品暂定税率表》、《从量税和复合税税率表》、《进口商品关税配额税率表》、《非全税目信息技术产品进口税率表》、《中国—东盟自由贸易区相关税率表》、《进口商品消费税税率表》、《特惠税目税率表》、《内地与香港及澳门优惠关税安排税目税率表》等以及2007年出口税则和《出口商品暂定税率表》。

二、税率及其运用

（一）进口关税税率

1. 税率的设置与适用

在我国加入 WTO 之前，我国进口税则设有两栏税率，即普通税率和优惠税率。对原产于与我国未订有关税互惠协议的国家或者地区的进口货物，按照普通税率征税；对原产于与我国订有关税互惠协议的国家或者地区的进口货物，按照优惠税率征税。在我国加入 WTO 之后，为履行我国在加入 WTO 关税减让谈判中承诺的有关义务，自 2002 年 1 月 1 日起，我国进口税则设有最惠国税率、协定税率、特惠税率、普通税率、关税配额税率等税率，对进口货物在一定期限内可以实行暂定税率。

最惠国税率适用于原产于与我国共同适用最惠国待遇条款的 WTO 成员国或地区的进口货物，或原产于与我国签订有相互给予最惠国待遇条款的双边贸易协定的国家或地区的进口货物，以及原产于我国境内的进口货物。

协定税率适用于原产于我国参加的含有关税优惠条款的区域性贸易协定有关缔约方的进口货物。目前对原产于韩国、斯里兰卡和孟加拉三个曼谷协定成员的 739 个税目进口商品实行协定税率（即曼谷协定税率）。

特惠税率适用于原产于与我国签订有特殊优惠关税协定的国家或地区的进口货物。目前对原产于孟加拉的 18 个税目进口商品实行特惠税率（即曼谷协定特惠税率）。

适用最惠国税率的进口货物有暂定税率的，应当适用暂定税率；适用协定税率、特惠税率的进口货物有暂定税率的，应当从低适用税率；适用普通税率的进口货物，不适用暂定税率。按照国家规定实行关税配额管理的进口货物，关税配额内的，适用关税配额税率；关税配额外的，按其适用税率的规定执行。

普通税率适用于原产于上述国家或地区以外的其他国家或地区的进口货物。按照普通税率征税的进口货物，经国务院关税税则委员会特别批准，可以适用最惠国税率。适用最惠国税率、协定税率、特惠税率的国家或者地区名单，由国务院关税税则委员会决定。

2. 税率水平与结构

1992 年我国关税总水平（优惠税率的算术平均水平）约为 42%，普通税率平均为 56%，之后我国对关税总水平进行了几次较大幅度的调整：1992 年 12 月，降低为 40%；1994 年 1 月，降低至 36%；1996 年 4 月，降低至 23%；1997 年 10 月，降低至 17%。2002 年，我国关税总水平（最惠国税率的算术平均水平）由 15.3%降低到 12%，平均降幅 21.6%。在 7 316 个税目中，有 5 332 个税目的税率有不同程度的降低，降幅面达 73%。其中，工业品的平均税率为 11.6%，农产品（包括水产品）的平均税率为 15.6%，比 2001 年分别降低了 23%和 17.5%。降税后，农产品（不包括水产品）的平均税率为 15.8%；水产品为 14.3%；原油及成品油为 6.1%；木材、纸及其制品为 8.9%；纺织品和服装为 17.6%；化工产品为 7.9%；交通工具为 17.4%；机械产品为 9.6%；电子产品为 10.7%。普通税率总体平均为 57%。2004 年，我国关税总水平（算术平均关税税率）进一步降为 10.4%.

进口商品的税率结构主要体现为产品加工程度越深，关税税率越高，即在不可再生性资源、一般资源性产品及原材料、半成品、制成品中，不可再生性资源税率较低，制成品税率较高。

（二）出口关税税率

我国的出口税则为一栏税率，即出口税率。国家一般鼓励商品出口，对大多数出口商品实行出口退税，因此，仅对少数资源性产品及易于竞相杀价、需要规范出口秩序的半制成品等征收出口关税。对出口货物在一定时期内可以实行暂定税率。我国出口关税税目2002年为36个，税率分别为20%、25%、30%、40%和50%五档。对其中23个税目的出口商品实行暂行税率，其中，有16个税目适用零税率，其余7个税目适用税率分别为5%、7%、10%和20%。出口税则税率调整较小，国务院关税税则委员会于2005年6月1日对纺织品出口关税作出了调整：对2005年1月1日开始征收出口关税的148项纺织品中的39项8位税目产品下的74种纺织品提高出口关税税率；对亚麻单纱（税则号列53061000）开征出口关税；对2005年1月1日开征出口关税的148项纺织品中的3项产品调低出口关税税率，对2项产品停止征收出口关税。2007年1月1日起，对钢坯等部分出口商品实行暂定税率，其中，对一般贸易和边境小额贸易出口尿素征收季节性暂定税率。

（三）特别关税税率

特别关税包括报复性关税、反倾销税与反补贴税、保障性关税三类。征收特别关税的货物、适用国别、税率、期限和征收办法，由国务院关税税则委员会决定，海关总署负责实施。

报复性关税是指针对某一国家对本国出口商品的不公正、不平等待遇，对该国输入本国的商品加重征收的关税。任何国家或地区对原产于我国的货物征收歧视性关税或给予其他歧视性待遇的，我国对原产于该国家或地区的进口货物征收报复性关税。目前，报复性关税是“贸易战”的手段之一。

反倾销税与反补贴税是指对外国的倾销商品，在征收正常进口关税的同时附加征收的一种关税，其目的在于抵消他国的补贴。如果某国将产品以低于生产成本的价格向其他国家推销，就有可能构成倾销，进口国就可以对倾销产品征收数量不超过倾销差价的反倾销税。

保障性关税是指当某类商品进口量激增，给我国相关产业带来巨大威胁或损害时，按照WTO有关规则，可以启动一般保障措施，即在与有实质利益的国家或地区进行磋商后，在一定时期内提高该项商品的进口关税或采取数量限制等措施，以保护国内相关产业不受损害。

第四节　原产地规定

原产地标准是指一国（或地区）用来衡量某种产品是否本国（或地区）生产或制造的标准或尺度，是一国（或地区）签发原产地证明的依据。凡符合原产地标准的产品即视为本国（或地区）的产品。原产地标准是原产地规则的核心。由于我国对产自不同国家或地区的进口货物适用不同的关税税率，因而正确确定进境货物原产国是正确运用进口税则的各栏税率、计算关税应纳税额的基础。我国原产地规定基本上采用了“全部产地生产标准”、“实质性加工标准”两种国际上通用的原产地标准。两个以上国家（或地区）参与生产的货物，以最后完成实质性改变的国家（或地区）为原产地。

一、全部产地生产标准

全部产地生产标准适用于完全在一个国家（或地区）获得的货物。完全在一个国家（或地区）获得的货物，包括以下情形：

（1）在该国（或地区）出生并饲养的活的动物。

（2）在该国（或地区）野外捕捉、捕捞、搜集的动物。

（3）从该国（或地区）的活的动物获得的未经加工的物品。

（4）在该国（或地区）收获的植物和植物产品。

（5）在该国（或地区）采掘的矿物。

（6）在该国（或地区）获得的除上述第（1）项至第（5）项范围之外的其他天然生成的物品。

（7）在该国（或地区）生产过程中产生的只能弃置或者回收用作材料的废碎料。

（8）在该国（或地区）收集的不能修复或者修理的物品，或者从该物品中回收的零件或者材料。

（9）由合法悬挂该国（或地区）旗帜的船舶从其领海以外海域获得的海洋捕捞物和其他物品。

（10）在合法悬挂该国（或地区）旗帜的加工船上加工上述第（9）项所列物品获得的产品。

（11）从该国领海以外享有专有开采权的海床或者海床底土获得的物品。

（12）在该国（或地区）完全从上述第（1）项至第（11）项所列物品中生产的产品。

二、实质性加工标准

实质性加工标准适用于两个以上国家（或地区）参与生产的货物，以最后完成实质性改变的国家（或地区）为原产地。

实质性改变的确定标准，以税则归类改变为基本标准；税则归类改变不能反映实质性改变的，以从价百分比、制造或者加工工序等为补充标准。

（1）税则归类改变：是指在某一国家（或地区）对非该国（或地区）原产的材料进行制造、加工后，所得货物在《中华人民共和国进出口税则》中某一级的税目归类发生了变化。

（2）从价百分比：是指在某一国家（或地区）对非该国（或地区）原产的材料进行制造、加工后的增值部分，超过所得货物价值一定的百分比。

（3）制造或者加工工序：是指在某一国家（或地区）进行的赋予制造、加工后所得货物基本特征的主要工序。

第五节　完税价格和应纳税额的计算

完税价格是海关计征关税所依据的价格，是关税的税基。《海关法》规定，进出口货物的完税价格由海关以该货物的成交价格为基础审查确定。成交价格不能确定时，完税价格由海关依法估定。自我国加入 WTO 以后，我国海关已全面实施《世界贸易组织估价协定》，遵循客观、公平、统一的估价原则，并依据《中华人民共和国海关审定进出口货物完税价格办法》审定进出口货物的完税价格。

一、进口货物的完税价格

（一）以成交价格为基础的完税价格

2006 年 5 月 1 日实施的《中华人民共和国海关审定进出口货物完税价格办法》规定，进口货物的完税价格由海关以货物的成交价格为基础审查确定，并应当包括该货物运抵我国境内输入地点起卸前的运输及其相关费用、保险费。对有关费用未纳入完税价格核算的或有应该扣除的费用，海关要对成交价格进行调整。

1. 完税价格的计算

（1）以境外口岸离岸价格成交的，应当另加该项货物从境外发货口岸或境外交货口岸运达我国境内前实际支付的运费、保险费。其完税价格的计算公式为：

完税价格＝离岸价格(FOB)＋运费＋保险费

（2）以运抵我国境内口岸的货价加运费价格成交的，应另加保险费。其完税价格的计算公式为：

完税价格＝货价＋运费＋保险费

2. 完税价格的调整

进口货物的下列费用应当计入完税价格：

（1）由买方负担的购货佣金以外的佣金和经纪费。

（2）由买方负担的在审查确定完税价格时与该货物视为一体的容器的费用。

（3）由买方负担的包装材料费用和包装劳务费用。

（4）与该货物的生产和向中国境内销售有关的由买方以免费或低于成本的方式提供并可以按适当比例分摊的材料、工具、模具、消耗材料及类似货物的价款，以及在境外开发、设计等相关服务的费用。

（5）作为该货物向中国境内销售的条件，买方必须支付的、与该货物有关的特许权使用费。

（6）卖方直接或间接从买方获得的该货物进口后转售、处置或使用的收益。

进口货物的下列税收、费用，不计入该货物的完税价格：

（1）厂房、机械、设备等货物进口后进行建设、安装、装配、维修和技术服务的费用。

（2）进口货物运抵境内输入地点起卸后的运输及其相关费用、保险费。

（3）进口关税及国内税收。

（二）进口货物海关估价方法

进口货物的成交价格不符合税法规定，或成交价格不能确定的，由海关依下列次序估定完税价格：

（1）参考与该货物同时或大约同时向中国境内销售的相同货物的成交价格。

（2）参考与该货物同时或大约同时向中国境内销售的类似货物的成交价格。

（3）参考与该货物进口的同时或大约同时，将该进口货物相同或类似进口货物在第一级销售给无特殊关系买方最大销售总量的单位价格，扣除税法规定的销售利润、一般费用、支付的佣金、运输及其相关费用和进口关税及国内税收等项目后的余额。

（4）以下列各项总和作为估定价格：生产该货物的材料成本和加工费用，向中国境内销售同等级或同种类货物通常的利润和一般费用，运入中国境内的运输及其相关费用、保险费。

（5）以合理方法估定价格。

（三）特殊进口方式的完税价格

以租赁方式进口的货物，以租金作为完税价格。

以加工贸易方式进口的货物，依据境外加工费和材料费及复运进境的运输及相关费用和保险费确定完税价格。

二、出口货物完税价格

（一）以成交价格为基础的完税价格

出口货物的完税价格，由海关以该货物的成交价格为基础审查确定，并应当包括货物运至中国境内输出地点装载前的运输及其相关费用、保险费。

出口货物的成交价格，是指该货物出口销售到我国境外时卖方为出口该货物应当向买方直接和间接收取的价款总额。出口货物的成交价格中含有支付给境外的佣金的，如果单独列明，应当扣除。

下列税收、费用不计入出口货物的完税价格：

（1）出口关税。

（2）在货物价款中单独列明的货物运至中华人民共和国境内输出地点装载后的运输及其相关费用、保险费。

（3）在货物价款中单独列明由卖方承担的佣金。

出口货物的成交价格计算公式为：

完税价格＝离岸价格÷(1＋出口税率)

（二）出口货物海关估价方法

出口货物的成交价格不能确定的，由海关依次使用下列方法估定完税价格：

（1）参考与该货物同时或大约同时向同一国家或地区出口的相同货物的成交价格。

（2）参考与该货物同时或大约同时向同一国家或地区出口的类似货物的成交价格。

（3）以下列各项总和作为估定价格：境内生产相同或类似货物的材料成本、加工费用，通常的利润和一般费用，境内发生的运输及其相关费用、保险费。

（4）以合理方法估定价格。

三、关税应纳税额的计算

从价税应纳税额的计算公式如下：

从价计征的应纳税额＝关税完税价格×适用税率

从量税应纳税额的计算公式如下：

从量计征的应纳税额＝应税货物数量×单位税额

复合税应纳税额的计算公式如下：

关税税额＝应税货物数量×单位税额＋关税完税价格×适用税率

滑准税应纳税额的计算公式如下：

关税税额＝关税完税价格×滑准税税率

【例 5—1】 某公司从德国进口一批钢材，以到岸价格（CIF）成交，成交价格折合人民币 1 800 万元，关税税率为 12%。经海关审核申报价格，符合“成交价格”条件。请计算其应纳的关税税额。

解答：

应纳关税税额＝1 800×12%＝216（万元）

第六节　行李和邮递物品进口税

行李和邮递物品进口税，即行邮税，是对入境旅客行李物品、个人邮递物品和其他个人自用物品征收的进口税，包括关税及海关代征的增值税和消费税。

一、课税对象

行邮税的课税对象包括入境旅客、运输工具、服务人员携带的应税行李物品、个人邮递物品、馈赠物品以及以其他方式入境的个人物品等，简称进口物品。

二、纳税人

行邮税纳税人包括携有应税个人自用物品的入境旅客和运输工具上的服务人员，进口邮递物品的收件人，以其他方式进口应税个人自用物品的收件人。

上述应税个人自用物品，不包括汽车、摩托车及其配件、附件。进口应税个人自用汽车、摩托车及其配件、附件，应当按照有关税收法规缴纳关税、增值税、消费税。

三、税率

经过多次调整，我国现行行邮税税率分为50%、20%、10%三个档次，并且都采用比例税率，具体如下：

(1) 烟、酒，税率为50%。

(2) 纺织品及其制品、化妆品、摄像机、摄录一体机、数码相机及其他电器用具、照相机、自行车、手表、钟表（含配件、附件），税率为20%。

(3) 书报、刊物，教育专用的电影片、幻灯片，原版录音带、录像带，金、银及其制品，食品、饮料和其他商品，税率为10%。

行邮税税率的调整，由国务院关税税则委员会确定。

四、应纳税额的计算

行邮税实行从价计征，纳税人应当按照海关填发税款缴纳证当天有效的税率和应税物品的完税价格计算纳税。

行邮税应纳税额的计算公式为：

应纳税额＝完税价格×适用税率

其中，完税价格由海关参照应税物品的境外正常零售价格确定。

纳税人应当在海关放行应税个人自用物品前缴清税款。

五、补征、追征和退还

纳税人的应税物品放行以后，海关发现少征行邮税税款的，应当从开出税款缴纳证之日起1年之内补征。

由于纳税人违反规定造成少征或者漏征行邮税税款的，海关可以从违反规定行为发生之日起3年之内向纳税人追征。

海关发现或者确认多征的行邮税税款，应当立即退还；纳税人也可以从缴纳税款之日起1年之内要求海关退还。

第七节 税收优惠和征收管理

一、税收优惠

关税减免是对某些纳税人和征税对象给予鼓励和照顾的一种特殊调节手段。我国的关税减免共有三种类型：法定减免、特定减免和临时减免。根据《海关法》的规定，除法定减免税外的其他减免税均由国务院决定。

（一）法定减免

税法中明确列出减税或免税，且符合税法规定可予减免税的进出口货物，纳税人无须提出申请，海关按规定直接予以减免税。海关对法定减免税项目一般不进行后续管理。根据税法的规定，经海关审查无误的下列货物可免征关税：

（1）关税税额在人民币 10 元以下的。

（2）无商业价值的广告品和货样。

（3）外国政府、国际组织无偿赠送的物资。

（4）进出境运输工具装载的途中必需的燃料、物料和饮食用品。

（5）为境外厂商加工、装配成品和为制造外销产品而进口的原材料、辅料、零件、部件、配套件和包装物料，海关按照实际加工出口的成品数量免征进口关税；或者对进口料、件先征进口关税，再按照实际加工出口的成品数量予以退税。

（6）经海关核准暂时进境或者暂时出境并在 6 个月内复运出境或者复运进境的货样、展览品、施工机械、工程车辆、工程船舶、供安装设备使用的仪器和工具、电视或者电影摄制器械、盛装货物的容器以及剧团服装道具，在货物收发货人向海关缴纳相当于税款的保证金或者提供担保后，准予暂时免纳关税。

（7）有下列情形之一的进口货物，海关可酌情减免：1）在境外运输途中或者起卸时，遭受损坏或者损失的。2）起卸后海关放行前，因不可抗力遭受损坏或损失的。3）海关查验时已经破漏、损坏或者腐烂，经证明不是保管不慎造成的。

（二）特定减免

特定减免是指在海关法和进出口关税条例所确定的法定减免以外，由国务院或由国务院授权的机关发布法规、规章特别规定的减免，又称为政策性减免税。特定减免税货物一般有地区、企业和用途的限制，如对进口科技教育用品和残疾人专用物品、扶贫捐赠物资减免关税等。海关对之需要进行后续管理和减免税统计。

1. 扶贫、慈善性捐赠物资

为促进公益事业的健康发展，经国务院批准，财政部、国家税务总局、海关总署发布了《扶贫、慈善性捐赠物资免征进口税收暂行办法》。对境外自然人、法人或者其他组织等境外捐赠人，无偿向经国务院主管部门依法批准成立的，以人道救助和发展扶贫、慈善事业为宗旨的社会团体，以及国务院有关部门和各省、自治区、直辖市人民政府捐赠的，直接用于扶贫、慈善事业的物资，免征进口关税和进口环节增值税。所称扶贫、慈善事业是指非营利的扶贫济困、慈善救助等社会慈善和福利事业。该办法对可以免税的捐赠物资的种类和品名作了明确规定。

2. 残疾人专用品

为支持残疾人的康复工作，国务院制定了《残疾人专用品免征进口税收暂行规定》，对规定的残疾人个人专用品，免征进口关税和进口环节增值税、消费税；对康复、福利机构、假肢厂和荣誉军人康复医院进口国内不能生产的、由该规定明确的残疾人专用品，免征进口关税和进口环节增值税。该规定对可以免税的残疾人专用品的种类和品名作了明确规定。

3. 科教用品

为有利于我国科研、教育事业发展，国务院制定了《科学研究和教学用品免征进口税收规定》，对科学研究机构和学校，不以营利为目的，在合理数量范围内进口国内不能生产的科学研究和教学用品，直接用于科学研究或者教学的，免征进口关税和进口环节增值税、消费税。该规定对享受该优惠的科研机构和学校的资格、类别以及可以免税的物品都作了明确规定。

4. 加工贸易产品

（1）加工装配和补偿贸易。加工装配即来料加工、来样加工及来件装配，是指由境外客商提供全部或部分原辅料、零配件和包装物料，必要时提供设备，由我方按客商要求进行加工装配，成品交外商销售，我方收取工缴费。客商提供的作价设备价款，我方用工缴费偿还。补偿贸易是指由境外客商提供或国内单位利用国外出口信贷进口生产技术或设备，由我方生产，以返销产品方式分期偿还对方技术、设备价款或贷款本息的交易方式。因有利于较快地提高出口产品生产技术，改善我国产品质量和品种，扩大出口，增加我国外汇收入，国家对加工装配和补偿贸易给予一定的关税优惠，即：进境料件不予征税，准许在境内保税加工为成品后返销出口；进口外商的不作价设备和作价设备，分别比照外商投资项目和国内投资项目的免税规定执行；剩余料件或增产的产品，经批准转内销时，价值在进口料件总值2%以内，且总价值在3 000元以下的，可予免税。

（2）进料加工。经批准有权经营进出口业务的企业使用进料加工专项外汇进口料件，并在一年内加工或装配成品外销出口的业务，称为进料加工业务。对其的关税优惠为：对专为加工出口商品而进口的料件，海关按实际加工复出口的数量，免征进口税；加工的成品出口，免征出口税，但内销料件及成品照章征税；对加工过程中产生的副产品、次品、边角料，海关根据其使用价值分别估价征税或者酌情减免税；剩余料件或增产的产品，经批准转内销时，价值在进口料件总值2%以内，且总价值在5 000元以下的，可予免税。

5. 出口加工区进出口货物

为加强与完善加工贸易管理，严格控制加工贸易产品内销，保护国内相关产业，并为出口加工企业提供更宽松的经营环境，带动国产原材料、零配件的出口，国家设立了出口加工区。出口加工区的主要关税优惠政策有：

（1）从境外进入区内的生产性的基础设施建设项目所需的机器、设备和建设生产厂房、仓储设施所需的基建物资，区内企业生产所需的机器、设备、模具及其维修用零配件，区内企业和行政管理机构自用合理数量的办公用品，予以免征进口关税和进口环节税。

（2）区内企业为加工出口产品所需的原材料、零部件、元器件、包装物料及消耗性材料，予以保税。

（3）对加工区运往区外的货物，海关按照对进口货物的有关规定办理报关手续，并按照制成品征税。

（4）对从区外进入加工区的货物视同出口，可按规定办理出口退税。

6. 保税区进出口货物

为了创造完善的投资、运营环境，开展为出口贸易服务的加工整理、包装、运输、仓储、商品展出和转口贸易，国家在境内设立了保税区，即与外界隔离的、全封闭的、在海关监控管理下进行存放和加工保税货物的特定区域。保税区的主要关税优惠政策有：

（1）进口供保税区使用的机器、设备、基建物资、生产用车辆，为加工出口产品进口的原材料、零部件、元器件、包装物料，供储存的转口货物以及在保税区内加工运输出境的产品，免征进口关税和进口环节税。

(2) 保税区内企业进口专为生产加工出口产品所需的原材料、零部件、包装物料，以及转口货物，予以保税。

(3) 从保税区运往境外的货物，一般免征出口关税等。

7. 边境贸易进口物资

为了鼓励我国边境地区积极与我国毗邻国家发展边境贸易与经济合作，国家制定了有关扶持、鼓励边境贸易和边境地区发展对外经济合作的政策措施。边境贸易有边民互市贸易和边境小额贸易两种形式。边民互市贸易指边境地区边民在边境线 20 公里以内、经政府批准的开放点或指定的集市上进行的商品交换活动。边民通过互市贸易进口的生活用品，每人每日价值在 8 000 元以下的，免征进口关税和进口环节税。边境小额贸易指沿陆地边境线经国家批准对外开放的边境县（旗）、边境城市辖区内经批准有边境小额贸易经营权的企业，通过国家指定的陆地边境口岸，与毗邻国家边境地区的企业或其他贸易机构之间进行的贸易活动。边境小额贸易企业通过指定边境口岸进口原产于毗邻国家的商品，除烟、酒、化妆品以及国家规定必须照章征税的其他商品外，进口关税和进口环节增值税均减半征收。

（三）临时减免

临时减免是指除法定减免和特定减免税以外，对某些纳税人由于特殊原因临时给予的减免，它是一案一批、专文下达的减免税，一般有单位、品种、数量、期限等限制，不能比照执行。为了统一税法、公平税负，我国目前已基本取消了临时减免税。

二、征收管理

（一）关税的申报与缴纳

进口货物的纳税人应当自运输工具申报进境之日起 14 日内，出口货物的纳税人应当在货物运抵海关监管区后装货的 24 小时以前，向货物的进出境地海关申报。海关根据税则归类和完税价格计算应缴纳的关税和进口环节代征税款，并填发税款缴款书。纳税义务人应当自海关填发税款缴款书之日起 15 日内，向指定银行缴纳税款。关税义务人因不可抗力或在国家税收政策调整的情形下，不能按期缴纳税款的，经海关总署批准，可以延期缴纳税款，但最长不能超过 6 个月。

未按规定期限缴纳税款的，由海关征收滞纳金。滞纳金自关税缴纳期限届满之日的次日起，至缴清税款之日止，按日征收所欠税款的 0.5‰。计算公式为：

关税滞纳金＝应纳而未纳税款额×0.5‰×滞纳天数

（二）关税的强制执行

纳税义务人、担保人超过三个月仍未缴纳关税的，经直属海关关长或者其授权的隶属海关关长批准，海关可以采取下列强制措施：

(1) 书面通知其开户银行或者其他金融机构从其存款中扣缴税款。

(2) 将应税货物依法变卖，以变卖所得抵缴税款。

(3) 扣留并依法变卖其价值相当于应纳税款的货物或者其他财产，以变卖所得抵缴税款。

(4) 海关采取强制措施时，对前述所列的纳税义务人、担保人未缴纳的滞纳金同时强制执行。

(三) 关税的补征、追征和退还

对于在关税征收过程中出现的补征、追征、退还三种情况，《海关法》分别作出了规定。

(1) 在进出口货物、进出境物品放行后，海关发现少征或者漏征税款，应当自缴纳税款或者货物、物品放行之日起一年内，向纳税义务人补征。

(2) 因纳税义务人违反规定而造成的少征或者漏征税款，海关可以在三年内进行追征，征回这部分税款。

(3) 多征退还是指海关多征了税款，如果海关发现后则应当立即退还原纳税人；纳税义务人如果知道有多征情况的，则从缴纳税款之日起一年内可以要求海关退还多征的税款。按《货物进出口管理条例》规定，有下列情形之一的，进出口货物的收发货人或他们的代理人，可以自缴纳税款之日起一年内，书面申明理由，连同原纳税收据向海关申请退税，逾期不予受理：1）因海关误征而多纳的关税。2）海关核准免验的进口货物，在完税后，发现有短缺情况，经海关审查认可的。3）已经缴纳出口关税货物，因故未装运出口，申报退关，经海关审查认可的。海关应当自受理退税申请之日起 30 日内作出书面答复并通知退税申请人。

(四) 纳税争议的解决

《海关法》规定：在关税的征收和缴纳过程中，纳税义务人同海关发生纳税争议时，应当缴纳税款，并可以申请行政复议；对复议决定仍不服的，可以依法向人民法院提起诉讼。这项法律规定中所明确的行政复议，是一种海关行政复议。纳税义务人对海关的具体行政行为提出复查的申请，要求复议机关对其合法性和适当性进行审查并做出裁决，如果对这个复议决定不服的，纳税义务人有权提起诉讼。有关这方面的法律根据，主要为《中华人民共和国行政诉讼法》、《中华人民共和国行政复议法》，以及有关的行政复议的实施办法。在有关关税征收管理的行政复议、行政诉讼中，应坚持的原则是依法征收关税，制止和纠正征收管理中的违法行为、不当行为，维护纳税义务人的合法权益，维护国家的利益。

复习思考题

1. 关税有哪些分类方式?
2. 我国关税采用何种原产地标准?
3. 我国关税如何确定进口货物的成交价格?
4. 什么是行李和邮递物品进口税? 行李和邮递物品进口税的主要规定是什么?

第六章　企业所得税

本章要点提示

- 企业所得税的特点
- 居民企业和非居民企业及其各自的纳税义务
- 企业所得税实际执行税率的种类
- 企业收入总额的确定
- 不征税收入和免税收入包括的具体项目
- 准予扣除的项目
- 境外所得已纳税额的扣除
- 税收优惠
- 征收管理与纳税申报

第一节　企业所得税概述

企业所得税，是对在中华人民共和国境内的企业和其他取得收入的组织，就其所得征收的一种税。

一、企业所得税的沿革

我国现行企业所得税的基本规范，是2007年3月16日中华人民共和国第十届全国人民代表大会第五次会议通过的《中华人民共和国企业所得税法》（以下简称《企业所得税法》）。2007年12月6日，国务院以第512号令发布了《中华人民共和国企业所得税法实施条例》（以下简称《实施条例》），进一步明确了相关内容。

现行的企业所得税是由内资企业所得税和外资企业所得税合并（以下简称两税合并）而来的。两税合并之前，我国的企业所得税是按照内资企业和外资企业分别立法的，各自经历了不同的发展过程。

（一）内资企业所得税的建立和发展

内资企业所得税是由原国营企业所得税、集体企业所得税和私营企业所得税于1994年合并而来的。新中国成立以来，这三个税种从独立征收到合并统一为一个税种，经历了一个不断发展和完善的过程。

在1983年以前的相当长时期内，国家对国营企业实现的利润一直是实行利润上缴制度，不征收所得税。对这种利润上缴制度，虽然国家进行了多次改革，但一直未能通过法律的形式确定下来，国家与国营企业的分配关系很不规范。党的十一届三中全会以后，随着经济体制改革的不断推进，为了规范国家与国营企业之间的分配关系，国家在1983年和1984年对国营企业进行了两步利改税，把国营企业上缴利润部分改为征收所得税，其中大中型企业实行55%的比例税率，小型企业实行新的八级超额累进税率，税率为10%～55%。1984年9月国务院颁布了《中华人民共和国国营企业所得税条例（草案）》，标志着国家与国营企业（1993年《宪法》进行修改时，将“国营企业”改为“国有企业”）的分配关系以法律的形式确定下来。

集体企业所得税是由原工商所得税演变而来的。1950年政务院公布了《工商业税暂行条例》，把所得税并入工商业税，规定除国营企业外，所有的工商企业都应按照税法规定的21级全额累进税率征收所得税。1958年在工商税制改革中，将所得税从工商业税中分离出来，成为一个独立的税种，并正式定名为工商所得税，主要是对国营企业以外的集体经济和个体经济征收。两步利改税后，工商所得税已名不副实，1985年将工商所得税改名为集体企业所得税，同年4月国务院颁布了《中华人民共和国集体企业所得税暂行条例》，规定对城乡集体企业取得的生产经营所得和其他所得，统一征收集体企业所得税，执行税率与小型国营企业相同。

私营企业是新中国成立初期企业所得税的主要纳税人。1958年社会主义改造后，私营企业不复存在。改革开放后，私营经济获得迅速发展。为了加强对私营企业生产和收入分配的管理和监督，引导私营企业的健康发展，国务院于1988年6月颁布了《私营企业所得税暂行条例》，决定开征私营企业所得税，并实行35%的比例税率。

由此看来，经过两步利改税的改革，在我国形成了按照企业所有制性质不同设置的企业所得税税制。这种所得税税制虽然在组织财政收入、促进经济发展等方面都发挥了积极作用，但随着经济体制改革的进一步深入和社会主义市场经济体制的逐步建立，这种按企业所有制性质设置所得税制度的做法所带来的问题也越来越多，其主要表现为：由于税率不同，造成税收负担不公平，阻碍了企业之间的公平竞争；国营企业总体税负偏重，影响了其发展；所得税制不规范，不符合国际惯例。为了解决这些问题，体现市场经济发展的要求，统一和规范企业所得税制度，进一步规范国家与企业之间的分配关系，公平税负，促进公平竞争，国务院于1993年12月颁布了《中华人民共和国企业所得税暂行条例》（以下简称内资企业所得税法），正式将国营企业所得税、集体企业所得税和私营企业所得税合并统一为一个税种，即企业所得税，并统一实行33%的基本税率。内资企业所得税从1994年1月1日开始实施，执行到2007年12月31日止。

（二）外商投资企业和外国企业所得税的建立和发展

外商投资企业和外国企业所得税，是在原中外合营企业所得税和外国企业所得税的基础上于1991年合并而来的，是针对外资企业的特点，对中国境内的外资企业的生产经营所得和其他所得征收的一种税，体现了国家与外资企业之间的分配关系。

新中国成立以来的很长时期内，我国没有征收过外资企业所得税。党的十一届三中全会以后，随着对外开放政策的执行，对外经济交流日益频繁，大量的外资进入我国，各种各样的外资企业在我国境内兴起。为了维护国家的主权和经济利益，我国于1980年9月10日颁布了《中华人民共和国中外合资经营企业所得税法》，1981年12月31日又颁布了《中华人民共和国外国企业所得税》。经国务院批准，财政部先后颁布实施这两个税法的实施细则，从此建立了涉外所得税制。10年以后，在总结经验的基础上，按照税负从轻、优惠从宽、手续从简的原则，1991年4月9日和6月30日分别颁布了《中华人民共和国外商投资企业和外国企业所得税法》和《中华人民共和国外商投资企业和外国企业所得税法实施细则》，代替了原有的两个涉外企业所得税，并于同年7月1日开始实施。外资企业所得税法实现了“三个”统一，即统一了税率、统一了税收优惠政策、统一了税收管辖权，从而使我国的涉外所得税制有了突破性发展，而外商投资企业和外国企业所得税的征收，对维护国家主权和经济利益、引进外国先进技术、强化对外国投资者的管理等均具有重要意义。外资企业所得税法从1991年7月1日开始实施，执行到2007年12月31日止。

（三）两税合并的必要性

自20世纪80年代以来，为吸引外资、发展经济，我国对外资企业采取了有别于内资企业的税收政策。实践证明这样做是必要的，对改革开放、吸引外资、促进经济发展发挥了重要作用。截至2006年8月底，全国累计批准外资企业57.9万户，实际使用外资6 596亿美元。2005年外资企业销售收入达77 024亿元，占全国销售收入总量的37.5%；缴纳各类税款6 391亿元，占全国税收总量的20.7%。但是，随着我国经济、社会情况的变化，社会主义市场经济体制初步建立，特别是加入WTO后，国内市场对外资进一步开放，内资企业也逐渐融入世界经济体系之中，面临越来越大的竞争压力，继续采取内资、外资企业不同税收政策，必将使内资企业处于不平等竞争地位，影响统一、规范、公平竞争的市场环境的建立。因此，现行内资、外资分设的企业所得税制度已经不能适应新形势发展的需要，在执行中也暴露出许多问题，其中最主要的问题有以下三个：

一是违反税负公平原则，不利于企业公平竞争。现行内资企业所得税法、外资企业所得税法在税收优惠、税前扣除等政策上存在较大差异，存在对外资企业偏松、内资企业偏紧的问题。根据全国企业所得税税源调查资料测算，2005年内资企业平均实际税负为24.53%，外资企业平均实际税负为14.89%，内资企业高出外资企业近10个百分点。这种内外资企业之间的税负不平、苦乐不均，造成内资企业在国内外激烈的市场中处于极为不利的弱势地位，不仅不利于企业之间的公平竞争，而且也严重影响了内资企业的生存和可持续发展。

二是税收优惠不同导致税收流失严重。由于内资企业和外资企业享受不同的所得税优惠政策，造成企业为了获取更大税收优惠，扭曲自身经营行为，从而导致国家税款严重流失。比如，一些内资企业采取将资金转到境外再投资境内的“返程投资方式”，享受外资企业所得税优惠等。

三是有关企业所得税的法律规范不统一。内资企业所得税、外资企业所得税法实施10多年来，政府有关部门根据我国社会经济的变化情况进行过多次及时的完善和修订。这些以部门规范性文件发布的许多重要税收政策，也非常需要及时补充到法律中。

因此，为了有效解决企业所得税制度方面存在的上述问题，有必要借鉴国际税制改革经验，尽快统一内资、外资企业所得税。企业所得税“两法合并”改革，有利于促进我国经济结构优化和产业升级，有利于为各类企业创造一个公平竞争的税收法制环境，是适应我国社会主义市场经济发展新阶段的一项制度创新。鉴于此，为进一步完善社会主义市场经济体制，根据党的十六届三中全会关于“统一各类企业税收制度”的精神，结合我国经济社会发展的新情况，财政部、国家税务总局和法制办共同起草了《中华人民共和国企业所得税法（征求意见稿）》，于2004年书面征求了全国人大财经委，全国人大常委会法工委、预工委，各省、自治区、直辖市和计划单列市人民政府以及国务院有关部门的意见，并分别召开了有关部门、企业、专家参加的座谈会，直接听取了意见；2006年再次征求了32个中央单位的意见；在吸收各方意见，进一步修改、完善的基础上，形成了《中华人民共和国企业所得税法（草案）》。该草案经国务院常务委员会讨论通过后，由国务院于2006年9月28日提请全国人大常委会审议。第十届全国人民代表大会第五次会议于2007年3月16日通过了《中华人民共和国企业所得税法》，自2008年1月1日起施行。2007年12月6日，国务院以第512号令发布了《中华人民共和国企业所得税法实施条例》，自2008年1月1日起施行。

二、企业所得税的特点

企业所得税作为我国税收体系的第二大主体税种，不仅具有其他各税的共同特征——强制性、无偿性和固定性，而且作为一个独立的税种具有不同于其他税种的特点。现行的企业所得税的主要特点如下所述。

（一）征税对象是所得额

企业所得税的征税对象为所得额，即为纳税人每一纳税年度的收入总额，减除不征税收入、免税收入、各项扣除以及允许弥补的以前年度亏损后的余额。它既不是企业实现的利润额，也不是企业的销售额或营业额。企业所得税是一种不同于流转税的税种。

（二）应纳税所得额的计算程序复杂

企业所得税的计税依据是应纳税所得额。应纳税所得额与企业账面的会计利润是两个不同的概念，二者既有联系又有区别。应纳税所得额是在企业按照会计准则规定进行核算得出利润的基础上，根据《企业所得税法》的规定做相应的调整后得出的。为此，应纳税所得额的计算要涉及一定时期成本、费用和损失的归集和分摊，并且为了对纳税人的不同项目实行区别对待，还需要通过不予计列项目，将某些收入所得排除在应纳税所得之外，或对某些项目的支出给予一定限制，从而使应纳税所得额的计算程序较为复杂。这与流转税一般是直接依据销售额或营业额计算征税、计算简便是不同的。

（三）征税以量能负担为原则

企业所得税以纳税人取得的所得为征税对象，贯彻量能负担的原则，即所得多的多征、所得少的少征、无所得的不征。也就是说，按照纳税人负担能力的大小和有无所得确定所得税的税收负担。有所得也就是有负担能力的才征税；无所得也就是没有负担能力的就不征税。而在有所得、有负担能力的纳税人中，所得多、负担能力强的，多征税；所得少、负担能力弱的，少征税。这种将所得税负担和纳税人所得多少联系起来征税的办法，便于体现税收公平原则。

（四）一般实行按年计征、分期预缴、年终汇算清缴的征收办法

会计利润是应纳税所得额的基础，而利润是企业一定时期生产经营成果的最终反映，一般是按年度计算和衡量的。因此，企业所得税也一般以全年的应纳税所得额为计税依据，分月或分季预缴，年终汇算清缴。对实际经营期不足一年的企业，要将经营期间的所得额换算成一年的所得额，计算应纳的所得税。

三、企业所得税的作用

国家与企业的利润分配关系，是我国经济分配制度中最重要的一个方面，它是处理其他分配关系的前提和其础，而企业所得税调节的正是国家与企业之间的利润分配关系。企业所得税的作用表现在以下两个方面。

（一）广泛筹集财政资金

企业所得税的征收面比较广，只要是取得所得的企业，无论是内资企业还是外资企业，都要缴纳企业所得税。在我国当前企业所得税是组织收入的第二大税种，组织收入的作用极强，特别是随着我国国民经济的快速发展以及企业经济效益的不断提高，企业所得税组织收入的作用会更加突出。

（二）有效实施税收调控

企业所得税作为国家宏观调控的重要手段之一，在组织收入的同时，可以有效地贯彻国家的产业政策和社会政策。例如，通过实施一系列的税收优惠政策，包括直接降低税率、减免税、加速折旧、加计扣除和投资抵免等，促进我国产业结构的调整、微观企业经济效益的提高和宏观经济的健康快速发展。

第二节　征税对象和纳税义务人

一、征税对象

（一）征税对象的具体内容

企业所得税的征税对象是企业取得的所得，包括销售货物所得、提供劳务所得、转让财产所得、股息红利等权益性投资所得、利息所得、租金所得、特许权使用费所得、接受捐赠所得和其他所得。

（二）征税对象的确定原则

虽然企业所得税的征税对象是企业取得的所得，但并不是企业取得的任何一项所得

都是企业所得税的征税对象。确定企业的一项所得是否属于征税对象，应遵循以下原则：

（1）销售货物所得，按照交易活动发生地确定。

（2）提供劳务所得，按照劳务发生地确定。

（3）转让财产所得，不动产转让所得按照不动产所在地确定；动产转让所得按照转让动产的企业或者机构、场所所在地确定，权益性投资资产转让所得按照被投资企业所在地确定。

（4）股息、红利等权益性投资所得，按照分配所得的企业所在地确定。

（5）利息所得、租金所得、特许权使用费所得，按照负担、支付所得的企业或者机构、场所所在地确定，或者按照负担、支付所得的个人的住所地确定。

（6）其他所得，由国务院财政、税务主管部门确定。

二、纳税义务人

企业所得税的纳税人，是指在中华人民共和国境内的企业和其他取得收入的组织（以下统称企业），包括居民企业和非居民企业。

（一）居民企业和非居民企业的判定标准

《企业所得税法》对居民企业和非居民企业的判定采用了“登记注册地标准”和“实际管理机构地标准”相结合的方法。

1. 居民企业

居民企业，是指依法在中国境内成立，或者依照外国（地区）法律成立但实际管理机构在中国境内的企业。其中：（1）在中国境内成立的企业，包括依照中国法律、行政法规在中国境内成立的企业、事业单位、社会团体以及其他取得收入的组织。（2）依照外国（地区）法律成立的企业，包括依照外国（地区）法律成立的企业和其他取得收入的组织。（3）实际管理机构，是指对企业的生产经营、人员、账务、财产等实施实质性全面管理和控制的机构。

2. 非居民企业

非居民企业，是指依照外国（地区）法律成立且实际管理机构不在中国境内，但在中国境内设立机构、场所的，或者在中国境内未设立机构、场所，但有来源于中国境内所得的企业。所谓的机构、场所，是指在中国境内从事生产经营活动的机构、场所，包括：（1）管理机构、营业机构、办事机构。（2）工厂、农场、开采自然资源的场所。（3）提供劳务的场所。（4）从事建筑、安装、装配、修理、勘探等工程作业的场所。（5）其他从事生产经营活动的机构、场所。非居民企业委托营业代理人在中国境内从事生产经营活动的，包括委托单位或者个人经常代其签订合同，或者储存、交付货物等，该营业代理人视为非居民企业在中国境内设立的机构、场所。

（二）企业所得税纳税人的具体规定

作为企业所得税纳税人的居民企业和非居民企业必须依法设立。成立不同类型的企业，依据的法律规范也各不相同。我国的相关法律法规主要包括《中华人民共和国全民所有制工业企业法》、《中华人民共和国城镇集体所有制企业条例》、《中华人民共和国私营企业暂行条例》、《中华人民共和国公司法》、《中华人民共和国外资企业法》、《中华人民共和国中外合资经营企业法》、《中华人民共和国中外合作经营企业法》、《中华人民共和国民法通则》、《事业单位登记管理暂行条例》、《社会团体登记管理条例》等。按照现行的企业组织法律规范，企业所得税的纳税人具体包括：

（1）国有企业，是指生产资料或财产属于国家所有的全民所有制企业。

（2）集体企业，是指生产资料或财产属于劳动群众集体所有，实行共同劳动，在分配形式上以按劳分配为主体的城镇集体企业和乡村集体企业。

（3）私营企业，是指企业资产属于私人所有、雇工八人以上的营利性经济组织。其形式主要包括独资企业、合伙企业和有限责任公司三种。

（4）联营企业，是指在两个或两个以上的企业之间以及企业与事业单位之间，在平等、自愿的基础上建立的企业联合体。其生产资料属于联营各方共同所有，主要形式包括法人型联营（亦称紧密型联营）、合伙型联营（亦称半紧密型联营）和协作型联营（亦称松散型联营）。

（5）股份制企业，是指注册资本由全体股东共同出资，并以股份的形式构成的企业。其主要形式包括股份有限公司和有限责任公司。

（6）外商投资企业，是指依照中国法律规定，在中国境内设立的、由中国投资者和外国投资者共同投资或者由外国投资者独自投资的企业，包括中外合资经营企业、中外合作经营企业和外资企业。

（7）外国企业，是指在中国境内设立机构、场所从事生产、经营和虽未设立机构、场所而有来源于中国境内所得的外国企业和其他经济组织。

（8）其他取得收入的组织，是指经国家有关部门批准，依法注册、登记，并实行独立经济核算的，有生产经营所得和其他所得的事业单位、社会团体等组织。

此外，随着企业合并、兼并、分立、股权重组、资产转让等改组、改制的业务增加，为了规范企业各类改组改制业务的所得税处理，国家税务总局制定了《企业改组改制中若干所得税业务问题的暂行规定》，对企业改组改制有关所得税的税务事项作了明确规定，其中对纳税人的税务处理作出了如下规定：（1）被吸收或兼并的企业和存续企业依照税法规定，符合企业所得税纳税人条件的，分别以被吸收或兼并的企业和存续企业为纳税人；被吸收或兼并的企业不符合企业所得税纳税人条件的，应以存续企业为纳税人，被吸收企业或兼并企业的未了税务事宜，应由存续企业承继。（2）企业以新设合并方式合并后，新设合并企业符合企业所得税纳税人条件的，以新设企业为纳税人。合并前企业未了税务事宜，应由新设企业承继。（3）企业分立后各企业符合企业所得税纳税人条件的，以各企业为纳税人。分立前企业的未了税务事宜，由分立后的企业承继。

（三）居民企业纳税人和非居民企业纳税人的纳税义务

1. 居民企业的纳税义务

居民企业应当就其来源于中国境内、境外的所得缴纳企业所得税。也就是说，居民企业负有全面纳税义务，应就其中国境内、境外全部所得纳税。

2. 非居民企业的纳税义务

非居民企业在中国境内设立机构、场所的，应当就其所设机构、场所取得的，来源于中国境内的所得，以及发生在中国境外但与其所设机构、场所有实际联系的所得，缴纳企业所得税。非居民企业在中国境内未设立机构、场所的，或者虽设立机构、场所但取得的所得与其所设机构、场所没有实际联系的，应当就其来源于中国境内的所得缴纳企业所得税。也就是说，非居民企业负有有限纳税义务，仅就其来源于中国境内的所得纳税。

具体包括两种所得：(1) 在中国境内设立机构、场所取得的来源于中国境内的所得，以及发生在中国境外但与其所设机构、场所有实际联系的所得。(2) 在中国境内未设立机构、场所的，或者虽设立机构、场所但取得的所得与其所设机构、场所没有实际联系的，来源于中国境内的所得。所谓的实际联系是指非居民企业在中国境内设立机构、场所，拥有据以取得所得的股权、债权，以及拥有、管理、控制据以取得所得的财产等。

第三节　税率

一、基本税率

企业所得税实行比例税率，其基本税率为25%。企业所得税之所以采用25%的比例税率，主要原因如下所述。

(一) 按照国民待遇的原则，实行统一的企业所得税税率

2008年1月1日以前施行的内资、外资企业所得税的法定名义税率为33%；一些特殊地区的外资企业实行24%和15%的优惠税率；对内资微利企业实行27%和18%的两档照顾税率。税率的档次多，使不同类型企业名义税率和实际税负存在较大差距。内资企业实际税负为25%左右，外资企业实际税负为15%左右。所以，有必要对内外资企业实行统一的所得税税率，对内资企业要减轻税负，对外资企业也要尽可能少增加税负，从而使内外资企业享受相同的国民待遇，达到税负公平。

(二) 将财政减收控制在可以承受的范围内

2008年1月1日起实施《企业所得税法》后，内资企业所得税的法定名义税率由33%下降为25%，降低了8个百分点；而实际执行24%和15%优惠税率的一些外资企业，其法定名义税率分别上升1个百分点和10个百分点。2008年1月1日实施的新税法与原税法的口径相比，财政减收大约930亿元，其中内资企业所得税减收大约1 340亿元，外资企业所得税增收大约410亿元。考虑到新税法执行后其中一部分内资企业可以继续按新税法规定享受高新技术企业优惠税率和小型微利企业照顾税率，一部分外资企业可以享受过渡优惠政策等因素，加上对原享受法定税收优惠的老企业实行过渡措施，在新税法实施当年带来的财政减收将更大一些，但在财政可承受范围之内。

(三) 考虑到国际上尤其是周边国家（地区）的税率水平

全世界159个实行企业所得税的国家（地区）平均税率为28.6%，我国周边18个国家（地区）的平均税率为26.7%。我国《企业所得税法》规定的25%的税率在国际上是适中偏低的水平，有利于提高企业竞争力和吸引外商投资。

二、预提所得税税率

对于非居民企业在中国境内未设立机构、场所的，或者虽设立机构、场所但取得的所得与其所设机构、场所没有实际联系的，而来源于中国境内的所得，应按规定征收预提所得税。

预提所得税的适用税率为20%，减按10%征收。

三、优惠税率

(一) 照顾税率

为了照顾众多小型微利企业的实际困难，对符合条件的小型微利企业，减按20%的税率征收企业所得税。

小型微利企业，是指从事国家非限制和禁止行业，并符合下列条件的企业：

(1) 工业企业，年度应纳税所得额不超过30万元，从业人数不超过100人，资产总额不超过3 000万元。

(2) 其他企业，年度应纳税所得额不超过30万元，从业人数不超过80人，资产总额不超过1 000万元。

(二) 鼓励税率

为了鼓励高新技术企业的发展，对国家需要重点扶持的高新技术企业，减按15%的税率征收企业所得税。

国家需要重点扶持的高新技术企业，是指拥有核心自主知识产权，并同时符合下列条件的企业：

(1) 产品（服务）属于《国家重点支持的高新技术领域》规定的范围。

(2) 研究开发费用占销售收入的比例不低于规定比例。

(3) 高新技术产品（服务）收入占企业总收入的比例不低于规定比例。

(4) 科技人员占企业职工总数的比例不低于规定比例。

(5)《高新技术企业认定管理办法》规定的其他条件。

《国家重点支持的高新技术领域》和《高新技术企业认定管理办法》由国务院科技、财政、税务主管部门及有关部门制定，报国务院批准后公布施行。

第四节　应纳税所得额的确定

企业所得税的计税依据是应纳税所得额。应纳税所得额是企业每一纳税年度的收入总额，减除不征税收入、免税收入、各项扣除以及允许弥补的以前年度亏损后的余额。

应纳税所得额＝收入总额－不征税收入－免税收入－各项扣除－以前年度亏损

企业应纳税所得额的计算，以权责发生制为原则，属于当期的收入和费用，不论款项是否收付，均作为当期的收入和费用；不属于当期的收入和费用，即使款项已经在当期收付，也不作为当期的收入和费用。但是，《企业所得税法实施条例》和国务院财政、税务主管部门另有规定的除外。

企业在计算应纳税所得额时，企业财务、会计处理办法与税收法律、行政法规的规定不一致的，应当依照税收法律、行政法规的规定计算。

一、收入总额

收入总额，是指企业以货币形式和非货币形式从各种来源取得的收入。其中，企业取得收入的货币形式，包括现金、存款、应收账款、应收票据、准备持有至到期的债券投资以及债务的豁免等。企业取得收入的非货币形式，包括固定资产、生物资产、无形资产、股权投资、存货、不准备持有至到期的债券投资、劳务以及有关权益等。企业以非货币形式取得的收入，应当按照公允价值确定收入额，公允价值是指按照市场价格确定的价值。

企业的收入总额具体包括销售货物收入，提供劳务收入，转让财产收入，股息、红利等权益性投资收益，利息收入，租金收入，特许权使用费收入，接受捐赠收入和其他收入。

（一）收入确定的基本规定

（1）销售货物收入，是指企业销售商品、产品、原材料、包装物、低值易耗品以及其他存货取得的收入。

（2）提供劳务收入，是指企业从事建筑安装、修理修配、交通运输、仓储租赁、金融保险、邮电通信、咨询经纪、文化体育、科学研究、技术服务、教育培训、餐饮住宿、中介代理、卫生保健、社区服务、旅游、娱乐、加工以及其他劳务服务活动取得的收入。

（3）财产转让收入，是指企业转让固定资产、生物资产、无形资产、股权、债权等财产取得的收入。

（4）股息、红利等权益性投资收益，是指企业因权益性投资从被投资方取得的收入。股息、红利等权益性投资收益，除国务院财政、税务主管部门另有规定外，按照被投资方作出利润分配决定的日期确认收入的实现。

（5）利息收入，是指企业将资金提供他人使用但不构成权益性投资，或者因他人占用本企业资金取得的收入，包括存款利息、贷款利息、债券利息、欠款利息等收入。利息收入，按照合同约定的债务人应付利息的日期确认收入的实现。

（6）租金收入，是指企业提供固定资产、包装物或者其他有形资产的使用权取得的收入。租金收入，按照合同约定的承租人应付租金的日期确认收入的实现。

（7）特许权使用费收入，是指企业提供专利权、非专利技术、商标权、著作权以及其他特许权的使用权取得的收入。特许权使用费收入，按照合同约定的特许权使用人应付特许权使用费的日期确认收入的实现。

（8）接受捐赠收入，是指企业接受的来自其他企业、组织或者个人无偿给予的货币性资产、非货币性资产。接受捐赠收入，按照实际收到捐赠资产的日期确认收入的实现。

（9）其他收入，是指企业取得的除上述收入外的其他收入，包括企业资产溢余收入、逾期未退包装物押金收入、确实无法偿付的应付款项、已作坏账损失处理后又收回的应收款项、债务重组收入、补贴收入、违约金收入、汇兑收益等。

（二）收入确定的特殊规定

（1）可以分期确认收入实现的生产经营业务。企业的下列生产经营业务可以分期确认收入的实现：1）以分期收款方式销售货物的，按照合同约定的收款日期确认收入的实现。2）企业受托加工制造大型机械设备、船舶、飞机，以及从事建筑、安装、装配工程业务或者提供其他劳务等，持续时间超过12个月的，按照纳税年度内完工进度或者完成的工作量确认收入的实现。

（2）采取产品分成方式取得收入的，按照企业分得产品的日期确认收入的实现，其收入额按照产品的公允价值确定。

（3）企业发生非货币性资产交换，以及将货物、财产、劳务用于捐赠、偿债、赞助、集资、广告、样品、职工福利或者利润分配等用途的，应当视同销售货物、转让财产或者提供劳务，但国务院财政、税务主管部门另有规定的除外。

二、准予扣除项目

（一）扣除项目应遵循的原则

企业在生产经营活动中所发生的支出应当区分收益性支出和资本性支出。收益性支出在发生当期直接扣除；资本性支出应当分期扣除或者计入有关资产成本，不得在发生当期直接扣除。企业申报的扣除项目要真实、合法。真实是指能够提供国家允许使用的有效证明，证明其相关支出确属已经实际发生；合法是指符合现行税收法规的规定，如果其他法规规定与税收法规规定不一致，应以税收法规规定为准。除税收法规另有规定者外，企业税前扣除项目的确认一般应遵循以下原则：

（1）权责发生制原则。即纳税人应在费用发生时而不是实际支付时确认扣除。

（2）配比原则。即纳税人发生的费用应在费用应配比或应分配的当期申报扣除。纳税人某一纳税年度应申报的可扣除费用不得提前或滞后申报扣除。

（3）相关性原则。即纳税人可扣除的费用从性质和根源上必须与取得应税收入相关。

（4）确定性原则。即纳税人可扣除的费用不论何时支付，其金额必须是确定的。

（5）合理性原则。即纳税人可扣除费用的计算和分配方法应符合一般的经营常规和会计惯例。

（二）具体扣除项目

1. 不征税收入

不征税收入是指永久不纳入征税范围的收入。按照《企业所得税法》的规定，企业的收入总额中不征税收入包括：财政拨款，依法收取并纳入财政管理的行政事业性收费、政府性基金，国务院规定的其他不征税收入。

（1）财政拨款，是指各级人民政府对纳入预算管理的事业单位、社会团体等组织拨付的财政资金，但国务院和国务院财政、税务主管部门另有规定的除外。

（2）行政事业性收费，是指依照法律法规等有关规定，按照国务院规定程序批准，在实施社会公共管理，以及在向公民、法人或者其他组织提供特定公共服务过程中，向特定对象收取并纳入财政管理的费用。

（3）政府性基金，是指企业依照法律、行政法规等有关规定，代政府收取的具有专项用途的财政资金。

（4）国务院规定的其他不征税收入，是指企业取得的，由国务院财政、税务主管部门规定专项用途，并经国务院批准的财政性资金。

2. 免税收入

参见本章第九节相关内容。

3. 准予扣除的基本支出项目

企业实际发生的与取得收入有关的、合理的支出，包括成本、费用、税金、损失和其他支出，准予在计算应纳税所得额时扣除。其中，有关的支出，是指与取得收入直接相关的支出；合理的支出，是指符合生产经营活动常规，应当计入当期损益或者有关资产成本的必要和正常的支出。企业原则上准予扣除的项目具体包括：

（1）成本，是指企业在生产经营活动中发生的销售成本、销货成本、业务支出以及其他耗费。

（2）费用，是指企业在生产经营活动中发生的销售费用、管理费用和财务费用，已经计入成本的有关费用除外。

（3）税金，是指企业发生的除企业所得税和允许抵扣的增值税以外的各项税金及其附加。

（4）损失，是指企业在生产经营活动中发生的固定资产和存货的盘亏、毁损、报废损失，转让财产损失，呆账损失，坏账损失，自然灾害等不可抗力因素造成的损失以及其他损失。企业发生的损失，减除责任人赔偿和保险赔款后的余额，依照国务院财政、税务主管部门的规定扣除。企业已经作为损失处理的资产，在以后纳税年度又全部收回或者部分收回时，应当计入当期收入。

（5）其他支出，是指除成本、费用、税金、损失外，企业在生产经营活动中发生的与生产经营活动有关的、合理的支出。

需要指出的是，企业的不征税收入用于支出所形成的费用或者财产，不得扣除或者计算对应的折旧、摊销扣除。除《企业所得税法》及其实施条例另有规定外，企业实际发生的成本、费用、税金、损失和其他支出不得重复扣除。

4. 部分扣除项目的具体范围和标准

（1）工资薪金支出。工资薪金，是指企业每一纳税年度支付给在本企业任职或者受雇的员工的所有现金形式或者非现金形式的劳动报酬，包括基本工资、奖金、津贴、补贴、年终加薪、加班工资，以及与员工任职或者受雇有关的其他支出。企业发生的合理的工资薪金支出，准予扣除。

企业发生的安置残疾人员及国家鼓励安置的其他就业人员所支付的工资可加计扣除。所谓的安置残疾人员及国家鼓励安置的其他就业人员所支付的工资的加计扣除，是指企业安置残疾人员的，在支付给残疾职工工资据实扣除的基础上，按照支付给残疾职工工资的100%加计扣除。残疾人员的范围适用《中华人民共和国残疾人保障法》的有关规定。企业安置国家鼓励安置的其他就业人员所支付的工资的加计扣除办法，由国务院另行规定。

（2）职工福利费、工会经费和职工教育经费。企业发生的职工福利费支出，不超过工资薪金总额14%的部分，准予扣除。企业拨缴的工会经费，不超过工资薪金总额2%的部分，准予扣除。除国务院财政、税务主管部门另有规定外，企业发生的职工教育经费支出，不超过工资薪金总额2.5%的部分，准予扣除；超过部分，准予在以后纳税年度结转扣除。

企业发生的合理的劳动保护支出，准予扣除。

(3) 各类保险基金。企业依照国务院有关主管部门或者省级人民政府规定的范围和标准为职工缴纳的基本养老保险费、基本医疗保险费、失业保险费、工伤保险费、生育保险费等基本社会保险费和住房公积金，准予扣除。企业为投资者或者职工支付的补充养老保险费、补充医疗保险费，在国务院财政、税务主管部门规定的范围和标准内，准予扣除。

(4) 借款费用。企业在生产经营活动中发生的合理的不需要资本化的借款费用，准予扣除。企业为购置、建造固定资产、无形资产和经过12个月以上的建造才能达到预定可销售状态的存货发生借款的，在有关资产购置、建造期间发生的合理的借款费用，应当作为资本性支出计入有关资产的成本，并依照《企业所得税法》的规定扣除。

企业在生产经营活动中发生的下列利息支出，准予扣除：1）非金融企业向金融企业借款的利息支出、金融企业的各项存款利息支出和同业拆借利息支出、企业经批准发行债券的利息支出。2）非金融企业向非金融企业借款的利息支出，不超过按照金融企业同期同类贷款利率计算的数额的部分。

(5) 汇兑损失。企业在货币交易中，以及纳税年度终了时将人民币以外的货币性资产、负债按照期末即期人民币汇率中间价折算为人民币时产生的汇兑损失，除已经计入有关资产成本以及与向所有者进行利润分配相关的部分外，准予扣除。

(6) 业务招待费。企业发生的与生产经营活动有关的业务招待费支出，按照发生额的60%扣除，但最高不得超过当年销售（营业）收入的5‰。

(7) 广告费和业务宣传费。企业发生的符合条件的广告费和业务宣传费支出，除国务院财政、税务主管部门另有规定外，不超过当年销售（营业）收入15%的部分，准予扣除；超过部分，准予在以后纳税年度结转扣除。

(8) 公益性捐赠。企业发生的公益性捐赠支出，不超过年度利润总额12%的部分，准予扣除。

年度利润总额，是指企业依照国家统一会计制度的规定计算的年度会计利润。公益性捐赠，是指企业通过公益性社会团体或者县级以上人民政府及其部门，用于《中华人民共和国公益事业捐赠法》规定的公益事业的捐赠。其中，公益性社会团体，是指同时符合下列条件的基金会、慈善组织等社会团体：1）依法登记，具有法人资格。2）以发展公益事业为宗旨，且不以营利为目的。3）全部资产及其增值为该法人所有。4）收益和营运结余主要用于符合该法人设立目的的事业。5）终止后的剩余财产不归属任何个人或者营利组织。6）不经营与其设立目的无关的业务。7）有健全的财务会计制度。8）捐赠者不以任何形式参与社会团体财产的分配。9）国务院财政、税务主管部门会同国务院民政部门等登记管理部门规定的其他条件。这里说的公益性社会团体，包括中国青少年发展基金会、希望工程基金会、宋庆龄基金会、减灾委员会、中国红十字会、中国残疾人联合会、全国老年基金会、老区促进会以及经民政部门批准成立的其他非营利的公益性组织。

(9) 固定资产租赁费。企业根据生产经营活动的需要租入固定资产所支付的租赁费，按照以下方法扣除：1）以经营租赁方式租入固定资产发生的租赁费支出，按照租赁期限均匀扣除。2）以融资租赁方式租入固定资产发生的租赁费支出，按照规定构成融资租入固定资产价值的部分应当提取折旧费用，分期扣除。

（10）开发新技术、新产品、新工艺所发生的研究开发费用。企业发生的开发新技术、新产品、新工艺的研究开发费用，在计算应纳税所得额时加计扣除。所谓的研究开发费用的加计扣除，是指企业为开发新技术、新产品、新工艺而发生的研究开发费用，未形成无形资产计入当期损益的，在按照规定据实扣除的基础上，按照研究开发费用的50%加计扣除；形成无形资产的，按照无形资产成本的150%摊销。

（11）商业保险和财产保险。除企业依照国家有关规定为特殊工种职工支付的人身安全保险费和国务院财政、税务主管部门规定可以扣除的其他商业保险费外，企业为投资者或者职工支付的商业保险费，不得扣除。企业参加财产保险，按照规定缴纳的保险费，准予扣除。

（12）企业间支付的费用。企业之间支付的管理费、企业内营业机构之间支付的租金和特许权使用费，以及非银行企业内营业机构之间支付的利息，不得扣除。非居民企业在中国境内设立的机构、场所，就其中国境外总机构发生的与该机构、场所生产经营有关的费用，能够提供总机构出具的费用汇集范围、定额、分配依据和方法等证明文件，并合理分摊的，准予扣除。

（13）专项资金。企业依照法律、行政法规有关规定提取的用于环境保护、生态恢复等方面的专项资金，准予扣除。上述专项资金提取后改变用途的，不得扣除。

（三）不得扣除的项目

不得扣除的项目，是企业在计算应纳税所得额时不得扣除的项目。企业在计算应纳税所得额时，下列项目不得扣除：

（1）向投资者支付的股息、红利等权益性投资收益款项，是指企业因使用权益性资本而付出的代价。

（2）企业所得税税款，是指企业按应纳税所得额和适用的税率计算的应纳所得税税额。

（3）税收滞纳金，是指企业违反税收法规，被税务机关处以的滞纳金、罚金。

（4）罚金、罚款和被没收财物的损失，是指企业生产、经营因违反国家法律、法规和规章，被有关部门处以的罚款以及被没收财物的损失。

（5）超出税法允许扣除比例以外的捐赠支出，是指企业超出税法允许扣除比例的公益性捐赠支出和非公益性捐赠支出。

（6）赞助支出，是指企业发生的与生产经营活动无关的各种非广告性质支出。

（7）未经核定的准备金支出，是指不符合国务院财政、税务主管部门规定的各项资产减值准备、风险准备等准备金支出。

（8）与取得收入无关的其他支出。

（四）亏损弥补

《企业所得税法》规定，允许弥补的以前年度亏损，准予在计算应纳税所得额时扣除。这里说的亏损，是指企业依照《企业所得税法》及其实施条例的规定，将每一纳税年度的收入总额减除不征税收入、免税收入和各项扣除后小于零的数额。

企业纳税年度发生的亏损，准予向以后年度结转，用以后年度的所得弥补，但结转年限最长不得超过5年。弥补亏损期限，是指纳税人某一纳税年度发生亏损，准予用以后年度的应纳税所得弥补，1年弥补不足的，可以逐年延续弥补，弥补期限最长不得超过5年，5年内不论是盈利还是亏损，都作为实际弥补年限计算。

企业发生亏损用以前年度的所得弥补时，需要注意以下两个问题：一是亏损弥补期应自亏损年度的下一个年度起连续5年不间断地计算。例如，某企业2008年发生亏损10万元，其亏损弥补期间应是2009年至2013年。二是亏损弥补期间发生的年度亏损，应依照规定按每个亏损年度分别连续计算各自的弥补期限，并按照先亏先补的顺序进行弥补。例如，上述企业2009年又亏损5万元，则2009年的亏损弥补期间应是2010年至2014年，假定2010年盈利12万元，则应先弥补2008年的亏损10万元，再弥补2009年的亏损5万元，这样2009年的亏损还剩3万元未弥补完，再用2011至2014年的盈利弥补。

第五节　资产的税务处理

资产是企业拥有或者控制的、预期会给企业带来经济利益的资源。企业为取得其拥有的各项资产所支付的金额，应区分资本性支出和收益性支出，从而确定从企业的收入总额中准予扣除的项目和不得扣除的项目，以正确计算应纳税所得额。对于资本性的支出，不允许作为成本费用从企业收入总额中一次性扣除，而应采取分期计提折旧或者分期摊销的方式从以后各期的收入总额中分期予以扣除。收益性支出可以作为成本费用从企业收入总额中一次性扣除。《企业所得税法》规定的资产税务处理主要包括固定资产、生物资产、无形资产、长期待摊费用、投资资产、存货等。

企业的固定资产、生物资产、无形资产、长期待摊费用、投资资产、存货等各项资产，应以历史成本为计税基础。所谓历史成本，是指企业取得该项资产时实际发生的支出。企业持有各项资产期间资产增值或者减值，除国务院财政、税务主管部门规定可以确认损益外，不得调整该资产的计税基础。

一、固定资产的税务处理

固定资产，是指企业为生产产品、提供劳务、出租或者经营管理而持有的、使用时间超过12个月的非货币性资产，包括房屋、建筑物、机器、机械、运输工具以及其他与生产经营活动有关的设备、器具、工具等。

（一）固定资产的计税基础确定

企业的固定资产应当按照以下方法确定计税基础：

（1）外购的固定资产，以购买价款和支付的相关税费以及直接归属于使该资产达到预定用途发生的其他支出为计税基础。

（2）自行建造的固定资产，以竣工结算前发生的支出为计税基础。

（3）融资租入的固定资产，以租赁合同约定的付款总额和承租人在签订租赁合同过程中发生的相关费用为计税基础，租赁合同未约定付款总额的，以该资产的公允价值和承租人在签订租赁合同过程中发生的相关费用为计税基础。

（4）盘盈的固定资产，以同类固定资产的重置完全价值为计税基础。

（5）通过捐赠、投资、非货币性资产交换、债务重组等方式取得的固定资产，以该资产的公允价值和支付的相关税费为计税基础。

（6）改建的固定资产，除已足额提取折旧仍继续使用的固定资产的改建支出和租入固定资产的改建支出外，改建过程中发生的改建支出也作为计税基础。

（二）固定资产折旧的处理规定

（1）应当提取折旧的固定资产：

1）房屋、建筑物。

2）飞机、火车、轮船、机器、机械和其他生产设备。

3）与生产经营活动有关的器具、工具、家具等。

4）飞机、火车、轮船以外的运输工具。

5）电子设备。

（2）不得提取折旧的固定资产：

1）房屋、建筑物以外未投入使用的固定资产。

2）以经营租赁方式租入的固定资产。

3）以融资租赁方式租出的固定资产。

4）已足额提取折旧仍继续使用的固定资产。

5）与经营活动无关的固定资产。

6）单独估价作为固定资产入账的土地。

7）其他不得计算折旧扣除的固定资产。

（3）提取折旧的依据和方法：

1）企业应当自固定资产投入使用月份的次月起计算折旧；停止使用的固定资产，应当自停止使用月份的次月起停止计算折旧。固定资产应当按月计提折旧，当月增加的固定资产，当月不计提折旧，从下月起计提折旧；当月减少的固定资产，当月仍计提折旧，从下月起不计提折旧。固定资产提足折旧后，不论能否继续使用，均不再计提折旧，提前报废的固定资产也不再计提折旧。

2）企业应当根据固定资产的性质和使用情况，合理确定固定资产的预计净残值。固定资产的预计净残值一经确定，不得变更。

3）固定资产折旧的计算采用直线法。直线折旧法一般包括平均年限法和工作量法。

4）除国务院财政、税务主管部门另有规定外，固定资产计算折旧的最低年限如下：房屋、建筑物，为20年；飞机、火车、轮船、机器、机械和其他生产设备，为10年；与生产经营活动有关的器具、工具、家具等，为5年；飞机、火车、轮船以外的运输工具，为4年；电子设备，为3年。

此外，从事开采石油、天然气等矿产资源的企业，在开始商业性生产前发生的费用和有关固定资产的折耗、折旧方法，由国务院财政、税务主管部门另行规定。

（4）固定资产加速折旧的范围。

企业的固定资产由于技术进步等原因，确需加速折旧的，可以缩短折旧年限或者采取加速折旧的方法。可以采取缩短折旧年限或者采取加速折旧的方法的固定资产有两类：1）

由于技术进步，产品更新换代较快的固定资产。2）常年处于强震动、高腐蚀状态的固定资产。

采取缩短折旧年限方法的，最低折旧年限不得低于《企业所得税法实施条例》规定的折旧年限的60%；采取加速折旧方法的，可以采取双倍余额递减法或者年数总和法。

二、生产性生物资产的税务处理

生产性生物资产，是指企业为生产农产品、提供劳务或者出租等而持有的生物资产，包括经济林、薪炭林、产畜和役畜等。

（一）生产性生物资产的计税基础确定

企业的生产性生物资产按照以下方法确定计税基础：

（1）外购的生产性生物资产，以购买价款和支付的相关税费为计税基础。

（2）通过捐赠、投资、非货币性资产交换、债务重组等方式取得的生产性生物资产，以该资产的公允价值和支付的相关税费为计税基础。

（二）生产性生物资产折旧的处理规定

（1）企业应当自生产性生物资产投入使用月份的次月起计算折旧；停止使用的生产性生物资产，应当自停止使用月份的次月起停止计算折旧。

（2）企业应当根据生产性生物资产的性质和使用情况，合理确定生产性生物资产的预计净残值。生产性生物资产的预计净残值一经确定，不得变更。

（3）企业的生产性生物资产折旧的计算，采用直线法。

（4）生产性生物资产计算折旧的最低年限为：1）林木类生产性生物资产，为10年；2）畜类生产性生物资产，为3年。

三、无形资产的税务处理

无形资产，是指企业为生产产品、提供劳务、出租或者经营管理而持有的、没有实物形态的非货币性长期资产，包括专利权、商标权、著作权、土地使用权、非专利技术、商誉等。

（一）无形资产的计税基础确定

企业的无形资产按照以下方法确定计税基础：

（1）外购的无形资产，以购买价款和支付的相关税费以及直接归属于使该资产达到预定用途发生的其他支出为计税基础。

（2）自行开发的无形资产，以开发过程中该资产符合资本化条件后至达到预定用途前发生的支出为计税基础。

（3）通过捐赠、投资、非货币性资产交换、债务重组等方式取得的无形资产，以该资产的公允价值和支付的相关税费为计税基础。

（二）无形资产摊销的处理规定

（1）无形资产摊销采用直线法。

(2) 无形资产的摊销年限不得低于 10 年。作为投资或者受让的无形资产，有关法律规定或者合同约定了使用年限的，可以按照规定或者约定的使用年限分期摊销。

(3) 外购商誉的支出，在企业整体转让或者清算时，准予扣除。

(三) 不得计算摊销费用扣除的无形资产

(1) 自行开发的支出已在计算应纳税所得额时扣除的无形资产。

(2) 自创商誉。

(3) 与经营活动无关的无形资产。

(4) 其他不得计算摊销费用扣除的无形资产。

四、长期待摊费用的税务处理

长期待摊费用，是指企业已经发生但由本期和以后各期负担的分摊期限在一年以上的各项费用。企业在计算应纳税所得额时发生的下列支出，作为长期待摊费用按照规定摊销的，准予扣除：

(1) 已足额提取折旧的固定资产的改建支出。固定资产的改建支出，是指改变房屋或者建筑物结构、延长使用年限等发生的支出。这里的支出按照固定资产预计尚可使用年限分期摊销。

(2) 租入固定资产的改建支出。固定资产的改建支出，是指改变房屋或者建筑物结构、延长使用年限等发生的支出。这里的支出按照合同约定的剩余租赁期限分期摊销。

(3) 固定资产的大修理支出。固定资产的大修理支出，是指同时符合下列条件的支出：1) 修理支出达到取得固定资产时的计税基础的 50%以上。2) 修理后固定资产的使用年限延长 2 年以上。这里的支出按照固定资产尚可使用年限分期摊销。

(4) 其他应当作为长期待摊费用的支出。其他应当作为长期待摊费用的支出，自支出发生月份的次月起分期摊销，摊销年限不得低于 3 年。

五、投资资产的税务处理

投资资产，是指企业对外进行权益性投资和债权性投资形成的资产。

企业在转让或者处置投资资产时，投资资产的成本准予扣除。投资资产按照以下方法确定成本：

(1) 通过支付现金方式取得的投资资产，以购买价款为成本。

(2) 通过支付现金以外的方式取得的投资资产，以该资产的公允价值和支付的相关税费为成本。

企业对外投资期间，投资资产的成本在计算应纳税所得额时不得扣除。

六、存货的税务处理

存货，是指企业持有以备出售的产品或者商品、处在生产过程中的在产品在生产或者提供劳务过程中耗用的材料和物料等。企业使用或者销售存货，按照规定计算存货成本，准予在计算应纳税所得额时扣除。

（一）存货成本的确定方法

企业的存货按照以下方法确定成本：

(1) 通过支付现金方式取得的存货，以购买价款和支付的相关税费为成本。

(2) 通过支付现金以外的方式取得的存货，以该存货的公允价值和支付的相关税费为成本。

(3) 生产性生物资产收获的农产品，以产出或者采收过程中发生的材料费、人工费和分摊的间接费用等必要支出为成本。

（二）存货成本的计算方法

企业使用或者销售的存货的成本，计算时可以在先进先出法、加权平均法、个别计价法中选用一种。计价方法一经选用，不得随意变更。

七、转让资产的税务处理

企业转让资产时，该项资产的净值准予在计算应纳税所得额时扣除。除国务院财政、税务主管部门另有规定外，企业在重组过程中，应当在交易发生时确认有关资产的转让所得或者损失，相关资产应当按照交易价格重新确定计税基础。

所谓财产净值，是指有关资产、财产的计税基础减除已经按照规定扣除的折旧、折耗、摊销、准备金等后的余额。

第六节 关联企业间业务往来的税务处理

在国际上，关联企业利用转让定价的方法转移利润进行避税的情况很常见。在我国，利用关联企业来转移利润，减少应纳税所得额，以逃避纳税的现象，也屡见不鲜。为了防止关联企业之间利用转让定价的方法转移利润进行避税，税法及有关规定对关联企业的认定以及关联企业之间业务往来的计价原则、税务调整、税务管理等方面均作出了具体规定。

一、关联企业的认定

关联方，是指与企业有下列关联关系之一的企业、其他组织或者个人：

(1) 在资金、经营、购销等方面存在直接或者间接的控制关系。

(2) 直接或者间接地同为第三者控制。

(3) 在利益上具有相关联的其他关系。

二、关联企业之间业务往来的计价原则

《企业所得税法》规定，企业与其关联方之间的业务往来，应当按照独立交易原则收

取或者支付价款、费用。所谓独立交易原则，是指没有关联关系的交易各方，按照公平成交价格和营业常规进行业务往来所遵循的原则。其中，“公平成交价格”是指独立企业之间进行业务往来所采用的在市场上由价值规律所决定而形成的价格。

三、关联企业应纳税所得额的调整

（一）关联企业之间转让定价的税务调整原则和方法

在跨国经济活动中，利用关联企业之间的转让定价进行避税已成为一种常见的税收逃避方法，因此，转让定价税制成为企业所得税法反避税规则中的重要内容。关联企业间独立交易的原则是转让定价的税务调整和成本分摊的基本原则。具体规定如下：

(1) 企业与其关联方之间的业务往来，不符合独立交易原则而减少企业或者其关联方应纳税收入或所得额的，税务机关可以按照合理方法进行调整。合理方法包括：

1) 可比非受控价格法，是指按照没有关联关系的交易各方进行相同或者类似业务往来的价格进行定价的方法。

2) 再销售价格法，是指按照从关联方购进商品再销售给没有关联关系的交易方的价格，减除相同或者类似业务的销售毛利进行定价的方法。

3) 成本加成法，是指按照成本加合理的费用和利润进行定价的方法。

4) 交易净利润法，是指按照没有关联关系的交易各方进行相同或者类似业务往来取得的净利润水平确定利润的方法。

5) 利润分割法，是指将企业与其关联方的合并利润或者亏损在各方之间采用合理标准进行分配的方法。

6) 其他符合独立交易原则的方法。

(2) 企业与其关联方共同开发、受让无形资产，或者共同提供、接受劳务所发生的成本，在计算应纳税所得额时应当按照独立交易原则进行分摊。

企业可以依照《企业所得税法》的规定，按照独立交易原则，与其关联方就分摊共同发生的成本达成成本分摊协议。企业与其关联方分摊成本时，应当按照成本与预期收益相配比的原则进行分摊，并在税务机关规定的期限内，按照税务机关的要求报送有关资料。如果企业与其关联方分摊成本时违反规定的，其自行分摊的成本不得在计算应纳税所得额时扣除。

（二）税务机关核定关联企业应纳税所得额的方法

企业不提供与其关联方之间业务往来资料，或者提供虚假、不完整资料，未能真实反映其关联业务往来情况的，税务机关有权依法核定其应纳税所得额。税务机关依照规定核定企业的应纳税所得额时，可以采用下列方法：

(1) 参照同类或者类似企业的利润率水平核定。

(2) 按照企业成本加合理的费用和利润的方法核定。

(3) 按照关联企业集团整体利润的合理比例核定。

(4) 按照其他合理方法核定。

四、关联企业的税务管理

(1) 企业向税务机关报送年度企业所得税纳税申报表时，应当就其与关联方之间的业务往来，附送年度关联业务往来报告表。

(2) 税务机关在进行关联业务调查时，企业及其关联方，以及与关联业务调查有关的其他企业，应当按照规定提供相关资料。相关资料包括：1) 与关联业务往来有关的价格、费用的制定标准、计算方法和说明等同期资料。2) 关联业务往来所涉及的财产、财产使用权、劳务等的再销售（转让）价格或者最终销售（转让）价格的相关资料。3) 与关联业务调查有关的其他企业应当提供的与被调查企业可比的产品价格、定价方式以及利润水平等资料。4) 其他与关联业务往来有关的资料。所谓与关联业务调查有关的其他企业，是指与被调查企业在生产经营内容和方式上相类似的企业。

企业应当在税务机关规定的期限内提供与关联业务往来有关的价格、费用的制定标准、计算方法和说明等资料。关联方以及与关联业务调查有关的其他企业应当在税务机关与其约定的期限内提供相关资料。

第七节　应纳税额的计算

一、核算征收应纳税额的计算

企业所得税的应纳税额，是企业的应纳税所得额乘以适用税率，减除依法减免和抵免的税额后的余额。其计算公式为：

应纳税额＝应纳税所得额×适用税率－减免税额－抵免税额

其中，减免税额和抵免税额是指依照《企业所得税法》和国务院的税收优惠规定减征、免征和抵免的应纳税额。

（一）汇算清缴的应纳税额

企业所得税实行按年计算、分月（或季）预缴、年终汇算清缴、多退少补的办法。其应纳税额的计算分为按月（或季）预缴所得税额的计算和年终汇算清缴所得税额的计算两部分。

1. 按月（或季）预缴所得税额的计算方法

企业根据税法规定分月或者分季预缴企业所得税时，应当按照月度或者季度的实际利润额预缴；按照月度或者季度的实际利润额预缴有困难的，可以按照上一纳税年度应纳税所得额的月度或者季度平均额预缴，或者按照经税务机关认可的其他方法预缴。预缴方法一经确定，该纳税年度内不得随意变更。其计算公式为：

应纳所得税额＝月(季)实际利润额×适用税率

＝上年应纳税所得额×1/12(或 1/4)×适用税率

2. 年终汇算清缴所得税额的计算方法

公式如下：

全年应纳所得税额＝全年应纳税所得额×适用税率－减免税额－抵免税额

多退少补所得税额＝全年应纳所得税额－月(季)已预缴所得税额

【例 6—1】 某企业经税务机关同意，每个季度按实际利润数预缴所得税。2008 年第一季度利润额为 80 万元，第二季度累计利润额为 120 万元，第三季度累计利润额为 190 万元，第四季度累计利润额为 250 万元。2008 年全年应纳税所得额为 320 万元。计算各季度应预缴和年终汇算清缴的企业所得税税额。

解答：

(1) 2008 年第一季度预缴企业所得税额为：

应纳所得税额＝80×25％＝20（万元）

(2) 2008 年第二季度预缴企业所得税额为：

应纳所得税额＝(120－80)×25％＝10（万元）

(3) 2008 年第三季度预缴企业所得税额为：

应纳所得税额＝(190－120)×25％＝17.5（万元）

(4) 2008 年第四季度预缴企业所得税额为：

应纳所得税额＝(250－190)×25％＝15（万元）

(5) 年终汇算清缴。

全年应纳所得税额＝320×25％＝80（万元）

全年累计预缴企业所得税额＝20＋10＋17.5＋15＝62.5（万元）

应补缴所得税额＝80－62.5＝17.5（万元）

(二) 境外所得已纳税额的扣除

企业所得税的税额扣除，是指国家对企业来自境外所得依法征收所得税时允许企业将其已在境外缴纳的所得税税额从其应向本国缴纳的所得税税额中扣除。税额扣除，是避免国际间对同一所得重复征税的一项重要措施。对同一企业的同一所得重复征税，是双重征税，这种现象扩展到国际范围，就形成了国际双重征税。国际双重征税的存在，一方面违背了税负公平的原则，增加了跨国企业的税收负担；另一方面又会阻碍国际投资活动的正常开展。为了避免国际双重征税现象，坚持公平税负的原则，各国政府对此都给予重视，并采取了相应的措施消除国际双重征税。避免国际双重征税的方法主要有免税法、税收抵免法、税收协定法等。目前我国采取税收抵免法避免国际双重征税。

1. 国外税收直接抵免

企业取得的下列所得已在境外缴纳的所得税税额，可以从其当期应纳税额中抵免，抵免限额为该项所得依照《企业所得税法》的规定计算的应纳税额；超过抵免限额的部分，可以在以后五个年度内，用每年度抵免限额抵免当年应抵税额后的余额进行抵补：(1) 居民企业来源于中国境外的应税所得。(2) 非居民企业在中国境内设立机构、场所，取得发生在中国境外但与该机构、场所有实际联系的应税所得。

已在境外缴纳的所得税税额，是指企业来源于中国境外的所得依照中国境外税收法律以及相关规定应当缴纳并已经实际缴纳的企业所得税性质的税款。

企业取得的境外所得已在境外缴纳的所得税款，是指应该缴纳并已实际缴纳的所得税款，不包括纳税后又得到补偿或者由他人代为承担的税款，也不包括企业由于计算失误或其他原因多缴纳的税款。除税收协定另有规定外，境外所得在境外实际享受的税收优惠，一般不给予税收饶让待遇。

境外所得已纳税额的抵免限额，是指企业来源于中国境外的所得，依照《企业所得税法》及其实施条例的规定计算的应纳税额。计算公式如下：

抵免限额＝中国境内、境外所得依照税法计算的应纳税总额×来源于某国（地区）的应纳税所得额÷中国境内、境外应纳税所得总额

除国务院财政、税务主管部门另有规定外，境外所得已缴纳税额的抵免限额采用分国（地区）不分项计算。企业来源境外所得在境外实际缴纳的所得税额低于按照税法规定计算的抵免限额的，可以从应纳税额中据实扣除；超过抵免限额的部分，可以在以后五个年度内，用每年度抵免限额抵免当年应抵税额后的余额进行抵补。这里说的五个年度，是指从企业取得的来源于中国境外的所得，已经在中国境外缴纳的企业所得税性质的税额超过抵免限额的当年的次年起，连续五个纳税年度。企业依照税法规定抵免企业所得税税额时，应当提供中国境外税务机关出具的税款所属年度的有关纳税凭证。

【例 6—2】 某中国居民企业 2008 年境内应纳税所得额为 300 万元，同期从在美国设立的全资境外机构取得应纳税所得额 200 万元，并在美国已实际缴纳所得税税款 56 万元。该企业对境外所得已缴纳所得税税款采用分国不分项抵扣方法。计算该企业本年度应纳所得税额。

解答：

全年应纳税额＝(300＋200)×25％＝125（万元）

境外所得税税款扣除限额＝125×200÷(300＋200)＝50（万元）

全年应纳税额＝125－50＝75（万元）

境外所得已纳所得税税款超过扣除限额 6（＝56－50）万元的部分不得在本年度的应纳税额中扣除，也不得列为费用支出，但可以在不超过 5 年的期限内用以后年度税额不超过扣除限额的余额补扣。

2. 国外税收间接抵免

居民企业从其直接或者间接控制的外国企业分得的来源于中国境外的股息、红利等权益性投资收益，外国企业在境外实际缴纳的所得税税额中属于该项所得负担的部分，可以作为该居民企业的可抵免境外所得税税额，在法定的抵免限额内抵免。其中需要说明的是：

(1)“外国企业”是指依照其他国家（地区）法律在中国境外设立的公司、企业和其他经济组织。

(2) 由居民企业直接或间接控制的外国企业。包括：居民企业直接持有 20％以上股份的外国企业；居民企业以间接持股方式持有 20％以上股份的外国企业，具体认定办法由国务院财政、税务主管部门另行制定。

二、核定征收应纳税额的计算

为了加强企业所得税的征收管理，对部分中小企业采取核定征收的办法计算其应纳税额。根据《税收征收管理法》及其实施细则和《企业所得税法》及其实施条例的有关规定，核定征收企业所得税的有关规定如下。

（一）核定征收企业所得税的适用范围

纳税人有下列情形之一的，税务机关有权核定其应纳税额：

（1）依照法律、行政法规的规定可以不设置账簿的。

（2）依照法律、行政法规的规定应当设置但未设置账簿的。

（3）擅自销毁账簿或者拒不提供纳税资料的。

（4）虽设置账簿，但账目混乱或者成本资料、收入凭证、费用凭证残缺不全，难以查账的。

（5）发生纳税义务，未按照规定的期限办理纳税申报，经税务机关责令限期申报，逾期仍不申报的。

（6）纳税人申报的计税依据明显偏低，又无正当理由的。

（二）核定应纳税额的方法

纳税人有上述所列情形之一的，税务机关有权采用下列任何一种方法核定其应纳税额：

（1）参照当地同类行业或者类似行业中经营规模和收入水平相近的纳税人的税负水平核定。

（2）按照营业收入或者成本加合理的费用和利润的方法核定。

（3）按照耗用的原材料、燃料、动力等推算或者测算核定。

（4）按照其他合理方法核定。

如果采用上述所列一种方法不足以正确核定应纳税额，可以同时采用两种以上的方法核定。如果纳税人对税务机关采取规定的方法核定的应纳税额有异议的，应当提供相关证据，经税务机关认定后，调整应纳税额。

（三）核定征收的方式

核定征收方式包括定额征收和核定应税所得率征收，以及其他合理的方式。

（1）定额征收，是指税务机关按照一定的标准、程序和方法，直接核定纳税人年度应纳企业所得税额，由纳税人按规定进行申报缴纳的办法。

实行定额征收办法的，主管税务机关要对纳税人的有关情况进行调查研究，分类排队，认真测算，并在此基础上，按年从高直接核定纳税人的应纳所得税额。

（2）核定应税所得率征收是指税务机关按照一定的标准、程序和方法，预先核定纳税人的应税所得率，由纳税人根据纳税年度内的收入总额或成本费用等项目的实际发生额，按预先核定的应税所得率计算缴纳企业所得税的办法。

实行核定应税所得率征收办法的，应纳所得税额的计算公式如下：

应纳所得税额＝应纳税所得额×适用税率

应纳税所得额＝收入总额×应税所得率

＝成本费用支出额÷(1－应税所得率)×应税所得率

应税所得率按表6—1所示的标准执行。

表6—1　　应税所得率表

行业	应税所得率（%）
农、林、牧、渔业	3～10
制造业	5～15
批发和零售贸易业	4～15

续前表

行业	应税所得率（%）
交通运输业	7～15
建筑业	8～20
饮食业	8～25
娱乐业	15～30
其他行业	10～30

第八节　源泉扣缴

源泉扣缴，是指以所得支付人为扣缴义务人，在每次向纳税人支付有关所得款项时，代为扣缴所得税税款的做法。实行源泉扣缴的主要目的在于有效保护税源，保证国家财政收入，防止偷漏税，简化纳税手续。对此类所得征税是国际上通行的做法，统称为预提税或预提所得税。预提所得税不是一个独立的税种，而是企业所得税的重要组成部分，是所得税源泉扣缴的方式。

一、源泉扣缴的所得范围

根据《企业所得税法》及其实施条例的规定，非居民企业在中国境内未设立机构、场所的，或者虽设立机构、场所但取得的所得与其所设机构、场所没有实际联系的，来源于中国境内的所得应缴纳的所得税，实行源泉扣缴。具体所得包括：

（1）股息、红利等权益性投资收益和利息、租金、特许权使用费所得。

（2）转让财产所得。

（3）其他所得。

但是，下列所得可以免征企业所得税：

（1）外国政府向中国政府提供贷款取得的利息所得。

（2）国际金融组织向中国政府和居民企业提供优惠贷款取得的利息所得。

（3）经国务院批准的其他所得。

二、源泉扣缴的扣缴义务人和税款扣缴办法

（1）对非居民企业在中国境内未设立机构、场所的，或者虽设立机构、场所但取得的所得与其所设机构、场所没有实际联系的，来源于中国境内的所得应缴纳的所得税，以支付人为扣缴义务人。税款由扣缴义务人在每次支付或者到期应支付时，从支付或者到期应支付的款项中扣缴。

所谓支付人，是指依照有关法律规定或者合同约定对非居民企业直接负有支付相关款项义务的单位或者个人。所谓支付，包括现金支付、汇拨支付、转账支付和权益兑价支付等货币支付和非货币支付。所谓到期应支付的款项，是指支付人按照权责发生制原则应当

计入相关成本、费用的应付款项。

(2) 对非居民企业在中国境内取得工程作业和劳务所得应缴纳的所得税，税务机关可以指定工程价款或者劳务费的支付人为扣缴义务人。

《企业所得税法》规定的可以指定扣缴义务人的情形，包括：1) 预计工程作业或者提供劳务期限不足一个纳税年度，且有证据表明不履行纳税义务的。2) 没有办理税务登记或者临时税务登记，且未委托中国境内的代理人履行纳税义务的。3) 未按照规定期限办理企业所得税纳税申报或者预缴申报的。

扣缴义务人由县级以上税务机关指定，并同时告知扣缴义务人所扣税款的计算依据、计算方法、扣缴期限和扣缴方式。

(3) 依照《企业所得税法》对非居民企业应当缴纳的企业所得税实行源泉扣缴的，应当依照《企业所得税法》的规定计算应纳税所得额。

三、应扣缴税额的计算

按照现行税法规定实行源泉扣缴的应税所得适用的税率为20%，并减按10%征收。

实行源泉扣缴的所得按照下列方法计算其应纳税所得额：

(1) 股息、红利等权益性投资收益和利息、租金、特许权使用费所得，以收入全额为应纳税所得额。

(2) 转让财产所得，以收入全额减除财产净值后的余额为应纳税所得额。

(3) 其他所得，参照前两项规定的方法计算应纳税所得额。

由此，应扣缴税额的计算公式为：

应扣缴税额＝支付单位每次支付款项×10%

【例 6—3】 美国某公司在中国境内没有设立机构场所，2008 年从中国境内取得垫付款利息所得 12 万元；将一项专利权提供给中国企业 A 公司使用，获得使用费 10 万元，还为 A 公司提供货物运输担保，A 公司向其支付担保费 14 万元。计算该美国公司 2008 年应纳企业所得税税额。

解答：

2008 年应纳企业所得税税额＝(12＋10＋14)×10%＝3.6（万元）

四、源泉扣缴的税务管理

(1) 按税法规定应当扣缴的所得税，扣缴义务人未依法扣缴或者无法履行扣缴义务的，由纳税人在所得发生地缴纳。纳税人未依法缴纳的，税务机关可以从该纳税人在中国境内其他收入项目的支付人应付的款项中，追缴该纳税人的应纳税款。所谓所得发生地，是指依照税法规定的原则确定的所得发生地（具体内容参见本章第二节中征税对象的确定原则）。在中国境内存在多处所得发生地的，由纳税人选择其中之一申报缴纳企业所得税。所谓纳税人在中国境内其他收入，是指该纳税人在中国境内取得的其他各种来源的收入。

税务机关在追缴该纳税人应纳税款时，应当将追缴理由、追缴数额、缴纳期限和缴纳方式等告知该纳税人。

（2）扣缴义务人每次代扣的税款，应当自代扣之日起7日内缴入国库，并向所在地的税务机关报送扣缴企业所得税报告表。

第九节 税收优惠

税收优惠是现代税收政策的一种形式，是政府为促进和扶持某些重要产业和部门的发展，而给予特定纳税人、征税对象以减征或免征所得税的措施，是国家调控经济的一种重要手段。

《企业所得税法》所规定的税收优惠对象主要是需要国家重点扶持和鼓励发展的产业和项目，归纳起来主要包括：从事农、林、牧、渔业等国家需要重点扶持和和鼓励发展的产业；从事港口、码头、机场、铁路、公路、电力、水利等国家重点扶持的公共基础设施项目；开发新技术、新产品、新工艺的项目；安置残疾人员及国家鼓励安置的其他就业人员的项目；创业投资企业从事国家需要重点扶持和鼓励的创业投资项目；固定资产由于技术进步等原因，确需加速折旧的项目；综合利用资源，生产符合国家产业政策规定的产品的项目；购置用于环境保护、节能节水、安全生产等专用设备的项目；符合规定条件的小型微利企业；国家需要重点扶持和鼓励发展的高新技术企业；民族自治地方需要重点扶持、报经省级人民政府批准的企业；由于突发事件等原因对经营活动产生重大影响的企业等。

企业所得税的具体减免税优惠政策主要包括下述内容。

一、免税收入

免税收入，是指企业应纳税所得额免予征收企业所得税的收入。免税收入不同于不征税收入，企业取得的不征税收入不属于营利性活动带来的经济利益，不应缴纳企业所得税；免税收入是属于企业所得税的征税范围，但国家基于某些方面的考虑而免予征税的收入。可见，免税收入属于税收优惠的范畴。

按照《企业所得税法》的规定，企业的免税收入包括国债利息收入，符合条件的居民企业之间的股息、红利等权益性投资收益，在中国境内设立机构、场所的非居民企业从居民企业取得与该机构、场所有实际联系的股息、红利等权益性投资收益，符合条件的非营利组织的收入。

（1）国债利息收入，是指企业持有国务院财政部门发行的国债所取得的利息收入。

（2）符合条件的居民企业之间的股息、红利等权益性投资收益，是指居民企业直接投资于其他居民企业所取得的投资收益，但不包括连续持有居民企业公开发行并上市流通的股票不足12个月取得的投资收益。

（3）在中国境内设立机构、场所的非居民企业从居民企业取得与该机构、场所有实际联系的股息、红利等权益性投资收益，不包括连续持有居民企业公开发行并上市流通的股票不足12个月取得的投资收益。此部分权益性投资收益在居民企业已经缴纳企业所得税，在中国境内设立机构、场所的非居民企业在取得时就不再缴纳企业所得税，以避免重复征税。

（4）符合条件的非营利组织的收入，不包括非营利组织从事营利性活动取得的收入，但国务院财政、税务主管部门另有规定的除外。符合条件的非营利组织，是指同时符合下列条件的组织：1）依法履行非营利组织登记手续。2）从事公益性或者非营利性活动。3）取得的收入除用于与该组织有关的合理的支出外，全部用于登记核定或者章程规定的公益性或者非营利性事业。4）财产及其孳息不用于分配。5）按照登记核定或者章程规定，该组织注销后的剩余财产用于公益性或者非营利性目的，或者由登记管理机关转赠给予该组织性质、宗旨相同的组织，并向社会公告。6）投入人对投入该组织的财产不保留或者享有任何财产权利。7）工作人员工资福利开支控制在规定的比例内，不变相分配该组织的财产。非营利组织的认定管理办法由国务院财政、税务主管部门会同国务院有关部门制定。

二、免征、减征企业所得税的所得

（一）从事农、林、牧、渔业项目的所得

（1）企业从事下列项目的所得，免征企业所得税：1）蔬菜、谷物、薯类、油料、豆类、棉花、麻类、糖料、水果、坚果的种植。2）农作物新品种的选育。3）中药材的种植。4）林木的培育和种植。5）牲畜、家禽的饲养。6）林产品的采集。7）灌溉、农产品初加工、兽医、农技推广、农机作业和维修等农、林、牧、渔服务业项目。8）远洋捕捞。

（2）企业从事下列项目的所得，减半征收企业所得税：1）花卉、茶以及其他饮料作物和香料作物的种植。2）海水养殖、内陆养殖。

但是，企业从事国家限制和禁止发展的项目，不得享受企业所得税优惠。

（二）从事国家重点扶持的公共基础设施项目投资经营的所得

国家重点扶持的公共基础设施项目，是指《公共基础设施项目企业所得税优惠目录》规定的港口码头、机场、铁路、公路、城市公共交通、电力、水利等项目。

企业从事上述国家重点扶持的公共基础设施项目的投资经营的所得，自项目取得第一笔生产经营收入所属纳税年度起，第一年至第三年免征企业所得税，第四年至第六年减半征收企业所得税。但是，上述项目在减免税期限内转让的，受让方自受让之日起，可以在剩余期限内享受规定的减免税优惠；减免税期限届满后转让的，受让方不得就该项目重复享受减免税优惠。企业承包经营、承包建设和内部自建自用上述的项目，也不得享受此项企业所得税优惠。

国家重点扶持的公共基础设施项目、减计收入和税额抵免的企业所得税优惠目录，由国务院财政、税务主管部门会同有关部门制定，报国务院批准后公布施行。

（三）从事符合条件的环境保护、节能节水项目的所得

符合条件的环境保护、节能节水项目，包括公共污水处理、公共垃圾处理、沼气综合开发利用、节能减排技术改造、海水淡化等。项目的具体条件和范围由国务院财政、税务主管部门会同有关部门制定，报国务院批准后公布施行。

企业从事上述符合条件的环境保护、节能节水项目的所得，自项目取得第一笔生产经营收入所属纳税年度起，第一年至第三年免征企业所得税，第四年至第六年减半征收企业所得税。但是，上述项目在减免税期限内转让的，受让方自受让之日起，可以在剩余期限内享受规定的减免税优惠；减免税期限届满后转让的，受让方不得就该项目重复享受减免税优惠。

（四）符合条件的技术转让所得

符合条件的技术转让所得免征、减征企业所得税，是指一个纳税年度内，居民企业技术转让所得不超过500万元的部分，免征企业所得税；超过500万元的部分，减半征收企业所得税。

三、对小型微利企业和高新技术企业的税收优惠

符合条件的小型微利企业，减按20%的税率征收企业所得税。国家需要重点扶持的高新技术企业，减按15%的税率征收企业所得税。符合条件的小型微利企业和国家需要重点扶持的高新技术企业的认定条件参见本章第三节有关内容。

四、民族自治地方企业所得税的减免权限

民族自治地方的自治机关对本民族自治地方的企业应缴纳的企业所得税中属于地方分享的部分，可以决定减征或者免征。自治州、自治县决定减征或者免征的，须报省、自治区、直辖市人民政府批准。民族自治地方，是指依照《中华人民共和国民族区域自治法》的规定实行民族区域自治的自治区、自治州、自治县。但是，对民族自治地方内国家限制和禁止行业的企业，不得减征或者免征企业所得税。

五、加计扣除的支出项目

企业开发新技术、新产品、新工艺发生的研究开发费用和安置残疾人员及国家鼓励安置的其他就业人员所支付的工资，可以在计算应纳税所得额时加计扣除，具体参见本章第四节有关内容。

六、对创业投资企业的税收优惠

创业投资企业从事国家需要重点扶持和鼓励的创业投资，可以按投资额的一定比例抵扣应纳税所得额。创业投资企业采取股权投资方式投资于未上市的中小高新技术企业2年以上的，可以按照其投资额的70%在股权持有满2年的当年抵扣该创业投资企业的应纳税所得额；当年不足抵扣的，可以在以后纳税年度结转抵扣。

七、鼓励企业技术进步的税收优惠

企业的固定资产由于技术进步等原因，确需加速折旧的，可以缩短折旧年限或者采取加速折旧的方法，具体参见本章第五节有关内容。

八、鼓励企业综合利用资源的税收优惠

企业综合利用资源，生产符合国家产业政策规定的产品所取得的收入，可以在计算应

纳税所得额时减计收入。减计收入，是指企业以《资源综合利用企业所得税优惠目录》规定的资源作为主要原材料，生产国家非限制和禁止并符合国家和行业相关标准的产品取得的收入，减按90%计入收入总额。但原材料占生产产品材料的比例不得低于《资源综合利用企业所得税优惠目录》规定的标准。

九、鼓励企业保护环境、节能节水、安全生产的税收优惠

企业购置用于环境保护、节能节水、安全生产等专用设备的投资额，可以按一定比例实行税额抵免。税额抵免，是指企业购置并实际使用《环境保护专用设备企业所得税优惠目录》、《节能节水专用设备企业所得税优惠目录》和《安全生产专用设备企业所得税优惠目录》规定的环境保护、节能节水、安全生产等专用设备的，该专用设备的投资额的10%可以从企业当年的应纳税额中抵免；当年不足抵免的，可以在以后5个纳税年度结转抵免。

享受上述的企业所得税优惠的企业，应当实际购置并自身实际投入使用上述专用设备；企业购置上述专用设备在5年内转让、出租的，应当停止享受企业所得税优惠，并补缴已经抵免的企业所得税税款。

十、由于突发事件等原因对企业经营活动产生重大影响的税收优惠

根据国民经济和社会发展的需要，或者由于突发事件等原因对企业经营活动产生重大影响的，国务院可以制定企业所得税专项优惠政策，报全国人民代表大会常务委员会备案。

第十节　征收管理与申报缴纳

一、纳税地点

（一）居民企业的纳税地点

除税收法律、行政法规另有规定外，居民企业以企业登记注册地为纳税地点；但登记注册地在境外的，以实际管理机构所在地为纳税地点。居民企业在中国境内设立不具有法人资格的营业机构的，应当汇总计算并缴纳企业所得税。企业登记注册地，是指企业依照国家有关规定登记注册的住所地。

（二）非居民企业的纳税地点

非居民企业在中国境内设立机构、场所的，应当就其所设机构、场所取得的来源于中国境内的所得，以及发生在中国境外但与其所设机构、场所有实际联系的所得，以机构、场所所在地为纳税地点。

非居民企业在中国境内设立两个或者两个以上机构、场所的，经税务机关审核批准，

可以选择由其主要机构、场所汇总缴纳企业所得税。所谓主要机构、场所，应当同时符合下列条件：对其他各机构、场所的生产经营活动负有监督管理责任；设有完整的账簿、凭证，能够准确反映各机构、场所的收入、成本、费用和盈亏情况。所谓经税务机关审核批准，是指经各机构、场所所在地税务机关的共同上级税务机关审核批准。非居民企业经批准汇总缴纳企业所得税后，需要增设、合并、迁移、关闭机构、场所或者停止机构、场所业务的，应当事先由负责汇总申报缴纳企业所得税的主要机构、场所向其所在地税务机关报告；需要变更汇总缴纳企业所得税的主要机构、场所的，依照上述规定办理。

非居民企业在中国境内未设立机构、场所的，或者虽设立机构、场所但取得的所得与其所设机构、场所没有实际联系的来源于中国境内的所得，以扣缴义务人所在地为纳税地点。

二、纳税年度

企业所得税的纳税年度，自公历 1 月 1 日起至 12 月 31 日止。

企业在一个纳税年度中间开业，或者终止经营活动，使该纳税年度的实际经营期不足 12 个月的，应当以其实际经营期为一个纳税年度。

企业依法清算时，应当以清算期间作为一个纳税年度。

三、申报缴纳

（1）企业在纳税年度内无论盈利或者亏损，都应当依照税法规定的期限，向税务机关报送企业所得税预缴纳税申报表、企业所得税年度纳税申报表、财务会计报告和税务机关规定应当报送的其他有关资料。企业所得税预缴纳税申报表和企业所得税年度纳税申报表的格式见表 6—2 至表 6—4。

表 6—2　　中华人民共和国

企业所得税月（季）度预缴纳税申报表（A 类）

税款所属期间：　　年　　月　　日至　　年　　月　　日

纳税人识别号：□□□□□□□□□□□□□□□

纳税人名称：　　　　　　　　　　金额单位：人民币元（列至角分）

行次	项目	本期金额	累计金额
1	一、据实预缴		
2	营业收入		
3	营业成本		
4	利润总额		
5	税率（25%）		
6	应纳所得税额（4 行×5 行）		
7	减免所得税额		
8	实际已缴所得税额	—	
9	应补（退）的所得税额（6 行－7 行－8 行）	—	
10	二、按照上一纳税年度应纳税所得额的平均额预缴		

续前表

行次	项目		本期金额	累计金额
11	上一纳税年度应纳税所得额		—	
12	本月（季）应纳税所得额（11行÷12或11行÷4）			
13	税率（25%）		—	
14	本月（季）应纳所得税额（12行×13行）			
15	三、按照税务机关确定的其他方法预缴			
16	本月（季）确定预缴的所得税额			
17	总分机构纳税人			
18	总机构	总机构应分摊的所得税额（9行或14行或16行×25%）		
19		中央财政集中分配的所得税额（9行或14行或16行×25%）		
20		分支机构分摊的所得税额（9行或14行或16行×50%）		
21	分支机构	分配比例		
22		分配的所得税额（20行×21行）		

谨声明：此纳税申报表是根据《中华人民共和国企业所得税法》、《中华人民共和国企业所得税法实施条例》和国家有关税收规定填报的，是真实的、可靠的、完整的。

法定代表人（签字）：　　　　年　月　日

纳税人公章： 会计主管： 填表日期：　年　月　日	代理申报中介机构公章： 经办人： 经办人执业证件号码： 代理申报日期：　年　月　日	主管税务机关受理专用章： 受理人： 受理日期：　年　月　日

国家税务总局监制

填报说明：

一、本表适用于实行查账征收方式申报企业所得税的居民纳税人及在中国境内设立机构的非居民纳税人在月（季）度预缴企业所得税时使用。

二、本表表头项目：

1.“税款所属期间”：纳税人填写的“税款所属期间”为公历1月1日至所属月（季）度最后一日。

企业年度中间开业的纳税人填写的“税款所属期间”为当月（季）开始经营之日至所属季度的最后一日，自次月（季）度起按正常情况填报。

2.“纳税人识别号”：填报税务机关核发的税务登记证号码（15位）。

3.“纳税人名称”：填报税务登记证中的纳税人全称。

三、各列的填报：

1.“据实预缴”的纳税人第2至9行：填报“本期金额”列，数据为所属月（季）度第一日至最后一日；填报“累计金额”列，数据为纳税人所属年度1月1日至所属季度（或月份）最后一日的累计数。纳税人当期应补（退）所得税额为“累计金额”列第9行

“应补（退）所得税额”的数据。

2. “按照上一纳税年度应纳税所得额平均额预缴”的纳税人第11至14行及“按照税务机关确定的其他方法预缴”的纳税人第16行：填报表内第11至14行、第16行“本期金额”列，数据为所属月（季）度第一日至最后一日。

四、各行的填报：

本表结构分为两部分：

1. 第一部分为第1至16行，纳税人根据自身的预缴申报方式分别填报，包括非居民企业设立的分支机构：实行据实预缴的纳税人填报第2至9行；实行按上一年度应纳税所得额的月度或季度平均额预缴的纳税人填报第11至14行；实行经税务机关认可的其他方法预缴的纳税人填报第16行。

2. 第二部分为第17至22行，由实行汇总纳税的总机构在填报第一部分的基础上填报第18至20行；分支机构填报第20至22行。

五、具体项目填报说明：

1. 第2行“营业收入”：填报会计制度核算的营业收入，事业单位、社会团体、民办非企业单位按其会计制度核算的收入填报。

2. 第3行“营业成本”：填报会计制度核算的营业成本，事业单位、社会团体、民办非企业单位按其会计制度核算的成本（费用）填报。

3. 第4行“利润总额”：填报会计制度核算的利润总额，其中包括从事房地产开发企业可以在本行填写按本期取得预售收入计算出的预计利润等。事业单位、社会团体、民办非企业单位比照填报。

4. 第5行“税率（25%）”：按照《企业所得税法》第四条规定的25%税率计算应纳所得税额。

5. 第6行“应纳所得税额”：填报计算出的当期应纳所得税额。第6行＝第4行×第5行，且第6行≥0。

6. 第7行“减免所得税额”：填报当期实际享受的减免所得税额，包括享受减免税优惠过渡期的税收优惠、小型微利企业优惠、高新技术企业优惠及经税务机关审批或备案的其他减免税优惠。第7行≤第6行。

7. 第8行“实际已预缴的所得税额”：填报累计已预缴的企业所得税税额，“本期金额”列不填。

8. 第9行“应补（退）所得税额”：填报按照税法规定计算的本次应补（退）预缴所得税额。第9行＝第6行－第7行－第8行，且第9行＜0时，填0，“本期金额”列不填。

9. 第11行“上一纳税年度应纳税所得额”：填报上一纳税年度申报的应纳税所得额。本行不包括纳税人的境外所得。

10. 第12行“本月（季）应纳所得税所得额”：填报纳税人依据上一纳税年度申报的应纳税所得额计算的当期应纳税所得额。

按季预缴企业：第12行＝第11行×1/4

按月预缴企业：第12行＝第11行×1/12

11. 第13行“税率（25%）”：按照《企业所得税法》第四条规定的25%税率计算应

纳所得税额。

12. 第 14 行“本月（季）应纳所得税额”：填报计算的本月（季）应纳所得税额。第 14 行＝第 12 行×第 13 行

13. 第 16 行“本月（季）确定预缴的所得税额”：填报依据税务机关认定的应纳税所得额计算出的本月（季）应缴纳所得税额。

14. 第 18 行“总机构应分摊的所得税额”：填报汇总纳税总机构以本表第一部分（第 1 至 16 行）本月或本季预缴所得税额为基数，按总机构应分摊的预缴比例计算出的本期预缴所得税额。

（1）据实预缴的汇总纳税企业总机构：第 9 行×总机构应分摊的预缴比例 25%。

（2）按上一纳税年度应纳税所得额的月度或季度平均额预缴的汇总纳税企业总机构：第 14 行×总机构应分摊的预缴比例 25%。

（3）经税务机关认可的其他方法预缴的汇总纳税企业总机构：第 16 行×总机构应分摊的预缴比例 25%。

15. 第 19 行“中央财政集中分配税款的所得税额”：填报汇总纳税总机构以本表第一部分（第 1 至 16 行）本月或本季预缴所得税额为基数，按中央财政集中分配税款的预缴比例计算出的本期预缴所得税额。

（1）据实预缴的汇总纳税企业总机构：第 9 行×中央财政集中分配税款的预缴比例 25%。

（2）按上一纳税年度应纳税所得额的月度或季度平均额预缴的汇总纳税企业总机构：第 14 行×中央财政集中分配税款的预缴比例 25%。

（3）经税务机关认可的其他方法预缴的汇总纳税企业总机构：第 16 行×中央财政集中分配税款的预缴比例 25%。

16. 第 20 行“分支机构分摊的所得税额”：填报汇总纳税总机构以本表第一部分（第 1 至 16 行）本月或本季预缴所得税额为基数，按分支机构分摊的预缴比例计算出的本期预缴所得税额。

（1）据实预缴的汇总纳税企业总机构：第 9 行×分支机构分摊的预缴比例 50%。

（2）按上一纳税年度应纳税所得额的月度或季度平均额预缴的汇总纳税企业总机构：第 14 行×分支机构分摊的预缴比例 50%。

（3）经税务机关认可的其他方法预缴的汇总纳税企业总机构：第 16 行×分支机构分摊的预缴比例 50%。

17. 第 21 行“分配比例”：填报汇总纳税分支机构依据《汇总纳税企业所得税分配表》中确定的分配比例。

18. 第 22 行“分配的所得税额”：填报汇总纳税分支机构依据当期总机构申报表中第 20 行“分支机构分摊的所得税额”×本表第 21 行“分配比例”的数额。

表 6—3

中华人民共和国
企业所得税月（季）度预缴纳税申报表（B类）

税款所属期间：　　年　　月　　日至　　年　　月　　日

纳税人识别号：□□□□□□□□□□□□□□□

纳税人名称：　　　　　　　　　　　　　　　　　　　　金额单位：人民币元（列至角分）

项目			行次	累计金额
应纳税所得额的计算	按收入总额核定应纳税所得额	收入总额	1	
		税务机关核定的应税所得率（%）	2	
		应纳税所得额（1行×2行）	3	
	按成本费用核定应纳税所得额	成本费用总额	4	
		税务机关核定的应税所得率（%）	5	
		应纳税所得额［4行÷（1−5行）×5行］	6	
	按经费支出换算应纳税所得额	经费支出总额	7	
		税务机关核定的应税所得率（%）	8	
		换算的收入额［7行÷(1−8行)］	9	
		应纳税所得额（8行×9行）	10	
应纳所得税额的计算		税率（25%）	11	
		应纳所得税额（3行×11行或6行×11行或10行×11行）	12	
		减免所得税额	13	
应补（退）所得税额的计算		已预缴所得税额	14	
		应补（退）所得税额（12行−13行−14行）	15	
谨声明：此纳税申报表是根据《中华人民共和国企业所得税法》、《中华人民共和国企业所得税法实施条例》和国家有关税收规定填报的，是真实的、可靠的、完整的。 法定代表人（签字）：　　年　　月　　日				

纳税人公章：	代理申报中介机构公章：	主管税务机关受理专用章：
会计主管：	经办人： 经办人执业证件号码：	受理人：
填表日期：　年　月　日	代理申报日期：　年　月　日	受理日期：　年　月　日

国家税务总局监制

填报说明：

一、本表为按照核定征收管理办法（包括核定应税所得率和核定税额征收方式）缴纳企业所得税的纳税人在月（季）度申报缴纳企业所得税时使用，包括依法被税务机关指定的扣缴义务人。其中：核定应税所得率的纳税人按收入总额核定、按成本费用核定、按经费支出换算分别填写。

二、本表表头项目：

1.“税款所属期间”：纳税人填报的“税款所属期间”为公历1月1日至所属季（月）度最后一日。

企业年度中间开业的纳税人填报的“税款所属期间”为当月（季）度第一日至所属月

（季）度的最后一日，自次月（季）度起按正常情况填报。

2.“纳税人识别号”：填报税务机关核发的税务登记证号码（15 位）。

3.“纳税人名称”：填报税务登记证中的纳税人全称。

三、具体项目填报说明：

1. 第 1 行“收入总额”：按照收入总额核定应税所得率的纳税人填报此行。填写本年度累计取得的各项收入金额。

2. 第 2 行“税务机关核定的应税所得率”：填报主管税务机关核定的应税所得率。

3. 第 3 行“应纳税所得额”：填报计算结果。计算公式：应纳税所得额＝第 1 行“收入总额”×第 2 行“税务机关核定的应税所得率”。

4. 第 4 行“成本费用总额”：按照成本费用核定应税所得率的纳税人填报此行。填写本年度累计发生的各项成本费用金额。

5. 第 5 行“税务机关核定的应税所得率”：填报主管税务机关核定的应税所得率。

6. 第 6 行“应纳税所得额”：填报计算结果。计算公式：应纳税所得额＝第 4 行“成本费用总额”÷（1－第 5 行“税务机关核定的应税所得率”）×第 5 行“税务机关核定的应税所得率”。

7. 第 7 行“经费支出总额”：按照经费支出换算收入方式缴纳所得税的纳税人填报此行。填报累计发生的各项经费支出金额。

8. 第 8 行“经税务机关核定的应税所得率”：填报主管税务机关核定的应税所得率。

9. 第 9 行“换算的收入额”：填报计算结果。计算公式：换算的收入额＝第 7 行“经费支出总额”÷（1－第 8 行“税务机关核定的应税所得率”）。

10. 第 10 行“应纳税所得额”：填报计算结果。计算公式：应纳税所得额＝第 8 行“税务机关核定的应税所得率”×第 9 行“换算的收入额”。

11. 第 11 行“税率”：填写《企业所得税法》第四条规定的 25％税率。

12. 第 12 行“应纳所得税额”。

（1）核定应税所得率的纳税人填报计算结果：

按照收入总额核定应税所得率的纳税人，应纳所得税额＝第 3 行“应纳税所得额”×第 11 行“税率”；

按照成本费用核定应税所得率的纳税人，应纳所得税额＝第 6 行“应纳税所得额”×第 11 行“税率”；

按照经费支出换算应纳税所得额的纳税人，应纳所得税额＝第 10 行“应纳税所得额”×第 11 行“税率”。

（2）实行核定税额征收的纳税人，填报税务机关核定的应纳所得税额。

13. 第 13 行“减免所得税额”：填报当期实际享受的减免所得税额，第 13 行≤第 12 行。包括享受减免税优惠过渡期的税收优惠、小型微利企业优惠、高新技术企业优惠及经税务机关审批或备案的其他减免税优惠。

14. 第 14 行“已预缴的所得税额”：填报当年累计已预缴的企业所得税额。

15. 第 15 行“应补（退）所得税额”：填报计算结果。计算公式：应补（退）所得税额＝第 12 行“应纳所得税额”－第 13 行“减免所得税额”－第 14 行“已预缴的所得税额”；当第 15 行≤0 时，本行填 0。

表 6—4　　**中华人民共和国企业所得税年度纳税申报表（A 类）**

税款所属期间：　　年　月　日至　　年　月　日

纳税人名称：

纳税人识别号：□□□□□□□□□□□□□□□

金额单位：元（列至角分）

类别	行次	项目	金额
利润总额计算	1	一、营业收入（填附表一）	
	2	减：营业成本（填附表二）	
	3	营业税金及附加	
	4	销售费用（填附表二）	
	5	管理费用（填附表二）	
	6	财务费用（填附表二）	
	7	资产减值损失	
	8	加：公允价值变动收益	
	9	投资收益	
	10	二、营业利润	
	11	加：营业外收入（填附表一）	
	12	减：营业外支出（填附表二）	
	13	三、利润总额（10＋11－12）	
应纳税所得额计算	14	加：纳税调整增加额（填附表三）	
	15	减：纳税调整减少额（填附表三）	
	16	其中：不征税收入	
	17	免税收入	
	18	减计收入	
	19	减、免税项目所得	
	20	加计扣除	
	21	抵扣应纳税所得额	
	22	加：境外应税所得弥补境内亏损	
	23	纳税调整后所得（13＋14－15＋22）	
	24	减：弥补以前年度亏损（填附表四）	
	25	应纳税所得额（23－24）	
应纳税额计算	26	税率（25%）	
	27	应纳所得税额（25×26）	
	28	减：减免所得税额（填附表五）	
	29	减：抵免所得税额（填附表五）	
	30	应纳税额（27－28－29）	
	31	加：境外所得应纳所得税额（填附表六）	
	32	减：境外所得抵免所得税额（填附表六）	
	33	实际应纳所得税额（30＋31－32）	
	34	减：本年累计实际已预缴的所得税额	
	35	其中：汇总纳税的总机构分摊预缴的税额	
	36	汇总纳税的总机构财政调库预缴的税额	
	37	汇总纳税的总机构所属分支机构分摊的预缴税额	

续前表

类别	行次	项目	金额
应纳税额计算	38	合并纳税（母子体制）成员企业就地预缴比例	
	39	合并纳税企业就地预缴的所得税额	
	40	本年应补（退）的所得税额（33－34）	
附列资料	41	以前年度多缴的所得税额在本年抵减额	
	42	以前年度应缴未缴在本年入库所得税额	
纳税人公章： 经办人： 申报日期：　年　月　日		代理申报中介机构公章： 经办人及执业证件号码： 代理申报日期：　年　月　日	主管税务机关受理专用章： 受理人： 受理日期：　年　月　日

填报说明：

一、适用范围

本表适用于实行查账征收企业所得税的居民纳税人（以下简称纳税人）填报。

二、填报依据及内容

根据《中华人民共和国企业所得税法》及其实施条例、相关税收政策，以及国家统一会计制度（企业会计制度、企业会计准则、小企业会计制度、分行业会计制度、事业单位会计制度和民间非营利组织会计制度）的规定，填报计算纳税人利润总额、应纳税所得额、应纳税额和附列资料等有关项目。

三、有关项目填报说明

（一）表头项目

1．"税款所属期间"：正常经营的纳税人，填报公历当年1月1日至12月31日；纳税人年度中间开业的，填报实际生产经营之日的当月1日至同年12月31日；纳税人年度中间发生合并、分立、破产、停业等情况的，填报公历当年1月1日至实际停业或法院裁定并宣告破产之日的当月月末；纳税人年度中间开业且年度中间又发生合并、分立、破产、停业等情况的，填报实际生产经营之日的当月1日至实际停业或法院裁定并宣告破产之日的当月月末。

2．"纳税人识别号"：填报税务机关统一核发的税务登记证号码。

3．"纳税人名称"：填报税务登记证所载纳税人的全称。

（二）表体项目

本表是在纳税人会计利润总额的基础上，加减纳税调整额后计算出"纳税调整后所得"（应纳税所得额）。会计与税法的差异（包括收入类、扣除类、资产类等差异）通过纳税调整项目明细表（附表三）集中体现。

本表包括利润总额计算、应纳税所得额计算、应纳税额计算和附列资料四个部分。

1．"利润总额计算"中的项目，按照国家统一会计制度口径计算填报。实行企业会计准则的纳税人，其数据直接取自损益表；实行其他国家统一会计制度的纳税人，与本表不一致的项目，按照其利润表项目进行分析填报。

利润总额部分的收入、成本、费用明细项目，一般工商企业纳税人，通过附表一（1）《收入明细表》和附表二（1）《成本费用明细表》相应栏次填报；金融企业纳税人，通过附表一（2）《金融企业收入明细表》、附表二（2）《金融企业成本费用明细表》相应栏次填报；事业单位、社会团体、民办非企业单位、非营利组织等纳税人，通过附表一（3）《事业单位、社会团体、民办非企业单位收入项目明细表》和附表二（3）《事业单位、社会团体、民办非企业单位支出项目明细表》相应栏次填报。

2.“应纳税所得额计算”和“应纳税额计算”中的项目，除根据主表逻辑关系计算的外，通过附表相应栏次填报。

3.“附列资料”填报用于税源统计分析的上一纳税年度税款在本纳税年度抵减或入库金额。

（三）行次说明

1. 第1行“营业收入”：填报纳税人主要经营业务和其他经营业务取得的收入总额。本行根据“主营业务收入”和“其他业务收入”科目的数额计算填报。一般工商企业纳税人，通过附表一（1）《收入明细表》计算填报；金融企业纳税人，通过附表一（2）《金融企业收入明细表》计算填报；事业单位、社会团体、民办非企业单位、非营利组织等纳税人，通过附表一（3）《事业单位、社会团体、民办非企业单位收入明细表》计算填报。

2. 第2行“营业成本”项目：填报纳税人主要经营业务和其他经营业务发生的成本总额。本行根据“主营业务成本”和“其他业务成本”科目的数额计算填报。一般工商企业纳税人，通过附表二（1）《成本费用明细表》计算填报；金融企业纳税人，通过附表二（2）《金融企业成本费用明细表》计算填报；事业单位、社会团体、民办非企业单位、非营利组织等纳税人，通过附表二（3）《事业单位、社会团体、民办非企业单位支出明细表》计算填报。

3. 第3行“营业税金及附加”：填报纳税人经营活动发生的营业税、消费税、城市维护建设税、资源税、土地增值税和教育费附加等相关税费。本行根据“营业税金及附加”科目的数额计算填报。

4. 第4行“销售费用”：填报纳税人在销售商品和材料、提供劳务的过程中发生的各种费用。本行根据“销售费用”科目的数额计算填报。

5. 第5行“管理费用”：填报纳税人为组织和管理企业生产经营发生的管理费用。本行根据“管理费用”科目的数额计算填报。

6. 第6行“财务费用”：填报纳税人为筹集生产经营所需资金等发生的筹资费用。本行根据“财务费用”科目的数额计算填报。

7. 第7行“资产减值损失”：填报纳税人计提各项资产准备发生的减值损失。本行根据“资产减值损失”科目的数额计算填报。

8. 第8行“公允价值变动收益”：填报纳税人交易性金融资产、交易性金融负债，以及采用公允价值模式计量的投资性房地产、衍生工具、套期保值业务等公允价值变动形成的应计入当期损益的利得或损失。本行根据“公允价值变动损益”科目的数额计算填报。

9. 第9行“投资收益”：填报纳税人以各种方式对外投资确认所取得的收益或发生的损失。本行根据“投资收益”科目的数额计算填报。

10. 第10行“营业利润”：填报纳税人当期的营业利润。根据上述项目计算填列。

11. 第11行“营业外收入”：填报纳税人发生的与其经营活动无直接关系的各项收入。本行根据“营业外收入”科目的数额计算填报。一般工商企业纳税人，通过附表一

(1)《收入明细表》相关项目计算填报；金融企业纳税人，通过附表一（2）《金融企业收入明细表》相关项目计算填报；事业单位、社会团体、民办非企业单位、非营利组织等纳税人，通过附表一（3）《事业单位、社会团体、民办非企业单位收入明细表》计算填报。

12. 第12行“营业外支出”：填报纳税人发生的与其经营活动无直接关系的各项支出。本行根据“营业外支出”科目的数额计算填报。一般工商企业纳税人，通过附表二(1)《成本费用明细表》相关项目计算填报；金融企业纳税人，通过附表二（2）《金融企业成本费用明细表》相关项目计算填报；事业单位、社会团体、民办非企业单位、非营利组织等纳税人，通过附表一（3）《事业单位、社会团体、民办非企业单位支出明细表》计算填报。

13. 第13行“利润总额”：填报纳税人当期的利润总额。

14. 第14行“纳税调整增加额”：填报纳税人会计处理与税收规定不一致，进行纳税调整增加的金额。本行通过附表三《纳税调整项目明细表》“调增金额”列计算填报。

15. 第15行“纳税调整减少额”：填报纳税人会计处理与税收规定不一致，进行纳税调整减少的金额。本行通过附表三《纳税调整项目明细表》“调减金额”列计算填报。

16. 第16行“不征税收入”：填报纳税人计入利润总额但属于税收规定不征税的财政拨款、依法收取并纳入财政管理的行政事业性收费、政府性基金以及国务院规定的其他不征税收入。本行通过附表一（3）《事业单位、社会团体、民办非企业单位收入明细表》计算填报。

17. 第17行“免税收入”：填报纳税人计入利润总额但属于税收规定免税的收入或收益，包括国债利息收入；符合条件的居民企业之间的股息、红利等权益性投资收益；从居民企业取得与该机构、场所有实际联系的股息、红利等权益性投资收益；符合条件的非营利组织的收入。本行通过附表五《税收优惠明细表》第1行计算填报。

18. 第18行“减计收入”：填报纳税人以《资源综合利用企业所得税优惠目录》规定的资源作为主要原材料，生产国家非限制和禁止并符合国家和行业相关标准的产品取得收入10%的数额。本行通过附表五《税收优惠明细表》第6行计算填报。

19. 第19行“减、免税项目所得”：填报纳税人按照税收规定减征、免征企业所得税的所得额。本行通过附表五《税收优惠明细表》第14行计算填报。

20. 第20行“加计扣除”：填报纳税人开发新技术、新产品、新工艺发生的研究开发费用，以及安置残疾人员及国家鼓励安置的其他就业人员所支付的工资，符合税收规定条件的准予按照支出额一定比例，在计算应纳税所得额时加计扣除的金额。本行通过附表五《税收优惠明细表》第9行计算填报。

21. 第21行“抵扣应纳税所得额”：填报创业投资企业采取股权投资方式投资于未上市的中小高新技术企业2年以上的，可以按照其投资额的70%在股权持有满2年的当年抵扣该创业投资企业的应纳税所得额。当年不足抵扣的，可以在以后纳税年度结转抵扣。本行通过附表五《税收优惠明细表》第39行计算填报。

22. 第22行“境外应税所得弥补境内亏损”：填报纳税人根据税收规定，境外所得可以弥补境内亏损的数额。

23. 第23行“纳税调整后所得”：填报纳税人经过纳税调整计算后的所得额。

当本表第23行<0时，即为可结转以后年度弥补的亏损额；如本表第23行>0时，继续计算应纳税所得额。

24. 第24行“弥补以前年度亏损”：填报纳税人按照税收规定可在税前弥补的以前年度亏损的数额。

本行通过附表四《企业所得税弥补亏损明细表》第6行第10列填报。但不得超过本表第23行“纳税调整后所得”。

25. 第25行“应纳税所得额”：金额等于本表第23行—第24行。

本行不得为负数。本表第23行或者按照上述行次顺序计算结果本行为负数，本行金额填零。

26. 第26行“税率”：填报税法规定的税率25%。

27. 第27行“应纳所得税额”：金额等于本表第25行×第26行。

28. 第28行“减免所得税额”：填报纳税人按税收规定实际减免的企业所得税额，包括小型微利企业、国家需要重点扶持的高新技术企业、享受减免税优惠过渡政策的企业，其法定税率与实际执行税率的差额，以及其他享受企业所得税减免税的数额。本行通过附表五《税收优惠明细表》第33行计算填报。

29. 第29行“抵免所得税额”：填报纳税人购置用于环境保护、节能节水、安全生产等专用设备的投资额，其设备投资额的10%可以从企业当年的应纳所得税额中抵免的金额；当年不足抵免的，可以在以后5个纳税年度结转抵免。本行通过附表五《税收优惠明细表》第40行计算填报。

30. 第30行“应纳税额”：金额等于本表第27行—第28行—第29行。

31. 第31行“境外所得应纳所得税额”：填报纳税人来源于中国境外的所得，按照企业所得税法及其实施条例以及相关税收规定计算的应纳所得税额。

32. 第32行“境外所得抵免所得税额”：填报纳税人来源于中国境外所得依照中国境外税收法律以及相关规定应缴纳并实际缴纳的企业所得税性质的税款，准予抵免的数额。

企业已在境外缴纳的所得税额，小于抵免限额的，“境外所得抵免所得税额”按其在境外实际缴纳的所得税额填报；大于抵免限额的，按抵免限额填报，超过抵免限额的部分，可以在以后五个年度内，用每年度抵免限额抵免当年应抵税额后的余额进行抵补。

33. 第33行“实际应纳所得税额”：填报纳税人当期的实际应纳所得税额。

34. 第34行“本年累计实际已预缴的所得税额”：填报纳税人按照税收规定本纳税年度已在月（季）度累计预缴的所得税款。

35. 第35行“汇总纳税的总机构分摊预缴的税额”：填报汇总纳税的总机构按照税收规定已在月（季）度在总机构所在地累计预缴的所得税款。

附报《中华人民共和国企业所得税汇总纳税分支机构企业所得税分配表》。

36. 第36行“汇总纳税的总机构财政调库预缴的税额”：填报汇总纳税的总机构按照税收规定已在月（季）度在总机构所在地累计预缴在财政调节专户的所得税款。

附报《中华人民共和国企业所得税汇总纳税分支机构企业所得税分配表》。

37. 第37行“汇总纳税的总机构所属分支机构分摊的预缴税额”：填报汇总纳税的分支机构已在月（季）度在分支机构所在地累计分摊预缴的所得税款。

附报《中华人民共和国企业所得税汇总纳税分支机构企业所得税分配表》。

38. 第 38 行“合并纳税（母子体制）成员企业就地预缴比例”：填报经国务院批准的实行合并纳税（母子体制）的成员企业按照税收规定就地预缴税款的比例。

39. 第 39 行“合并纳税企业就地预缴的所得税额”：填报合并纳税的成员企业已在月（季）度累计预缴的所得税款。

40. 第 40 行“本年应补（退）的所得税额”：填报纳税人当期应补（退）的所得税额。

41. 第 41 行“以前年度多缴的所得税在本年抵减额”：填报纳税人以前纳税年度汇算清缴多缴的税款尚未办理退税、并在本纳税年度抵缴的所得税额。

42. 第 42 行“以前年度应缴未缴在本年入库所得额”：填报纳税人以前纳税年度损益调整税款、上一纳税年度第四季度预缴税款和汇算清缴的税款，在本纳税年度入库所得税额。

四、表内及表间关系

1. 第 1 行＝附表一（1）第 2 行或附表一（2）第 1 行或附表一（3）第 2 行至 7 行合计。

2. 第 2 行＝附表二（1）第 2＋7 行或附表二（2）第 1 行或附表二（3）第 2 至 9 行合计。

3. 第 10 行＝本表第 1 行－第 2 行－第 3 行－第 4 行－第 5 行－第 6 行－第 7 行＋第 8 行＋第 9 行。

4. 第 11 行＝附表一（1）第 17 行或附表一（2）第 42 行或附表一（3）第 9 行。

5. 第 12 行＝附表二（1）第 16 行或附表二（2）第 45 行或附表二（3）第 10 行。

6. 第 13 行＝本表第 10 行＋第 11 行－第 12 行。

7. 第 14 行＝附表三第 55 行第 3 列合计。

8. 第 15 行＝附表三第 55 行第 4 列合计。

9. 第 16 行＝附表一（3）10 行或附表三第 14 行第 4 列。

10. 第 17 行＝附表五第 1 行。

11. 第 18 行＝附表五第 6 行。

12. 第 19 行＝附表五第 14 行。

13. 第 20 行＝附表五第 9 行。

14. 第 21 行＝附表五第 39 行。

15. 第 22 行＝附表六第 7 列合计。（当本表第 13 行＋第 14 行－第 15 行≥0 时，本行＝0）

16. 第 23 行＝本表第 13 行＋第 14 行－第 15 行＋第 22 行。

17. 第 24 行＝附表四第 6 行第 10 列。

18. 第 25 行＝本表第 23 行－第 24 行（当本行＜0 时，则先调整 21 行的数据，使其本行≥0；当第 21 行＝0 时，第 23 行－第 24 行≥0）。

19. 第 26 行填报 25％。

20. 第 27 行＝本表第 25 行×第 26 行。

21. 第 28 行＝附表五第 33 行。

22. 第 29 行＝附表五第 40 行。

23. 第 30 行=本表第 27 行-第 28 行-第 29 行。

24. 第 31 行=附表六第 10 列合计。

25. 第 32 行=附表六第 13 列合计+第 15 列合计或附表六第 17 列合计。

26. 第 33 行=本表第 30 行+第 31 行-第 32 行。

27. 第 40 行=本表第 33 行-第 34 行。

实行核定征收办法的纳税人年度申报表使用《中华人民共和国企业所得税月（季）度预缴纳税申报表（B类）》。

其中，“税款所属期间”：正常经营的纳税人，填报公历当年 1 月 1 日至 12 月 31 日；纳税人年度中间开业的，填报实际生产经营之日的当月 1 日至同年 12 月 31 日；纳税人年度中间发生合并、分立、破产、停业等情况的，填报公历当年 1 月 1 日至实际停业或法院裁定并宣告破产之日的当月月末；纳税人年度中间开业且年度中间又发生合并、分立、破产、停业等情况的，填报实际生产经营之日的当月 1 日至实际停业或法院裁定并宣告破产之日的当月月末。

（2）企业应当自月份或者季度终了之日起十五日内，向税务机关报送预缴企业所得税纳税申报表，预缴税款。企业应当自年度终了之日起五个月内，向税务机关报送年度企业所得税纳税申报表，并汇算清缴，结清应缴应退税款。企业在报送企业所得税纳税申报表时，应当按照规定附送财务会计报告和其他有关资料。

企业所得以人民币以外的货币计算的，预缴企业所得税时，应当按照月度或者季度最后一日的人民币汇率中间价，折合成人民币计算应纳税所得额。年度终了汇算清缴时，对已经按照月度或者季度预缴税款的，不再重新折合计算，只就该纳税年度内未缴纳企业所得税的部分，按照纳税年度最后一日的人民币汇率中间价，折合成人民币计算应纳税所得额。

（3）企业在年度中间终止经营活动的，应当自实际经营终止之日起六十日内，向税务机关办理当期企业所得税汇算清缴。企业应当在办理注销登记前，就其清算所得向税务机关申报并依法缴纳企业所得税。所谓的清算所得，是指企业的全部资产可变现价值或者交易价格减除资产净值、清算费用以及相关税费等后的余额。

（4）经税务机关检查确认，企业少计或者多计所得的，应当按照检查确认补税或者退税时的上一个月最后一日的人民币汇率中间价，将少计或者多计的所得折合成人民币计算应纳税所得额，再计算应补缴或者应退的税款。

（5）除国务院另有规定外，企业之间不得合并缴纳企业所得税。

复习思考题

1. 企业所得税有哪些特点？
2. 什么是居民企业和非居民企业？它们各自的纳税义务是什么？
3. 企业所得税的纳税人具体包括哪些？
4. 企业所得税实际执行的税率有哪些？
5. 企业所得税的应纳税所得额如何确定？

6. 企业所得税法规定的不征税收入和免税收入各自包括哪些项目？
7. 在计算应纳税所得额时，哪些项目不得从收入总额中扣除？
8. 企业所得税的优惠政策包括哪些内容？
9. 境外所得已纳税额如何抵免？
10. 企业发生的年度亏损如何弥补？

第七章　个人所得税

本章要点提示

- 个人所得税的概念
- 个人所得税的特点
- 个人所得税的作用
- 个人所得税的纳税义务人
- 个人所得税的应税所得项目
- 个人所得税的税率
- 应纳税所得额的确定
- 个人所得税的税收优惠
- 个人所得税的征收管理与申报缴纳

第一节　个人所得税概述

一、个人所得税的概念及沿革

个人所得税是对个人（自然人）取得的各项应税所得征收的一种税，它体现了国家与个人之间的分配关系。

新中国成立初期，政务院于 1950 年初颁布的《全国税政实施要则》明确规定了对个人所得征收两税，即薪给报酬所得税和存款利息所得税。由于我国当时实行的是低工资制度，居民工薪收入低，同时居民个人很少有存款，薪给报酬所得税始终未开征，存款利息所得税虽于 1950 年开征，但在 1959 年取消。

党的十一届三中全会以后，我国实行对外开放政策，来我国工作的外籍人员日益增多，根据国际惯例以及维护我国的税收权益，我国于1980年9月10日第五届全国人民代表大会第三次会议通过了《中华人民共和国个人所得税法》。为了更好地调节个体工商户的收入水平，保护其合法权益，国务院于1986年1月7日颁布并实施了《中华人民共和国城乡个体工商业户所得税暂行条例》，改变了新中国成立以后一直对个体工商业户的生产经营所得征收工商所得税的做法。1987年随着国内人民生活水平不断提高，考虑到1980年制定的个人所得税已基本上不适应我国公民的实际收入水平，为了使社会成员间的收入水平不至于过分悬殊，国务院于1986年9月25日颁布并于1987年1月1日实施了《中华人民共和国个人收入调节税暂行条例》。至此，我国对个人所得的征税制度就形成了"三税并存"的格局。随着经济形势的发展，对个人所得征税三税并存，逐渐暴露出税收征收制度的不规范和执行中体现的税负不公等问题，影响了税收职能作用的充分发挥。为此，国家共进行了五次修正：根据1993年10月31日第八届全国人民代表大会常务委员会第四次会议《关于修改〈中华人民共和国个人所得税法〉的决定》第一次修正；根据1999年8月30日第九届全国人民代表大会常务委员会第十一次会议《关于修改〈中华人民共和国个人所得税法〉的决定》第二次修正；根据2005年10月27日第十届全国人民代表大会常务委员会第十八次会议《关于修改〈中华人民共和国个人所得税法〉的决定》第三次修正；根据2007年6月29日第十届全国人民代表大会常务委员会第二十八次会议《关于修改〈中华人民共和国个人所得税法〉的决定》第四次修正；根据2007年12月29日第十届全国人民代表大会常务委员会第三十一次会议《关于修改〈中华人民共和国个人所得税法〉的决定》第五次修正。

二、个人所得税的特点

（一）实行分类课征制

世界各国的个人所得税的课征制度主要分为分类所得税制、综合所得税制和分类综合所得税制（混合所得税制）三种类型。我国目前实行的是分类所得税制，即把个人应税所得划分成11类，分别扣除不同的费用和适用不同的税率。这样做可以简化纳税手续，加强税收征管，从源泉上控制税款。

（二）多种税率形式并用

现行个人所得税在税率上实行多种税率形式并用，即根据不同的应税所得分别实行累进税率和比例税率。对工资薪金所得、个体工商户生产经营所得以及对企事业单位的承包、承租经营所得实行超额累进税率，对其他应税所得实行比例税率，通过多种税率形式实现对个人收入差距的合理调节。

（三）多种费用扣除方式并用

现行个人所得税在征收时按分类所得税制的要求，就不同应税所得采用不同的费用扣除方式。目前，我国个人所得税的费用扣除方式有定额扣除、定率扣除、限定据实扣除和据实扣除等多种方式，另外对消极所得采取不扣除费用的方式。

（四）自行申报和代扣代缴申报方式并用

现行的个人所得税在申报方式上分别实行由纳税人自行申报和由支付单位代扣代缴。

对可以在应税所得的支付环节扣缴的，由扣缴义务人代扣代缴税款。从中国境内两处或者两处以上取得工资、薪金所得的，从中国境外取得所得的，取得应税所得、没有扣缴义务人的，对自 2006 年 1 月 1 日起年所得 12 万元以上的，实行由纳税人自行申报纳税的方法。这样的规定既便于税收征管，又有利于控制税款的流失。

三、个人所得税的作用

（一）调节个人收入分配差距，促进社会分配公平

改革开放以来，特别是社会主义市场经济体制确立后，我国个人之间收入差距正在不断扩大，地区之间、行业之间、城乡之间以及居民之间的收入分配差距越来越悬殊，而这种差距其中很大一部分是由于经济转轨时期体制不完善造成的。征收个人所得税，本着公平税负的原则，能够把高收入者的一部分收入转化为国家所有，这在客观上有利于缓和社会分配不公的矛盾。同时，个人所得税在费用扣除标准及税率等方面作出的相关规定，既不会挫伤高收入者生产经营和工作的积极性，又可以维持低收入者的基本生活需要。

（二）为国家建设筹集建设资金

目前，一些发达国家实行以所得税为主体的税制结构，个人所得税的规模和比重都比较大，个人所得税的调节作用也比较强。我国个人所得税收入占财政收入的比重还比较小，远远达不到发达国家的水平，但随着我国社会主义经济体制不断完善，经济不断发展，我国居民收入水平也将进一步提高，加上个人所得税制不断完善，个人所得税收入将会逐步增长，个人所得税收入的聚财功能和调节功能也必将上升到重要地位。

（三）维护国家权益，促进对外经济交往的发展

税收是维护国家权益的重要工具。征税权是国家主权的重要组成部分，任何一个主权国家都应该行使这个权力。开征个人所得税，对在我国取得收入的外籍人员及我国在外工作人员征税，是我国根据对等原则行使税收管辖权的表现，这不仅起到维护国家主权、推动对外经济技术合作与交流的作用，还可以防止我国经济利益外溢。

第二节　纳税义务人

个人所得税的纳税义务人是指在中国境内有住所，或者虽无住所但在境内居住满一年，以及无住所又不居住或居住不满一年但有从中国境内取得所得的个人，包括中国大陆公民、个体工商户、外籍个人以及香港、澳门、台湾同胞等。

由于个人所得税的纳税义务人是自然人，而在实际生活中，自然人的情况通常较为复杂，用什么样的标准来确定他们的纳税人身份以及应当承担的纳税义务，这是各国个人所得税法不能回避的问题。

一、居民纳税义务人和非居民纳税义务人的判定

（一）居民纳税人和非居民纳税人的判定标准

为了有效地行使税收管辖权，我国对居民纳税义务人和非居民纳税义务人的划分采用了国际上通常用的住所和居住时间两个标准。

税法规定的住所标准和居住时间标准，是判定居民身份的两个并列标准，个人只要符合或达到其中任何一个标准，就可以被认定为居民纳税义务人。

（1）住所标准。所谓在中国境内有住所的个人，是指因户籍、家庭、经济利益关系而在中国境内习惯性居住的个人。我国目前采取的住所标准实际上是习惯性住所标准。所谓“习惯性居住”，是指个人因学习、工作、探亲等原因消除之后，没有理由在其他地方继续居留时所要回到的地方，而不是指实际居住或在某一个特定时期内的居住地。它是判定纳税义务人属于居民还是非居民的一个重要依据。税法所说的“住所”的概念与我们通常所说的住所是有区别的。

（2）时间标准。居住时间是指个人在一国境内实际居住的日数。在现实生活中，有相当多的个人在一国并无住所或经常性居住地，但却在该国停留较长的时间，并还取得了收入，该国应视其为居民，对其行使税收管辖权。在各国的个人所得税的税收实践中，就形成了以个人的居住时间的长短作为衡量居民与非居民的居住时间标准，我国个人所得税法也采用了这一标准。

所谓在境内居住满一年，是指在一个纳税年度（即公历 1 月 1 日起至 12 月 31 日止，下同）内，在中国境内居住满 365 日。达到这一标准的即为居民纳税义务人。在计算居住天数时，对临时离境应视同在华居住，不扣减其在华居住的天数。这里所说的临时离境，是指在一个纳税年度内，一次不超过 30 日或者多次累计不超过 90 日的离境。

（二）居民纳税义务人

居民纳税义务人是指在中国境内有住所，或者无住所而在中国境内居住满一年的个人。具体包括以下两类：

（1）在中国境内定居的中国公民和外国侨民。但不包括虽具有中国国籍，却并没有在中国大陆定居，而是侨居海外的华侨和居住在香港、澳门、台湾的同胞。

（2）从公历 1 月 1 日起至 12 月 31 日止，居住在中国境内的外国人、海外侨胞和香港、澳门、台湾同胞。

自 2000 年 1 月 1 日起，个人独资企业和合伙企业投资者也为个人所得税的纳税义务人。

（三）非居民纳税义务人

非居民纳税义务人是指在中国境内无住所又不居住或者无住所而在境内居住不满一年的个人，即习惯性居住地不在中国境内，而且不在中国居住，或者在一个纳税年度内在中国境内居住不满一年的个人。

二、居民纳税义务人、非居民纳税义务人应履行的纳税义务

居民纳税义务人负无限纳税义务，其所取得的应纳税所得，无论是来源于中国境内还

是来源于中国境外，都要在中国缴纳个人所得税。

非居民纳税义务人负有限纳税义务，其所取得的应纳税所得，仅就来源于中国境内的所得向中国缴纳个人所得税。

现行税法中关于“中国境内”的概念，是指中国大陆地区，目前还不包括香港、澳门和台湾地区。

三、所得来源地的确定

（一）所得来源地的判定

判断所得来源地，是确定该项所得是否应该征收个人所得税的重要依据。对于居民纳税义务人，因为要承担无限纳税义务，其所得来源地的判断问题，相对来说不那么重要。但对于非居民纳税义务人而言，由于只就其来源于中国境内的所得征税，因此判断其所得来源地就显得十分重要。中国的个人所得税关于所得来源地的判断，以是否反映经济活动的实质为依据，同时要遵循税务机关征管便利的原则。具体规定如下：

（1）工资、薪金所得，以纳税人任职、受雇的公司、企业、事业单位、机关、团体、部队、学校等单位的所在地为所得来源地。

（2）生产、经营所得，以生产、经营活动实现地为所得来源地。

（3）劳务报酬所得，以纳税人实际提供劳务的地点为所得来源地。

（4）不动产转让所得，以不动产坐落地为所得来源地；动产转让所得，以实现转让的地点为所得来源地。

（5）财产租赁所得，以被租赁财产的使用地为所得来源地。

（6）利息、股息、红利所得，以支付利息、股息、红利的企业、机构、组织的所在地为所得来源地。

（7）特许权使用费所得，以特许权的使用地为所得来源地。

（二）来源于中国境内的所得

（1）在中国境内的公司、企业、事业单位、机关、社会团体、部队、学校等单位或经济组织中任职、受雇而取得的工资、薪金所得。

（2）在中国境内提供各种劳务而取得的劳务报酬所得。

（3）在中国境内从事生产、经营活动而取得的所得。

（4）个人出租的财产，被承租人在中国境内使用而取得的财产租赁所得。

（5）转让中国境内的房屋、建筑物、土地使用权，以及在中国境内转让其他财产而取得的财产转让所得。

（6）提供在中国境内使用的专利权、专有技术、商标权、著作权，以及其他各种特许权利而取得的特许权使用费所得。

（7）因持有中国的各种债券、股票、股权而从中国境内的公司、企业或其他经济组织以及个人取得的利息、股息、红利所得。

需要注意的是：所得的来源地与所得支付地不是同一个概念，有时两者一致，有时不一致。

四、居民、非居民纳税义务的宽免规定

税法的这一规定，主要是针对在中国境内无住所，但在一个纳税年度中在中国境内连续或者累计居住的个人，其纳税义务的宽免规定。

（一）连续或者累计居住不超过 90 天或 183 天（对与我国签有国际税收协定的国家，下同）的纳税义务

对在中国境内无住所，但在一个纳税年度中在中国境内连续或者累计居住不超过 90 天或 183 天的个人，其来源于中国境内的所得，由中国境外雇主支付并且不是由该雇主设在中国境内机构负担的工资、薪金所得，免于缴纳个人所得税。仅就其实际在中国境内工作期间由中国境内企业或个人雇主支付或者由中国境内机构负担的工资、薪金所得纳税。

（二）连续或者累计居住超过 90 天或 183 天但不满一年的纳税义务

对在中国境内无住所，但在一个纳税年度中在中国境内连续或者累计居住超过 90 天或 183 天但不满一年的个人，其来源于中国境内的所得，无论是由中国境内企业或个人雇主支付还是由境外企业或个人雇主支付，均应缴纳个人所得税。至于个人在中国境外取得的工资、薪金所得，除担任中国境内企业董事或高层管理人员，并在境外履行职务由境内企业支付董事费或工资、薪金所得之外，不缴纳个人所得税。担任中国境内企业董事或高层管理人员取得的由中国境内企业支付的董事费或工资、薪金所得，不论个人是否在中国境外履行职务，均应申报缴纳个人所得税。

对于上述涉及的境外雇主支付并且不是由中国境内机构负担工资、薪金所得的个人，如事先可预定在一个纳税年度中连续或者累计居住超过 90 天或 183 天的，其每月应纳税额按期申报缴纳。事先不能预定的，可以待达到 90 天或 183 天后的次月 7 日内，就以前月份应纳的税款一并申报缴纳。

（三）连续或累计居住超过 1 年但不满 5 年的纳税义务

对在中国境内无住所，但在中国境内居住超过 1 年但不满 5 年的个人，其来源于中国境内的所得应全部缴纳个人所得税。对其来源于中国境外的各种所得，经主管税务机关批准，可以只就由中国境内公司、企业及其他经济组织或个人支付的部分缴纳个人所得税。如果上述个人在居住期间临时离境，在临时离境工作期间的工资、薪金所得，仅就由中国境内企业或个人雇主支付的部分纳税。

（四）连续或累计居住超过 5 年的纳税义务

对在中国境内无住所，但在中国境内居住超过 5 年的个人，从第 6 年起就其来源于中国境内、外的全部所得缴纳个人所得税。

第三节　应税所得项目

我国个人所得税实行分类课征制，纳税人的全部所得根据所得来源渠道的不同，在税

法上分为 11 项所得，每项所得计征个人所得税有不同规定。

一、工资、薪金所得

工资、薪金所得是指个人因任职或者受雇而取得的工资、薪金、奖金、年终加薪、劳动分红、津贴、补贴以及与任职或者受雇有关的其他所得。

一般来说，工资、薪金所得属于非独立个人劳动所得。所谓非独立个人劳动，是指个人所从事的是由他人指定、安排并接受管理的劳动。工作或服务于公司、工厂、行政事业单位的人员（私营企业主除外）均为非独立劳动者。他们从上述单位取得的劳动报酬，是以工资、薪金的形式体现的。在这类报酬中，工资和薪金的收入主体略有差异。通常情况下，把直接从事生产、经营或服务的劳动者（工人）的收入称为工资，即所谓"蓝领阶层"所得；而将从事社会公职或管理活动的劳动者（公职人员）的收入称为薪金，即所谓"白领阶层"所得。但实际立法过程中，各国都从简便易行的角度考虑，将工资、薪金合并为一个项目计征个人所得税。

除工资、薪金以外，奖金、年终加薪、劳动分红、津贴、补贴也被确定为工资、薪金范畴。其中，年终加薪、劳动分红不分种类和取得情况，一律按工资、薪金所得课税。津贴、补贴等则有例外。

我国税法对于一些不属于工资、薪金性质的补贴、津贴或者不属于纳税人本人工资、薪金所得项目的收入，不予征税。这些项目包括：独生子女补贴；执行公务员工资制度未纳入基本工资总额的补贴、津贴差额和家属成员的副食品补贴；托儿补助费；差旅费津贴、误餐补助。其中，误餐补助是指按照财政部规定，个人因公在城区、郊区工作，不能在工作单位或返回就餐的，根据实际误餐顿数，按规定的标准领取的误餐费。单位以误餐补助名义发给职工的补助、津贴不能包括在内。

奖金是指所有具有工资性质的奖金，免税奖金的范围在税法中另有规定。

关于企业减员增效和行政、事业单位、社会团体在机构改革过程中实行内部退养办法人员取得收入如何征税问题，现行规定如下：实行内部退养的个人在其办理内部退养手续后至法定离退休年龄之间从原任职单位取得的工资、薪金，不属于离退休工资，应按"工资、薪金所得"项目计征个人所得税。个人在办理内部退养手续后从原任职单位取得的一次性收入，应按办理内部退养手续后至法定离退休年龄之间的所属月份进行平均，并与领取当月的工资、薪金所得合并后减除当月费用扣除标准，以余额为基数确定适用税率，再将当月工资、薪金加上取得的一次性收入，减去费用扣除标准，按适用税率计征个人所得税。个人在办理内部退养手续后至法定离退休年龄之间重新就业取得的工资、薪金所得，应与其从原任职单位取得的同一月份的工资、薪金所得合并，并依法自行向主管税务机关申报缴纳个人所得税。

二、个体工商户的生产、经营所得

个体工商户的生产、经营所得包括：

（1）个体工商户从事工业、手工业、建筑业、交通运输业、商业、饮食业、服务业、修理业及其他行业取得的所得。

（2）个人经政府有关部门批准，取得执照，从事办学、医疗、咨询以及其他有偿服务活动取得的所得。

（3）上述个体工商户和个人取得的与生产、经营有关的各项应税所得。

（4）个人因从事彩票代销业务而取得的所得。

（5）其他个人从事个体工商业生产、经营取得的所得。

从事个体出租车运营的出租车驾驶员取得的收入，按“个体工商户的生产、经营所得”项目缴纳个人所得税。出租车属个人所有，但挂靠出租汽车经营单位，或企事业单位驾驶员向挂靠单位缴纳管理费的，或出租汽车经营单位将出租车所有权转移给驾驶员的，出租车驾驶员从事客货运营取得的收入，比照“个体工商户的生产、经营所得”项目征税。

个体工商户和从事生产、经营的个人，取得与生产、经营活动无关的其他各项应税所得，应分别按照其他应税项目的有关规定，计算征收个人所得税。如取得银行存款的利息所得、对外投资取得的股息所得，应按“股息、利息、红利”税目的规定单独计征个人所得税。

个人独资企业、合伙企业的个人投资者以企业资金为本人、家庭成员及其相关人员支付与企业生产经营无关的消费性支出及购买汽车、住房等财产性支出，视为企业对个人投资者利润分配，并入投资者个人的生产经营所得，依照“个体工商户的生产、经营所得”项目计征个人所得税。

三、对企事业单位的承包经营、承租经营所得

对企事业单位的承包经营、承租经营所得，是指个人承包经营或承租经营以及转包、转租取得的所得。承包项目可分多种，如生产经营、采购、销售、建筑安装等各种承包。转包包括全部转包或部分转包。

四、劳务报酬所得

劳务报酬所得，是指个人独立从事各种非雇佣的劳务所取得的所得。具体包括：

（1）设计。指按照客户的要求，代为制定工程、工艺等各类设计业务。

（2）装潢。指接受委托，对物体进行装饰、修饰，使之美观或具有特定用途的作业。

（3）安装。指按照客户要求，对各种机器、设备的装配、安置，以及与机器、设备相连的附属设施的装设和被安装机器设备的绝缘、防腐、保温、油漆等工程作业。

（4）制图。指受托按实物或设想物体的形象，依体积、面积、距离等，用一定比例绘制成平面图、立体图、透视图等的业务。

（5）化验。指受托用物理或化学的方法，检验物质的成分和性质等业务。

（6）测试。指利用仪器仪表或其他手段代客对物品的性能和质量进行检测试验的业务。

（7）医疗。指从事各种病情诊断、治疗等医护业务。

(8) 法律。指受托担任辩护律师、法律顾问，撰写辩护词、起诉书等法律文书的业务。

(9) 会计。指受托从事会计核算的业务。

(10) 咨询。指对客户提出的政治、经济、科技、法律、会计、文化等方面的问题进行解答、说明的业务。

(11) 讲学。指应邀（聘）进行讲课、作报告、介绍情况等业务。

(12) 新闻。指提供新闻信息、编写新闻消息的业务。

(13) 广播。指从事播音等劳务。

(14) 翻译。指受托从事中、外语言或文字的翻译（包括笔译和口译）的业务。

(15) 审稿。指对文字作品或图形作品进行审查、核对的业务。

(16) 书画。指按客户要求，或自行从事书法、绘画、题词等业务。

(17) 雕刻。指代客镌刻图章、牌匾、碑、玉器、雕塑等业务。

(18) 影视。指应邀或应聘在电影、电视节目中出任演员，或担任导演、音响、化妆、道具、制作、摄影等与拍摄影视节目有关的业务。

(19) 录音。指用录音器械代客录制各种音响带的业务，或者应邀演讲、演唱、采访而被录音的服务。

(20) 录像。指用录像器械代客录制各种图像、节目的业务，或者应邀表演、采访被录像的业务。

(21) 演出。指参加戏剧、音乐、舞蹈、曲艺等文艺演出活动的业务。

(22) 表演。指从事杂技、体育、武术、健美、时装、气功以及其他技巧性表演活动的业务。

(23) 广告。指利用图书、报纸、杂志、广播、电视、电影、招贴、路牌、橱窗、霓虹灯、灯箱、墙面及其他载体，为介绍商品、经营服务项目、文体节目或通告、声明等事项所做的宣传和提供相关服务的业务。

(24) 展览。指举办或参加书画展、影展、盆景展、邮展、个人收藏品展、花鸟虫鱼展等各种展示活动的业务。

(25) 技术服务。指利用一技之长进行技术指导、提供技术帮助的业务。

(26) 介绍服务。指介绍供求双方商谈，或者介绍产品、经营服务项目等的业务。

(27) 经纪服务。指经纪人通过居间介绍，促成各种交易和提供劳务等的业务。

(28) 代办服务。

(29) 其他劳务。指上述列举 28 项劳务项目之外的各种劳务。

五、稿酬所得

稿酬所得是指个人因其作品以图书、报刊形式出版、发表而取得的所得。

将稿酬所得与作为劳务报酬所得项目的翻译、审稿、书画所得区分开，单独作为一个应税所得项目，给予较轻的税负，主要是基于以下考虑：稿酬所得是一种依靠较高智力创作的精神产品；稿酬所得的报酬相对于劳务报酬来说应该偏低。

六、特许权使用费所得

特许权使用费所得是指个人提供专利权、商标权、著作权、非专利技术以及其他特许权的使用权取得的所得。提供著作权的使用权取得的所得，不包括稿酬所得。

专利权是指由国家专利主管机关依法授予专利申请人或其权利继承人在一定期间内实施其发明创造的专有权。对于专利权，许多国家只将提供他人使用取得的所得列入特许权使用费，而将转让专利权所得列为资本利得税的征税对象。我国由于没有开征资本利得税，因而将个人提供和转让专利权取得的所得都列入特许权使用费所得征收个人所得税。

商标权是指商标注册人享有的商标专用权。著作权，即版权，是作者依法对文学、艺术和科学作品享有的专有权。个人提供或转让商标权、著作权、专有技术或技术秘密、技术诀窍取得的所得，应当依法缴纳个人所得税。

七、利息、股息、红利所得

利息、股息、红利所得，是指个人拥有债权、股权而取得的利息、股息、红利所得。利息，是指个人拥有债权而取得的利息，包括存款利息、贷款利息和各种债券的利息。个人取得的利息所得，除国债和国家发行的金融债券利息外，应当缴纳个人所得税。股息、红利，是指个人拥有股权取得的股息、红利。股息、红利所得，除另有规定外，都应当缴纳个人所得税。

除个人独资企业、合伙企业以外的其他企业的个人投资者，以企业资金为本人、家庭成员及其相关人员支付与企业生产经营无关的消费性支出以及购买汽车、住房等财产性支出，视为企业对个人投资者的红利分配，依照“利息、股息、红利所得”项目计征个人所得税。企业的上述支出不允许在所得税前扣除。

八、财产租赁所得

财产租赁所得，是指个人出租建筑物、土地使用权、机器设备、车船以及其他财产取得的所得。

个人取得的财产转租收入属于“财产租赁所得”的征税范围，由财产转租人缴纳个人所得税。在确认纳税义务人时，应以产权凭证为依据；对无产权凭证的，由主管税务机关根据实际情况确定。产权所有人死亡，在未办理产权继承手续期间，该财产出租而有租金收入的，以领取租金的个人为纳税义务人。

九、财产转让所得

财产转让所得是指个人转让有价证券、股权、建筑物、土地使用权、机器设备、车船以及其他财产取得的所得。

(一) 个人出售自有住房

(1) 根据《个人所得税法》的规定，个人出售自有住房取得的所得应按照“财产转让所得”项目征收个人所得税。

(2) 个人出售自有住房的应纳税所得税额，按下列原则确定：

1) 个人出售除已购公有住房以外的其他自有住房，其应纳税所得额按照《个人所得税法》的有关规定确定。

2) 个人出售已购公有住房，其应纳税所得额为个人出售已购公有住房的销售价，减除住房面积标准的经济适用房价款、原支付超过住房面积标准的房价款、向财政或原产权单位缴纳的所得收益以及税法规定的合理费用后的余额。

已购公有住房是指城镇职工根据国家和县级（含县级）以上人民政府有关城镇住房制度改革政策规定，按照成本价（或标准价）购买的公有住房。

经济适用住房价格按县级（含县级）以上地方人民政府规定的标准确定。

3) 职工以成本价（或标准价）出资的集资合作建房、安居工程住房、经济适用住房以及拆迁安置住房，比照已购公有住房确定应纳税所得额。

(二) 股票转让所得

根据《个人所得税法实施条例》的规定，对股票所得征收个人所得税的办法，由财政部另行制定，报国务院批准施行。国务院决定，对股票转让所得暂不征收个人所得税。

十、偶然所得

偶然所得，是指个人得奖、中奖、中彩以及其他偶然性质的所得。得奖是指参加各种有奖竞赛活动，取得名次而得到的奖金。中奖、中彩是指参加各种有奖活动，如有奖销售、有奖储蓄，或者购买彩票，经过规定程序，抽中、摇中号码而取得的奖金。偶然所得应缴纳的个人所得税税款，一律由发奖单位或机构代扣代缴。

十一、其他所得

除上述列举的各项个人应税所得外，其他确有必要征税的个人所得，由国务院财政部门确定。

个人取得的所得，难以界定应纳税所得项目的，由主管税务机关确定。

第四节　税率

个人所得税税率按应税所得项目的不同分别加以规定，即不同应税所得项目适用不同税率。

一、工资、薪金所得

工资、薪金所得，适用九级超额累进税率，税率为5%～45%（见表7—1）。

表7—1　　　　工资、薪金所得个人所得税税率表　　　　单位：元

级数	全月应纳税所得额	税率（%）	速算扣除数
1	不超过500元（含）的	5	0
2	超过500～2 000元的部分	10	25
3	超过2 000～5 000元的部分	15	125
4	超过5 000～20 000元的部分	20	375
5	超过20 000～40 000元的部分	25	1 375
6	超过40 000～60 000元的部分	30	3 375
7	超过60 000～80 000元的部分	35	6 375
8	超过80 000～100 000元的部分	40	10 375
9	超过100 000元的部分	45	15 375

二、个体工商户的生产、经营所得和对企事业单位的承包经营、承租经营所得

个体工商户的生产、经营所得和对企事业单位的承包经营、承租经营所得，适用5%～35%的五级超额累进税率（见表7—2）。

表7—2　　　个体工商户的生产、经营所得和对企事业单位的承包经营、承租经营所得个人所得税税率表　　　单位：元

级数	全年应纳税所得额	税率（%）	速算扣除数
1	不超过5 000元的	5	0
2	超过5 000～10 000元的部分	10	250
3	超过10 000～30 000元的部分	20	1 250
4	超过30 000～50 000元的部分	30	4 250
5	超过50 000元的部分	35	6 750

三、劳务报酬所得

劳务报酬所得，适用比例税率，税率为20%。对劳务报酬所得一次收入畸高的，实行加成征收，具体办法由国务院规定。

根据《个人所得税法实施条例》规定，“劳务报酬所得一次收入畸高”，是指个人一次取得劳务报酬，其应纳税所得额超过20 000元。对应纳税所得额超过20 000～50 000元的部分，依照税法规定计算应纳税额后再按照应纳税额加征五成；超过50 000元的部分，加征十成。因此，劳务报酬所得实际上适用20%、30%、40%的三级超额累进税率（见表7—3）。

表 7—3　　劳务报酬所得个人所得税税率表　　单位：元

级数	每次应纳税所得额	税率（%）	速算扣除数
1	超过 20 000 元的部分	20	0
2	超过 20 000～50 000 元的部分	30	2 000
3	超过 50 000 元的部分	40	7 000

四、稿酬所得

稿酬所得，适用比例税率，税率为 20%，并按应纳税额减征 30%。故其实际税率为 14%。

五、特许权使用费所得、利息、股息、红利所得、财产租赁所得、偶然所得和其他所得

特许权使用费所得、利息、股息、红利所得、财产租赁所得、偶然所得和其他所得，适用比例税率，税率为 20%。

经国务院批准，财政部、国家税务总局决定，自 2008 年 10 月 9 日起暂免征收储蓄存款利息所得个人所得税。但应注意，不是从 10 月 9 日后取得的利息都免税，而是根据储蓄存款孳生利息的时间不同，分段计税，2008 年 10 月 9 日之前孳生的利息所得仍须按照有关规定纳税。

即指，利息税自 2008 年 10 月 9 日起暂免征收，利息税实行分段计算征免，居民储蓄存款在 1999 年 10 月 31 日前孳生的利息，不征收个人所得税；1999 年 11 月 1 日至 2007 年 8 月 14 日孳生的利息，按照 20%的税率征税；2007 年 8 月 15 日至 2008 年 10 月 8 日孳生的利息，按照 5%的税率征税；2008 年 10 月 9 日起孳生的利息，实行暂免征收个人所得税的规定。

经国务院批准，自 2008 年 10 月 9 日起，对证券市场个人投资者取得的证券交易结算资金利息所得，暂免征收个人所得税，即证券市场个人投资者的证券交易结算资金在 2008 年 10 月 9 日后（含 10 月 9 日）孳生的利息所得，暂免征收个人所得税。

第五节　应纳税所得额的确定

一、每次收入的确定

税法对纳税义务人取得的劳务报酬所得，稿酬所得，特许权使用费所得，利息、股息、红利所得，财产租赁所得，偶然所得和其他所得等七项所得，明确规定按次计算征税。准确划分“次”，对于准确计算个人所得税款、保证国家税收收入有着重要的意义。

具体规定为：

（1）劳务报酬所得，根据不同劳务项目的特点，分别规定为：

1）只有一次性收入的，以取得该项收入为一次。

2）属于同一事项连续取得收入的，以一个月内取得的收入为一次。

（2）稿酬所得，以每次出版、发表取得的收入为一次。具体又可细分为：

1）同一作品再版取得的所得，应视作另一次稿酬所得计征个人所得税。

2）同一作品先在报刊上连载，然后再出版，或先出版，再在报刊上连载的，应视为两次稿酬所得征税。即连载作为一次，出版作为另一次。

3）同一作品在报刊上连载取得收入的，以连载完成后取得的所有收入合并为一次，计征个人所得税。

4）同一作品在出版和发表时，以预付稿酬或分次支付稿酬等形式取得的稿酬收入，应合并计算为一次。

5）同一作品出版、发表后，因添加印数而追加稿酬的，应与以前出版、发表时取得的稿酬合并计算为一次，计征个人所得税。

（3）特许权使用费所得，以某项使用权的一次转让所取得的收入为一次。一个纳税义务人，可能不仅拥有一项特许权利，每项特许权的使用权也可能不止一次地向他人提供。因此，对特许权使用费所得的“次”的界定，明确为每一项使用权的每次转让所取得的收入为一次。如果该次转让取得的收入是分笔支付的，则应将各笔收入相加为一次的收入，计征个人所得税。

（4）财产租赁所得，以一个月内取得的收入为一次。

（5）利息、股息、红利所得，以支付利息、股息、红利时取得的收入为一次。

（6）偶然所得，以每次收入为一次。

（7）其他所得，以每次收入为一次。

二、费用减除标准

由于个人所得税实行分类课征，故其费用减除标准也分类规定，根据所得的不同情况，分别实行定额、定率和会计核算三种扣除方法。具体规定如下：

（1）工资、薪金所得，以每月收入额减除费用2 000元后的余额，为应纳税所得额。

《个人所得税法实施条例》中规定，附加减除费用适用的范围包括：1）在中国境内的外商投资企业和外国企业中工作取得工资、薪金所得的外籍人员。2）应聘在中国境内的企业、事业单位、社会团体、国家机关中工作取得工资、薪金所得的外籍专家。3）在中国境内有住所而在中国境外任职或者受雇取得工资、薪金所得的个人。4）财政部确定的取得工资、薪金所得的其他人员。上述适用范围内的人员每月工资、薪金所得在减除2 000元费用的基础上，再减除2 800元。

华侨和香港、澳门、台湾同胞参照上述附加减除费用标准执行。

（2）个体工商户的生产、经营所得，以每一纳税年度的收入总额，减除成本、费用以及损失后的余额，为应纳税所得额。成本、费用，是指纳税义务人从事生产、经营所发生的各项直接支出和分配计入成本的间接费用以及销售费用、管理费用、财务费用；损失，是指纳税义务人在生产、经营过程中发生的各项营业外支出。

从事生产、经营的纳税义务人未提供完整、准确的纳税资料，不能正确计算应纳税所得额的，由主管税务机关核定其应纳税所得额。

个人独资企业的投资者以全部生产经营所得为应纳税所得额。合伙企业的投资者按照合伙企业的全部生产经营所得和合伙协议约定的分配比例，确定应纳税所得额；合伙协议没有约定分配比例的，以全部生产经营所得和合伙人数量平均计算每个投资者的应纳税所得额。上述所称生产经营所得，包括企业分配给投资者个人的所得和企业当年留存的所得（利润）。

（3）对企事业单位的承包经营、承租经营所得，以每一纳税年度的收入总额，减除必要费用后的余额，为应纳税所得额。每一纳税年度的收入总额，是指纳税义务人按照承包经营、承租经营合同规定分得的经营利润和工资、薪金性质的所得；减除必要费用是指按月减除 2 000 元。

（4）劳务报酬所得、稿酬所得、特许权使用费所得、财产租赁所得，每次收入不超过 4 000 元的，减除费用 800 元；4 000 元以上的，减除 20％的费用，其余额为应纳税所得额。

（5）财产转让所得，以转让财产的收入额减除财产原值和合理费用后的余额，为应纳税所得额。合理费用，是指卖出财产时按照规定支付的有关费用。

财产原值的确定分以下情况：1）有价证券，为买入价以及买入时按照规定交纳的有关费用。2）建筑物，为建造费或者购进价格以及其他有关费用。3）土地使用权，为取得土地使用权所支付的金额、开发土地的费用以及其他有关费用。4）机器设备、车船，为购进价格、运输费、安装费以及其他有关费用。5）其他财产，参照以上方法确定。

纳税义务人未提供完整、准确的财产原值凭证，不能正确计算财产原值的，由主管税务机关核定其财产原值。

（6）利息、股息、红利所得，偶然所得和其他所得，以每次收入额为应纳税所得额。

三、计税依据的特殊规定

（1）个人将其所得通过中国境内的社会团体、国家机关向教育和其他社会公益事业以及遭受严重自然灾害地区、贫困地区捐赠，捐赠额未超过纳税义务人申报的应纳税所得额 30％的部分，可以从其应纳税所得额中扣除。

（2）纳税人通过中国人口福利基金会、光华科技基金会的公益、救济性捐赠，可在应纳税所得额的 30％内扣除。

（3）个人通过非营利的社会团体和国家机关向农村义务教育的捐赠，准予在缴纳个人所得税前的所得额中全额扣除。农村义务教育的范围，是政府和社会力量举办的农村乡镇（不含县和县级市政府所在地的镇）、村的小学和初中以及属于这一阶段的特殊教育学校。纳税人对农村义务教育与高中在一起的学校的捐赠，也享受此项所得税前扣除。

（4）个人通过非营利的社会团体和国家机关向红十字的捐赠，在计算缴纳个人所得税时，准予在税前的所得额中全额扣除。

第六节　境外所得税额的扣除

对于居民纳税人而言，中国政府根据属人主义税收管辖权，对其来源于中国境内外的所得都要征税。但居民来源于中国境外某一国家的所得，一般均已缴纳或负担了相关国家的所得税。为了避免发生对同一笔跨国所得在两个国家同时征税给纳税人带来重复征税的问题，同时为了维护我国的国家权益，税法作出了对境外所得已纳税额扣除的规定。

税法规定，纳税义务人从中国境外取得的所得，准予其在应纳税额中扣除已在境外缴纳的个人所得税税额。但扣除额不得超过该纳税义务人境外所得依照我国税法规定计算的应纳税额。

（1）税法所说的已在境外缴纳的个人所得税税额，是指纳税义务人从中国境外取得的所得，依照该所得来源国家或者地区的法律应当缴纳并且实际已经缴纳的税额。

（2）税法所说的依照规定计算的应纳税额，是指纳税义务人从中国境外取得的所得，区别不同国家或者地区和不同应税项目，依照我国税法规定的费用减除标准和适用税率计算的应纳税额；同一国家或者地区内不同应税项目，依照我国税法计算的应纳税额之和，为该国家或者地区的扣除限额，即扣除限额的计算分国别且分项目。

（3）纳税义务人在中国境外一个国家或者地区实际已经缴纳的个人所得税税额，低于依照上述规定计算出的该国家或者地区扣除限额的，应当在中国缴纳差额部分的税款；超过该国家或者地区扣除限额的，其超过部分不得在本纳税年度的应纳税额中扣除，但是可以在以后纳税年度的该国家或者地区扣除限额的余额中补扣，补扣期限最长不得超过5年。

（4）纳税义务人依照税法的规定申请扣除已在境外缴纳的个人所得税税额时，应当提供境外税务机关填发的完税凭证原件。

（5）为了保证正确计算扣除限额及合理扣除境外已纳税额，税法规定，在中国境内有住所，或者无住所而在境内居住满1年的个人，从中国境内和境外取得的所得，应当分别计算应纳税额。

【例7—1】 某纳税人在同一纳税年度从A、B两国取得应税收入。其中，在A国因提供一项专利技术使用权，一次取得特许权使用费收入42 000元（人民币，下同），取得偶然收入14 000元，该两项收入在A国缴纳个人所得税5 200元；因在B国出版著作，获得稿酬收入29 000元，并在B国缴纳该项收入的个人所得税4 120元。其抵扣如何计算？

解答：

（1）按照我国税法规定的费用减除标准和税率，计算该纳税义务人从A国取得的应税所得应纳税额，该应纳税额即为抵减限额。

1）特许权使用费所得。

该纳税义务人从A国取得的特许权使用费收入按照中国的税法计算的应纳税额为：

扣除限额＝42 000×(1－20%)×20%＝6 720（元）

2）偶然所得。

该纳税义务人从A国取得的特许权使用费收入按照中国的税法计算的应纳税额为：

扣除限额＝14 000×20%＝2 800（元）

A国扣除限额合计数＝6 720＋2 800＝9 520（元）

应在中国补缴个人所得税＝9 520－5 200＝4 320（元）

(2) 按照我国税法的规定，该纳税义务人从B国取得的稿酬收入，应减除20%的费用，就其余额按20%的税率计算应纳税额并减征30%。计算结果为：

扣除限额＝29 000×(1－20%)×20%×(1－30%)＝3 248（元）

该纳税义务人的稿酬所得在B国实际缴纳个人所得税4 120元，超出抵减限额872（＝4 120－3 248）元，不能在本年度扣除，但可在以后5个纳税年度的该国减除限额的余额中补减。

综合上述计算结果，该纳税义务人在本纳税年度中的境外所得，应在中国补缴个人所得税4 320元。其在B国缴纳的个人所得税未抵减完的872元，可按我国税法规定的前提条件补减。

第七节　应纳税额的计算

一、工资、薪金所得应纳税额的计算

工资、薪金所得应纳税额的计算公式为：

应纳税额＝应纳税所得额×适用税率－速算扣除数

＝(每月收入额－2 000元或4 800元)×适用税率－速算扣除数

【例7—2】 杨小姐（不适用附加减除费用的规定）2008年7月份工资收入5 200元。计算其当月应纳个人所得税税额。

解答：

应纳税所得额＝5 200－2 000＝3 200（元）

应纳税额＝3 200×15%－125＝355（元）

二、个体工商户生产、经营所得应纳税额的计算

（一）计算公式

个体工商户的生产、经营所得应纳税额的计算公式为：

应纳税额＝应纳税所得额×适用税率－速算扣除数

＝(全年收入总额－成本、费用以及损失)×适用税率－速算扣除数

（二）对个体工商户个人所得税计算征收的有关规定

(1) 自2006年1月1日起个体工商户业主的费用扣除标准统一确定为19 200元/年，即1 600元/月。

(2) 个体工商户生产经营过程中从业人员的工资扣除标准，由各省、自治区、直辖市地方税务机关根据当地实际情况确定，并报国家税务总局备案。

(3) 个体工商户在生产、经营期间借款利息支出，凡有合法证明的，不高于按金融机构同类、同期贷款利率计算的数额的部分，准予扣除。

(4) 个体工商户或个人专营种植业、养殖业、饲养业、捕捞业，应对其所得计征个人所得税。兼营上述四业并且四业的所得单独核算的，比照上述原则办理，对属于征收个人所得税的，应与其他行业的生产、经营所得合并计征个人所得税；对于四业的所得不能单独核算的，应就其全部所得计征个人所得税。

(5) 个体工商户和从事生产、经营的个人，取得与生产、经营活动无关的各项应税所得，应分别适用各应税项目的规定计算征收个人所得税。

三、个人独资企业和合伙企业应纳个人所得税的计算

(一) 关于合伙企业应纳税所得额的确定

合伙企业是指依照中国法律、行政法规成立的合伙企业。合伙企业以每一个合伙人为纳税义务人。合伙企业合伙人是自然人的，缴纳个人所得税；合伙人是法人和其他组织的，缴纳企业所得税。

合伙企业生产经营所得和其他所得采取“先分后税”的原则。生产经营所得和其他所得，包括合伙企业分配给所有合伙人的所得和企业当年留存的所得（利润）。合伙企业的合伙人按照下列原则确定应纳税所得额：(1) 合伙企业的合伙人以合伙企业的生产经营所得和其他所得，按照合伙协议约定的分配比例确定应纳税所得额。(2) 合伙协议未约定或者约定不明确的，以全部生产经营所得和其他所得，按照合伙人协商决定的分配比例确定应纳税所得额。(3) 协商不成的，以全部生产经营所得和其他所得，按照合伙人实缴出资比例确定应纳税所得额。(4) 无法确定出资比例的，以全部生产经营所得和其他所得，按照合伙人数量平均计算每个合伙人的应纳税所得额。合伙协议不得约定将全部利润分配给部分合伙人。

(二) 计算方法

对个人独资企业和合伙企业生产经营所得，其个人所得税应纳税额的计算有下述两种办法。

1. 查账征收

(1) 自 2006 年 1 月 1 日起，个人独资企业和合伙企业投资者的生产经营所得依法计征个人所得税时，个人独资企业和合伙企业投资者本人的费用扣除标准统一确定为 19 200 元/年，即 1 600 元/月。投资者的工资不得在税前扣除。

(2) 企业从业人员的工资支出按标准在税前扣除，具体标准由各省、自治区、直辖市地方税务局参照企业所得税计税工资标准确定。

(3) 投资者及其家庭发生的生活费用不允许在税前扣除。投资者及其家庭发生的生活费用与企业生产经营费用混合在一起，并且难以划分的，全部视为投资者个人及其家庭发生的生活费用，不允许在税前扣除。

(4) 企业生产经营和投资者及其家庭生活共用的固定资产难以划分的，由主管税务机

关根据企业的生产经营类型、规模等具体情况，核定准予在税前扣除的折旧费用的数额或比例。

(5) 企业实际发生的工会经费、职工福利费、职工教育经费分别在其计税工资总额的2%、14%、1.5%的标准内据实扣除。

(6) 企业每一纳税年度发生的广告和业务宣传费用不超过当年销售（营业）收入2%的部分，可据实扣除；超过部分可无限期向以后的纳税年度结转。

(7) 企业每一纳税年度发生的与其生产经营业务直接相关的业务招待费，在以下规定比例范围内可据实扣除：全年销售（营业）收入净额在1 500万元及其以下的，不超过全年销售（营业）收入净额的5‰；全年销售（营业）收入净额超过1 500万元的，不超过该部分的3‰。

(8) 企业计提的各种准备金不得扣除。

2. 核定征收

核定征收方式包括定额征收、应税所得率征收以及其他合理的征收方式。

实行应税所得率征收方式的，应纳税额的计算公式为：

应纳税额＝应纳税所得额×适用税率

应纳税所得额＝收入总额×应税所得率

或：　　　　＝成本、费用支出额÷(1－应税所得率)×应税所得率

应税所得率见表7—4。

表7—4　　个人所得税应税所得率表

行业	应税所得率（%）
工业、交通运输业、商业	5～20
建筑业、房地产开发业	7～20
饮食服务业	7～25
娱乐业	20～40
其他行业	10～30

四、对企事业单位的承包经营、承租经营所得应纳税额的计算

对企事业单位的承包经营、承租经营所得，其个人所得税应纳税额的计算公式为：

应纳税额＝应纳税所得额×适用税率－速算扣除数

＝(纳税年度收入总额－必要费用)×适用税率－速算扣除数

对企事业单位的承包经营、承租经营所得，以每一纳税年度的收入总额，减除必要费用后的余额，为应纳税所得额。

在一个纳税年度中，承包经营或者承租经营期限不足1年的，以其实际经营期为纳税年度。

企事业单位的承包经营、承租经营所得适用的速算扣除数，同个体工商户的生产、经营所得适用的速算扣除数。

【例7—3】 吴先生2008年度承包一旅馆，承包期为一年。2008年该旅馆实现利润

63 000 元，按承包合同规定，承包人每年应从承包经营利润中上缴承包费 15 000 元，吴先生每月还从旅馆领取工资 2 000 元。计算吴先生 2008 年应纳个人所得税税额（注：2008 年 1 月 1 日对企事业单位的承包经营、承租经营所得的必要费用每月减除 1 600 元，自 2008 年 3 月 1 日起，必要费用每月减除 2 000 元）。

解答：

应纳税所得额＝(63 000－15 000＋2 000×12)－1 600×2－2 000×10

＝48 800（元）

应纳税额＝48 800×30％－4 250＝10 390（元）

五、劳务报酬所得应纳税额的计算

对劳务报酬所得，其个人所得税应纳税额的计算公式为：

(1) 每次收入不足 4 000 元的：

应纳税额＝应纳税所得额×适用税率

＝(每次收入额－800)×20％

(2) 每次收入在 4 000 元以上的：

应纳税额＝应纳税所得额×适用税率

＝每次收入额×(1－20％)×20％

(3) 每次收入的应纳税所得额超过 20 000 元的：

应纳税额＝应纳税所得额×适用税率－速算扣除数

＝每次收入额×(1－20％)×适用税率－速算扣除数

【例 7—4】 某歌星 3 月份到一地演出，一次取得表演收入 85 000 元，通过希望工程基金会向希望工程捐赠 25 000 元。请计算其应纳的个人所得税税额。

解答：

应纳税所得额＝85 000×(1－20％)＝68 000（元）

允许扣除的捐赠限额＝68 000×30％＝20 400（元）<25 000 元

应纳税额＝(68 000－20 400)×30％－2 000＝12 280（元）

六、稿酬所得应纳税额的计算

稿酬所得应纳税额的计算公式为：

(1) 每次收入不足 4 000 元的：

应纳税额＝应纳税所得额×适用税率×(1－30％)

＝(每次收入额－800)×20％×(1－30％)

(2) 每次收入在 4 000 元以上的：

应纳税额＝应纳税所得额×适用税率×(1－30％)

＝每次收入额×(1－20％)×20％×(1－30％)

【例 7—5】 章先生是业余作者，7 月份在某报纸上发表文章，获得稿酬收入 3 500 元，请计算其应纳的个人所得税税额。

解答：

应纳税额＝(3 500－800)×20%×(1－30%)＝378（元）

七、特许权使用费所得应纳税额的计算

对特许权使用费所得，其个人所得税应纳税额的计算公式为：

(1) 每次收入不足 4 000 元的：

应纳税额＝应纳税所得额×适用税率

＝(每次收入额－800)×20%

(2) 每次收入在 4 000 元以上的：

应纳税额＝应纳税所得额×适用税率

＝每次收入额×(1－20%)×20%

八、利息、股息、红利所得应纳税额的计算

对利息、股息、红利所得，其个人所得税应纳税额的计算公式为：

应纳税额＝应纳税所得额×适用税率

＝每次收入额×20%(利息 5%)

九、财产租赁所得应纳税额的计算

财产租赁所得一般以个人每次取得的收入，定额或定率减除规定费用后的余额，为应纳税所得额。每次收入不超过 4 000 元，定额减除费用 800 元；每次收入在 4 000 元以上，定率减除 20%的费用。财产租赁所得以 1 个月内取得的收入为一次。

在确定财产租赁的应纳税所得额时，纳税人在出租财产过程中缴纳的税金和教育费附加，可持完税（缴款）凭证，从其财产租赁收入中扣除。准予扣除的项目除了规定的费用和有关税、费外，还准予扣除能够提供有效、准确凭证，证明由纳税人负担的该出租财产实际开支的修缮费用。允许扣除的修缮费用，以每次 800 元为限，一次扣除不完的，准予在下一次继续扣除，直到扣完为止。

个人出租财产取得的财产租赁收入，在计算缴纳个人所得税时，应依次扣除以下费用：财产租赁过程中缴纳的税费；由纳税人负担的该出租财产实际开支的修缮费用；税法规定的费用扣除标准。

(1) 应纳税所得额的计算公式为：

1) 每次（月）收入不超过 4 000 元的：

应纳税所得额＝每次(月)收入额－准予扣除项目－修缮费用(800 元为限)－800 元

2) 每次（月）收入超过 4 000 元的：

应纳税所得额＝[每次(月)收入额－准予扣除项目－修缮费用(800 元为限)]×(1－20%)

（2）应纳税额的计算公式为：

应纳税额＝应纳税所得额×适用税率(20%)

【例 7—6】 童女士将自有房屋出租给某单位使用，从 1 月份出租至 12 月份，租期 1 年，月租金收入为 3 500 元，每月缴纳的有关税费为 240 元，3 月份童女士承担了 1 500 元的修缮费。请计算童女士出租房屋全年应纳的个人所得税税额。

解答：

3 月份应纳税额＝(3 500－240－800－800)×20%＝332（元）

4 月份应纳税额＝(3 500－240－700－800)×20%＝352（元）

其他月份应纳税额＝(3 500－240－800)×20%×10＝4 920（元）

全年共缴税款＝332＋352＋4 920＝5 604（元）

十、财产转让所得应纳税额的计算

财产转让所得应纳税额的计算公式为：

应纳税额＝应纳税所得额×适用税率

＝(收入总额－财产原值－合理税费)×20%

【例 7—7】 樊先生转让住房一套，售价 700 000 元，转让过程中按规定支付的有关税费为 39 000 元。房产的购买原值是 500 000 元，购买时支付税费 27 000 元。请计算其应缴纳的个人所得税税额。

解答：

应纳税所得额＝700 000－(500 000＋27 000)－39 000＝134 000（元）

应纳税额＝134 000×20%＝26 800（元）

十一、偶然所得应纳税额的计算

偶然所得应纳税额的计算公式为：

应纳税额＝应纳税所得额×适用税率

＝每次收入额×20%

【例 7—8】 李先生购买福利彩票，一次获得中奖收入 20 万元。请计算其应纳的个人所得税税额。

解答：

应纳税额＝20×20%＝4（万元）

十二、其他所得应纳税额的计算

其他所得应纳税额的计算公式为：

应纳税额＝应纳税所得额×适用税率

＝每次收入额×20%

十三、应纳税额计算的特殊规定

（一）对个人取得全年一次性奖金征税的规定

全年一次性奖金是指行政机关、企事业单位等扣缴义务人根据其全年经济效益和对雇员全年工作业绩的综合考核情况，向雇员发放的奖金。全年一次性奖金也包括年终加薪、实行年薪制和绩效工资办法的单位根据考核情况兑现的年薪和绩效工资。

纳税人取得全年一次性奖金，单独作为1个月工资、薪金所得计算纳税，自2005年1月1日起按以下计税办法，由扣缴义务人发放时代扣代缴：

（1）先将雇员当月内取得的全年一次性奖金，除以12个月，按其商数确定适用税率和速算扣除数。

如果在发放年终一次性奖金的当月，雇员当月工资薪金所得低于税法规定的费用扣除额，应将全年一次性奖金减除“雇员当月工资薪金所得与费用扣除额的差额”后的余额，按上述办法确定全年一次性奖金的适用税率和速算扣除数。

（2）将雇员个人当月内取得的全年一次性奖金，按规定的适用税率和速算扣除数计算征税，计算公式如下：

1）如果雇员当月工资薪金所得高于（或等于）税法规定的费用扣除额的，适用公式为：

应纳税额＝雇员当月取得全年一次性奖金×适用税率－速算扣除数

2）如果雇员当月工资薪金所得低于税法规定的费用扣除额的，适用公式为：

应纳税额＝(雇员当月取得全年一次性奖金－雇员当月工资薪金所得与费用扣除额的差额)×适用税率－速算扣除数

（3）在一个纳税年度内，对每一个纳税人，该计税办法只允许采用一次。

（4）实行年薪制和绩效工资的单位，个人取得年终兑现的年薪和绩效工资按全年一次性奖金的规定执行。

（5）雇员取得除全年一次性奖金以外的其他各种名目奖金，如半年奖、季度奖、加班奖、先进奖、考勤奖等，一律与当月工资、薪金收入合并，按税法规定缴纳个人所得税。

【例7—9】 王小姐2008年12月取得全年一次性奖金12 000元。请计算：王小姐2008年12月工资薪金为3 000元或为1 800元时其全年一次性奖金应纳的个人所得税各为多少？

解答：

若王小姐12月工资薪金为3 000元，则：

该笔奖金适王小姐用的税率和速算扣除数为：12 000÷12＝1 000（元）

适用第二级次的税率和速算扣除数。

该笔奖金应纳税额＝12 000×10%－25＝1 175（元）

若王小姐2008年12月工资薪金为1 800元，则：

该笔奖金应纳税额＝[12 000－(2 000－1 800)]×10%－25＝1 155（元）

（二）个人取得退职费收入征免个人所得税问题

《个人所得税法》第 4 条第 7 项所说的可以免征个人所得税的“退职费”，是指个人符合《国务院关于工人退休、退职的暂行办法》规定的退职条件并按该办法规定的退职费标准所领取的退职费。

个人取得的不符合上述办法规定的退职条件和退职费标准的退职费收入，应属于与其任职、受雇活动有关的工资、薪金性质的所得，应在取得的当月按工资、薪金所得计算缴纳个人所得税。但考虑到作为雇主给予退职人员经济补偿的退职费，通常为一次性发给，且数额较大，以及退职人员有可能在一段时间内没有固定收入等实际情况，依照《个人所得税法》有关工资、薪金所得计算征税的规定，对退职人员一次取得较高退职费收入的，可视为其一次取得数月的工资、薪金收入，并以原每月工资、薪金收入总额为标准，划分为若干月份的工资、薪金收入后，计算个人所得税的应纳税所得额及税额。但按上述方法划分超过了 6 个月工资、薪金收入的，应按 6 个月平均划分计算。个人取得全部退职费收入的应纳税款，应由其原雇主在支付退职费时负责代扣并于次月 7 日内缴入国库。个人退职后 6 个月内又再次任职、受雇的，对个人已缴纳个人所得税的退职费收入，不再与再次任职、受雇取得的工资、薪金所得合并计算补缴个人所得税。

（三）对个人因解除劳动合同取得经济补偿金的征税方法

根据《财政部、国家税务总局关于个人与用人单位解除劳动关系取得的一次性补偿收入征免个人所得税问题的通知》和《国家税务总局关于国有企业职工因解除劳动合同取得一次性补偿收入征免个人所得税问题的通知》的精神，自 2001 年 10 月 1 日起，按以下规定处理：

（1）企业依照国家有关法律规定宣告破产，企业职工从该破产企业取得的一次性安置费收入，免征个人所得税。

（2）个人因与用人单位解除劳动关系而取得的一次性补偿收入（包括用人单位发放的经济补偿金、生活补助费和其他补助费用），其收入在当地上年职工平均工资 3 倍数额以内的部分，免征个人所得税；超过 3 倍数额部分的一次性补偿收入，可视为一次取得数月的工资、薪金收入，允许在一定期限内平均计算。方法为：以超过 3 倍数额部分的一次性补偿收入，除以个人在本企业的工作年限数（超过 12 年的按 12 年计算），以其商数作为个人的月工资、薪金收入，按照税法规定计算缴纳个人所得税。个人在解除劳动合同后又再次任职、受雇的，已纳税的一次性补偿收入不再与再次任职、受雇的工资薪金所得合并计算补缴个人所得税。

（3）个人领取一次性补偿收入时，按照国家和地方政府规定的比例实际缴纳的住房公积金、医疗保险费、基本养老保险费、失业保险费，可以在计征其一次性补偿收入的个人所得税时予以扣除。

（四）个人取得公务交通、通信补贴收入征税问题

个人因公务用车和通信制度改革而取得的公务用车、通信补贴收入，扣除一定标准的公务费用后，按照工资、薪金所得项目计征个人所得税。按月发放的，并入当月工资、薪金所得计征个人所得税；不按月发放的，分解到所属月份并与该月份工资、薪金所得合并后计征个人所得税。

公务费用扣除标准，由省级地方税务局根据纳税人公务交通、通讯费用实际发生情况

调查测算，报经省级人民政府批准后确定，并报国家税务总局备案。

（五）失业保险费（金）征税问题

城镇企业事业单位及其职工个人按照《失业保险条例》规定的比例实际缴付的失业保险费，均不计入职工个人当期工资、薪金收入，免予征收个人所得税；超过《失业保险条例》规定的比例缴付失业保险费的，应将其超过规定比例缴付的部分计入职工个人当期的工资、薪金收入，依法计征个人所得税。

具备《失业保险条例》规定条件的失业人员领取的失业保险金，免予征收个人所得税。

第八节 税收优惠

一、免征个人所得税的优惠

（1）省级人民政府、国务院部委和中国人民解放军军以上单位，以及外国组织、国际组织颁发的科学、教育、技术、文化、卫生、体育、环境保护等方面的奖金。

（2）国债和国家发行的金融债券利息。

（3）按照国家统一规定发给的补贴、津贴。

（4）福利费、抚恤金、救济金。

（5）保险赔款。

（6）军人的转业费、复员费。

（7）按照国家统一规定发给干部、职工的安家费、退职费、退休工资、离休工资、离休生活补助费。

（8）企业和个人按照省级人民政府规定的比例提取并缴付的住房公积金、医疗保险金、基本养老保险金、失业保险金，不计入个人当期的工资、薪金收入，免予征收个人所得税。超过规定的比例缴付的部分计征个人所得税。

个人领取原提存的住房公积金、医疗保险金、基本养老保险金时，免予征收个人所得税。

（9）对个人取得的教育储蓄存款利息所得以及国务院财政部门确定的其他专项储蓄存款或者储蓄性专项基金存款的利息所得，免予征收个人所得税。

（10）关于发给见义勇为者的奖金问题。对乡、镇（含乡、镇）以上人民政府或经县（含县）以上人民政府主管部门批准成立的有机构、有章程的见义勇为基金或者类似性质组织，奖励见义勇为者的奖金或奖品，经主管税务机关核准，免征个人所得税。

二、减征个人所得税的优惠

有下列情形之一的，经批准可以减征个人所得税：

（1）残疾、孤老人员和烈属的所得。

（2）因严重自然灾害造成重大损失的。

（3）其他经国务院财政部门批准减税的。

上述减免项目的减征幅度和期限，由省、自治区、直辖市人民政府规定。

三、暂免征收个人所得税的优惠

(1) 外籍个人以非现金形式或实报实销形式取得的住房补贴、伙食补贴、搬迁费、洗衣费。

(2) 外籍个人按合理标准取得的境内、外出差补贴。

(3) 外籍个人取得的探亲费、语言训练费、子女教育费等，经当地税务机关审核批准为合理的部分。可以享受免征个人所得税优惠的探亲费，仅限于外籍个人在我国的受雇地与其家庭所在地（包括配偶或父母居住地）之间搭乘交通工具，且每年不超过两次的费用。

(4) 外籍个人从外商投资企业取得的股息、红利所得。

(5) 个人举报、协查各种违法、犯罪行为而获得的奖金。

(6) 个人办理代扣代缴税款手续，按规定取得的扣缴手续费。

(7) 个人转让自用达5年以上并且是唯一的家庭居住用房取得的所得。

(8) 对按《国务院关于高级专家离休退休若干问题的暂行规定》和《国务院办公厅关于杰出高级专家暂缓离退休审批问题的通知》的精神，达到离休、退休年龄，但确因工作需要，适当延长离休、退休年龄的高级专家（指享受国家发放的政府特殊津贴的专家、学者），其在延长离休、退休期间的工资、薪金所得，视同退休工资、离休工资免征个人所得税。

(9) 凡符合下列条件之一的外籍专家取得的工资、薪金所得可免征个人所得税：

1) 根据世界银行专项贷款协议由世界银行直接派往我国工作的外国专家。

2) 联合国组织直接派往我国工作的专家。

3) 为联合国援助项目来华工作的专家。

4) 援助国派往我国专为该国无偿援助项目工作的专家。

5) 根据两国政府签订文化交流项目来华工作2年以内的文教专家，其工资、薪金所得由该国负担的。

6) 根据我国大专院校国际交流项目来华工作2年以内的文教专家，其工资、薪金所得由该国负担的。

7) 通过民间科研协定来华工作的专家，其工资、薪金所得由该国政府机构负担的。

第九节　征收管理与申报缴纳

一、代扣代缴纳税

(一) 扣缴义务人和代扣代缴的范围

(1) 扣缴义务人。凡支付个人应纳税所得的企业（公司）、事业单位、机关、社团组织、军队、驻华机构、个体户等单位或者个人，为个人所得税的扣缴义务人。

这里所说的驻华机构，不包括外国驻华使领馆和联合国及其他依法享有外交特权和豁免的国际组织驻华机构。

(2) 代扣代缴的范围。扣缴义务人向个人支付下列所得，应代扣代缴个人所得税：

1) 工资、薪金所得。

2) 对企事业单位的承包经营、承租经营所得。

3) 劳务报酬所得。

4) 稿酬所得。

5) 特许权使用费所得。

6) 利息、股息、红利所得。

7) 财产租赁所得。

8) 财产转让所得。

9) 偶然所得。

10) 经国务院财政部门确定征税的其他所得。

(二) 扣缴义务人的义务及应承担的责任

(1) 扣缴义务人应指定支付应纳税所得的财务会计部门或其他有关部门的人员为办税人员，由办税人员具体办理个人所得税的代扣代缴工作。

代扣代缴义务人的有关领导要对代扣代缴工作提供便利，支持办税人员履行义务；确定办税人员或办税人员发生变动时，应将名单及时报告主管税务机关。

(2) 扣缴义务人的法人代表（或单位主要负责人）、财会部门的负责人及具体办理代扣代缴税款的有关人员，共同对依法履行代扣代缴义务负法律责任。

(3) 同一扣缴义务人的不同部门支付应纳税所得时，应报办税人员汇总。

(4) 扣缴义务人在代扣税款时，必须向纳税人开具税务机关统一印制的代扣代收税款凭证，并详细注明纳税人姓名、工作单位、家庭住址和居民身份证或护照号码（无上述证件的，可用其他能有效证明身份的证件）等个人情况。对工资、奖金所得和利息、股息、红利所得等，因纳税人数众多、不便一一开具代扣代收税款凭证的，经主管税务机关同意，可不开具代扣代收税款凭证，但应通过一定形式告知纳税人已扣缴税款。纳税人为持有完税依据而向扣缴义务人索取代扣代收税款凭证的，扣缴义务人不得拒绝。

扣缴义务人应主动向税务机关申领代扣代收税款凭证，据以向纳税人扣税。非正式扣税凭证，纳税人可以拒收。

(5) 扣缴义务人对纳税人的应扣未扣的税款，其应纳税款仍然由纳税人缴纳，扣缴义务人应承担应扣未扣税款50%以上至3倍的罚款。

(6) 扣缴义务人应设立代扣代缴税款账簿，正确反映个人所得税的扣缴情况，并如实填写《扣缴个人所得税报告表》及其他有关资料。

(三) 代扣代缴期限

扣缴义务人每月所扣的税款，应当在次月7日内缴入国库，并向主管税务机关报送《扣缴个人所得税报告表》、代扣代收税款凭证和包括每一纳税人姓名、单位、职务、收入、税款等内容的支付个人收入明细表以及税务机关要求报送的其他有关资料。

扣缴义务人违反上述规定不报送或者报送虚假纳税资料的，一经查实，其未在支付个人收入明细表中反映的向个人支付的款项，在计算扣缴义务人应纳税所得额时不得作为成本费用扣除。

扣缴义务人因有特殊困难不能按期报送《扣缴个人所得税报告表》及其他有关资料的，经县级税务机关批准，可以延期申报。

二、自行申报纳税

个人所得税实行自行申报纳税和代扣代缴纳税两种纳税办法。

（一）自行申报纳税的纳税义务人

（1）自2006年1月1日起，年所得12万元以上的。

（2）从中国境内两处或者两处以上取得工资、薪金所得的。

（3）从中国境外取得所得的。

（4）取得应税所得，没有扣缴义务人的。

（5）国务院规定的其他情形。

其中，年所得12万元以上的纳税人，无论取得的各项所得是否已足额缴纳了个人所得税，均应当按照规定于纳税年度终了后向主管税务机关办理纳税申报；其他情形的纳税人均应当按照规定于取得所得后向主管税务机关办理纳税申报。同时需注意的是，年所得12万元以上的纳税人，不包括在中国境内无住所，且在一个纳税年度中在中国境内居住不满1年的个人；从中国境外取得所得的纳税人，是指在中国境内有住所，或者无住所而在一个纳税年度中在中国境内居住满1年的个人。

（二）自行申报纳税的内容

年所得12万元以上的纳税人，在纳税年度终了后，应当填写《个人所得税纳税申报表（适用于年所得12万元以上的纳税人申报）》，并在办理纳税申报时报送主管税务机关，同时报送个人有效身份证件复印件，以及主管税务机关要求报送的其他有关资料。

1. 构成12万元的所得

（1）工资、薪金所得。

（2）个体工商户的生产、经营所得。

（3）对企事业单位的承包经营、承租经营所得。

（4）劳务报酬所得。

（5）稿酬所得。

（6）特许权使用费所得。

（7）利息、股息、红利所得。

（8）财产租赁所得。

（9）财产转让所得。

（10）偶然所得。

（11）经国务院财政部门确定征税的其他所得。

2. 不包含在12万元中的所得

（1）免税所得。即省级人民政府、国务院部委、中国人民解放军军以上单位，以及外国组织、国际组织颁发的科学、教育、技术、文化、卫生、体育、环境保护等方面的奖金；国债和国家发行的金融债券利息；按照国家统一规定发给的补贴、津贴，即《个人所得税法实施条例》第13条规定的按照国务院规定发放的政府特殊津贴、院士津贴、资深院士津贴，以及国务院规定免征个人所得税的其他补贴、津贴；福利费、抚恤金、救济金；保险赔款；军人的转业费、复员费；按照国家统一规定发给干部、职工的安家费、退职费、退休工资、离休工资、离休生活补助费。

(2) 暂免征税所得。即依照我国有关法律规定应予免税的各国驻华使馆、领事馆的外交代表、领事官员和其他人员的所得；中国政府参加的国际公约、签订的协议中规定免税的所得。

(3) 可以免税的来源于中国境外的所得，如按照国家规定单位为个人缴付和个人缴付的基本养老保险费、基本医疗保险费、失业保险费、住房公积金。

3. 各项所得的年所得的计算方法

(1) 工资、薪金所得，按照未减除费用（每月2 000元）及附加减除费用（每月2 800元）的收入额计算。

(2) 劳务报酬所得、特许权使用费所得，不得减除纳税人在提供劳务或让渡特许权使用权过程中缴纳的有关税费。

(3) 财产租赁所得，不得减除纳税人在出租财产过程中缴纳的有关税费；对于纳税人一次取得跨年度财产租赁所得的，全部视为实际取得所得年度的所得。

(4) 个人转让房屋所得，采取核定征收个人所得税的，按照实际征收率（1%、2%、3%）分别换算为应税所得率（5%、10%、15%），据此计算年所得。

(5) 个人储蓄存款利息所得、企业债券利息所得，全部视为纳税人实际取得所得年度的所得。

(6) 对个体工商户、个人独资企业投资者，按照征收率核定个人所得税的，将征收率换算为应税所得率，据此计算应纳税所得额。合伙企业投资者按照上述方法确定应纳税所得额后，合伙人应根据合伙协议规定的分配比例确定其应纳税所得额，合伙协议未规定分配比例的，按合伙人数平均分配确定其应纳税所得额。对于同时参与两个以上企业投资的，合伙人应将其投资所有企业的应纳税所得额相加后的总额作为年所得。

(7) 股票转让所得，以一个纳税年度内，个人股票转让所得与损失盈亏相抵后的正数为申报所得数额，盈亏相抵为负数的，此项所得按“零”填写。

（三）自行申报纳税的申报期限

(1) 年所得12万元以上的纳税人，在纳税年度终了后3个月内向主管税务机关办理纳税申报。

(2) 个体工商户和个人独资、合伙企业投资者取得的生产、经营所得应纳的税款，分月预缴的，纳税人在每月终了后7日内办理纳税申报；分季预缴的，纳税人在每个季度终了后7日内办理纳税申报。纳税年度终了后，纳税人在3个月内进行汇算清缴。

(3) 纳税人年终一次性取得对企事业单位的承包经营、承租经营所得的，自取得所得之日起30日内办理纳税申报；在一个纳税年度内分次取得承包经营、承租经营所得的，在每次取得所得后的次月7日内申报预缴，纳税年度终了后3个月内汇算清缴。

(4) 从中国境外取得所得的纳税人，在纳税年度终了后30日内向中国境内主管税务机关办理纳税申报。

(5) 除以上规定的情形外，纳税人取得其他各项所得须申报纳税的，在取得所得的次月 7 日内向主管税务机关办理纳税申报。

(6) 纳税人不能按照规定的期限办理纳税申报，需要延期的，按照《征管法》第 27 条和《征管法实施细则》第 37 条的规定办理。

（四）自行申报纳税的申报方式和申报地点

1. 申报方式

纳税人可以采取数据电文、邮寄等方式申报，也可以直接到主管税务机关申报，或者采取符合主管税务机关规定的其他方式申报。纳税人采取邮寄方式申报的，以邮政部门挂号信函收据作为申报凭据，以寄出的邮戳日期为实际申报日期。

纳税人也可以委托有税务代理资质的中介机构或者他人代为办理纳税申报。

2. 申报地点

(1) 在中国境内有任职、受雇单位的，向任职、受雇单位所在地主管税务机关申报。

(2) 在中国境内有两处或者两处以上任职、受雇单位的，选择并固定向其中一处单位所在地主管税务机关申报。

(3) 在中国境内无任职、受雇单位，年所得项目中有个体工商户的生产、经营所得或者对企事业单位的承包经营、承租经营所得（以下统称生产、经营所得）的，向其中一处实际经营所在地主管税务机关申报。

(4) 在中国境内无任职、受雇单位，年所得项目中无生产、经营所得的，向户籍所在地主管税务机关申报。在中国境内有户籍，但户籍所在地与中国境内经常居住地不一致的，选择并固定向其中一地主管税务机关申报。在中国境内没有户籍的，向中国境内经常居住地主管税务机关申报。

（四）代扣代缴税款的手续费

税务机关应根据扣缴义务人所扣缴的税款，付给 2% 的手续费，由扣缴义务人用于代扣代缴费用开支和奖励代扣代缴工作做得较好的办税人员。

复习思考题

1. 个人所得税的特点是什么？
2. 个人所得税的作用是什么？
3. 个人所得税居民纳税人与非居民纳税人的判定标准是什么？
4. 个人所得税居民纳税人与非居民纳税人的纳税义务是什么？
5. 个人所得税的应税项目有哪些？
6. 个人所得税的税率是如何规定的？
7. 个人所得税的费用扣除是如何规定的？
8. 个人所得税境外已纳税额的扣除是如何规定的？
9. 个人所得税减免税优惠项目有哪些？
10. 个人所得税的申报缴纳方式是如何规定的？

第八章　资源税

本章要点提示

- 资源税的纳税义务人
- 资源税的税目、税率
- 资源税的计税依据

第一节　资源税概述

资源税是以单位或个人开发利用的国有矿山资源和盐为征税对象而征收的一种税。

在历史上，我国对资源的征税可追溯到春秋时期的“官山海”，以专卖为名，行征税之实，可以说是资源税的萌芽。自春秋时期国家凭借政权从盐、铁等资源取得专卖收入以来，历代王朝大都相沿办理。当今世界上一些国家也开征了资源税或类似资源税性质的税种。

新中国成立后，政务院于1950年的《全国税政实施要则》中明确将盐税列为一种税种征收。1973年将盐税并入工商税，1984年又分离出来，成为独立税种。我国在1984年第二步利改税时开征资源税。1993年12月，国务院决定将原盐税并入到资源税，并颁布了新的《中华人民共和国资源税暂行条例》，于1994年1月1日开始实施。

资源税的作用主要表现在以下几个方面：

(1) 有利于合理开发利用国有资源，提高资源的使用效率。我国确立了国有资源有偿开发的原则，在社会主义市场经济条件下，对包括国有企业在内的一切资源开发者，国家用税收的形式分享资源开发的利益，这是保障国家对于资源所有权在经济上的实现、规范国家和企业分配关系的必要措施。因此，资源税应确立普遍征收的原则，明确任何企业和个人只要开采国家规定的应税资源都是资源税的纳税人，这将有利于合理开发利用国有资源，提高资源的使用效率。

(2) 合理调节资源级差收入，为企业创造公平的竞争环境。企业开采的矿产资源，由于其品质的优劣和所处位置的远近，往往会使开采矿产资源企业的生产经营状况存在较大差异。由于开采资源条件优异的企业所形成的盈利，有一部分并不反映企业的努力程度，对于这部分超出正常水平的盈利，国家理应进行适当的调节，为企业间公平竞争创造外部条件。

(3) 有利于保证国家财政收入。我国目前初级产品价格偏低，资源收益大部分反映在加工工业，征收资源税有利于改变资源产品价格水平偏低的状况，也有利于产业结构的合理调整。

第二节 纳税义务人

资源税的纳税义务人是在中华人民共和国境内开采应税资源的矿产品或生产盐的单位和个人。开采应税资源的矿产品或生产盐是指税法列举的矿产品或生产盐。单位是指国有企业、集体企业、私有企业、股份制企业、其他企业和行政单位、事业单位、军事单位、社会团体及外商投资企业和外国企业。个人是指个体经营者和外籍人员。

中外合作开采石油、天然气，按照现行规定只征收矿区使用费，暂不征收资源税。因此，中外合作开采石油、天然气的企业不是资源税的纳税义务人。

《资源税暂行条例》规定了扣缴义务人，即收购未税矿产品的单位为资源税的扣缴义务人。收购未税矿产品的单位是指独立矿山、联合企业和其他单位。独立矿山是指只有采矿或只有采矿和选矿，独立核算、自负盈亏的单位，其生产的原矿和精矿主要用于对外销售。联合企业是指采矿、选矿、冶炼（或加工）连续生产的企业或采矿、冶炼（或加工）连续生产的企业，其采矿单位一般是该企业的二级或二级以下核算单位。其他单位包括收购未税矿产品的个体户在内。

扣缴义务人在收购未税矿产品原矿时，有义务按省级（自治区、直辖市）人民政府核定的代扣税额标准，依据收购的数量代扣代缴资源税。

第三节 征收范围

由于我国开征资源税的时间不长，积累的经验有限，而我国资源分布又极其广泛，资源情况非常复杂，在这种情况下，要对开采的所有资源进行征税还有一定的难度。所以，我国现行资源税的征收范围仅包括矿产品和盐两大类资源。

一、矿产品

矿产品包括原油、天然气、煤炭、黑色金属矿产品和其他非金属矿产品等。

原油，是指开采的天然原油。

天然气，是指专门开采和与原油同时开采的天然气。

煤炭，指原煤，不包括以原煤加工的洗煤和选煤等。

黑色金属矿产品和其他非金属矿产品，均指原矿，即指纳税人开采后自用的、销售的，用于直接入炉冶炼或作为主产品先入选精矿、制造人工矿，最终入炉冶炼的金属矿石原矿。

二、盐

盐是指固体盐、液体盐，具体包括海盐原盐、湖盐原盐、井矿盐等。

第四节　税目和税率

根据现行税法，资源税税目包括七大类别，即原油、天然气、煤炭、其他非金属矿原矿、黑色金属矿原矿、有色金属矿原矿和盐。关于对未列入税法的有色金属和非金属原矿是否征收资源税，可由省一级（自治区、直辖市）人民政府决定，同时报财政部和国家税务总局备案。

根据“普遍征收，级差调节”的思路，资源税采取从量定额的办法征收。所谓“普遍征收”是指对在我国境内开采的所有应税资源征收资源税；所谓“级差调节”则指对因资源品质优劣、开采条件、地理位置等客观存在的级差而产生的资源级差收入，在设计税率时采取差别税额进行调节。一般而言，取得级差收入多的资源，对其征收的税额要高一些，相反，征收税额就要低一些。对资源税采取差别从量定额的办法征收，一是能较好地体现公平原则，二是简化了税额的计算。

资源税适用幅度定额税率，具体的税目税率情况为：

（1）原油。开采的天然原油征税；人造石油不征税。税额为8元/吨～30元/吨。

（2）天然气。专门开采的天然气和与原油同时开采的天然气征税；煤矿生产的天然气暂不征税。税额为2元/千立方米～15元/千立方米。

（3）煤炭。原煤征税；洗煤、选煤和其他煤炭制品不征税。税额为0.3元/吨～8元/吨。

（4）其他非金属矿原矿，是指原油、天然气、煤炭和井矿盐以外的非金属矿原矿，包括宝石、金刚石、玉石、膨润土、石墨、石英砂、萤石、重晶石、毒重石、蛭石、长石、氟石、滑石、白云石、硅灰石、凹凸棒石黏土、高岭石土、耐火黏土、云母、大理石、花岗石、石灰石、菱镁矿、天然碱、石膏、硅线石、工业用金刚石、石棉、硫铁矿、自然硫、磷铁矿等。税额为0.5～20元/吨、克拉或者立方米。

（5）黑色金属矿原矿，是指纳税人开采后自用、销售的，用于直接入炉冶炼或作为主产品先入选精矿，制造人工矿，最终入炉冶炼的黑色金属矿石原矿，包括铁矿石、锰矿石和铬矿石。税额为2元/吨～30元/吨。

（6）有色金属矿原矿。包括铜矿石、铅锌矿石、铝土矿石、钨矿石、锡矿石、锑矿石、铝矿石、镍矿石、黄金矿石、钒矿石（含石煤钒）等。税额为0.4～30元/吨或立方米挖出量。

(7) 盐。一是固体盐，包括海盐原盐、湖盐原盐和井矿盐，税额为10元/吨～60元/吨；二是液体盐（卤水），是指氯化钠含量达到一定浓度的溶液，是用于生产碱和其他产品的原料，税额为2元/吨～10元/吨。

纳税人在开采主矿产品的过程中伴采的其他应税矿产品，凡未单独规定适用税额的，一律按主矿产品或视同主矿产品税目征收资源税。

扣缴义务人适用的税额分两种情况：独立矿山、联合企业收购的未税矿产品，按照本单位应税产品税额标准，依据收购的数量代扣代缴资源税；其他收购单位收购的未税矿产品，按税务机关核定的应税产品税额标准，依据收购的数量代扣代缴资源税。

《资源税暂行条例》中公布的税目税率表，只是原则上的规定，资源税税目的具体适用税额须按照更为详细的实施细则等文件执行。对于在实施细则等文件中没有列举的资源的税额确定，由省一级（自治区、直辖市）人民政府参照邻近矿山的税额标准，在浮动30%的幅度内核定，并报财政部和国家税务总局备案。

此外，如果开采资源的价格、开采条件等因素因市场或时间发生了变化，纳税人缴纳资源税的标准可根据税法有关规定，在一定的幅度内每隔一定时期调整一次。这样做的目的，是更加合理地保持资源税税额与资源级差收入状况相适应。

第五节　计税依据的确定和应纳税额的计算

一、计税依据的确定

资源税的计税依据为课税数量。课税数量的确定方法如下所述。

（一）课税数量的一般规定

(1) 纳税人开采或者生产应税产品销售的，以销售数量为课税数量。

(2) 纳税人开采或者生产应税产品自用的，以自用（非生产用）数量为课税数量。

（二）课税数量的特殊规定

实际生产经营活动中，有些情况是比较特殊的。在某些特殊情况下，课税数量采取如下方法确定：

(1) 纳税人不能准确提供应税产品销售数量或移送使用数量的，以应税产品的产量或依主管税务机关确定的折算比换算成的数量为课税数量。

(2) 原油中的稠油、高凝油与稀油划分不清或不易划分的，一律按原油的数量课税。

(3) 对于连续加工前无法正确计算原煤移送使用量的煤炭，可按加工产品的综合回收率，将加工产品实际销量和自用量折算成原煤数量，以此作为课税数量。

(4) 金属和非金属矿产品原矿，因无法准确掌握纳税人移送使用原矿数量的，可将其精矿按选矿比折算成原矿数量，以此作为课税数量。其计算公式为：

选矿比＝精矿数量÷耗用原矿数量

(5) 纳税人以自产的液体盐加工成固体盐，按固体盐税额征税，以加工的固体盐数量为课税数量。纳税人以外购的液体盐加工成固体盐，其加工固体盐所耗用的已纳税额准予抵扣。

对于纳税人开采或者生产不同税目应税产品的，应当分别核算；不能准确提供不同税目应税产品的课税数量的，从高适用税额。

二、应纳税额的计算

根据应税产品的课税数量和规定的单位税额可以计算应纳税额，具体计算公式为：

应纳税额＝课税数量×单位税额

代扣代缴应纳税额＝收购未税矿产品的数量×适用的单位税额

由公式可以看出，应纳税额计算的关键在于确定课税数量和适用的单位税额。

【例 8—1】 东北某油田 10 月份销售原油 80 万吨，按《资源税税目税额明细表》的规定，其适用的单位税额为 8 元/吨。计算该油田本月应纳资源税税额。

解答：

应纳税额＝课税数量×单位税额

＝800 000×8＝6 400 000（元）

【例 8—2】 某铜矿山 8 月份销售铜矿石原矿 50 000 吨，移送入选精矿 5 000 吨，选矿比为 20%，该矿山铜矿属于 5 等，按规定适用 1.2 元/吨单位税额，计算该矿山本月应纳资源税税额。

解答：

(1) 外销铜矿石原矿的应纳税额为：

应纳税额＝课税数量×单位税额

＝50 000×1.2＝60 000（元）

(2) 因无法准确掌握入选精矿石的原矿数量，按选矿比计算应纳税额为：

应纳税额＝入选精矿÷选矿比×单位税额

＝5 000÷20%×1.2＝30 000（元）

(3) 合计应纳税额：

应纳税额＝原矿应纳税额＋精矿应纳税额

＝60 000＋30 000＝90 000（元）

第六节 税收优惠

一、减税、免税项目

由于资源税贯彻的是普遍征收、级差调节的原则，故规定的减免税项目较少。主要减免税项目包括：

(1) 开采原油过程中用于加热、修井的原油，免税。

(2) 纳税人开采或者生产应税产品过程中，因意外事故或者自然灾害等原因遭受重大损失的，由各省、自治区、直辖市人民政府酌情决定减税或者免税。

(3) 自2007年2月1日起，北方海盐资源税暂减按每吨15元征收；南方海盐、湖盐、井矿盐资源税暂减按每吨10元征收；液体盐资源税暂减按每吨2元征收。

(4) 国务院规定的其他减税、免税项目。

纳税人的减税、免税项目，应当单独核算课税数量；未单独核算或者不能准确提供课税数量的，不予减税或者免税。

二、出口应税产品不退（免）资源税的规定

资源税规定仅对在中国境内开采或生产应税产品的单位和个人征收，进口的矿产品和盐不征收资源税。由于对进口应税产品不征收资源税，相应的，对出口应税产品也不免征或退还已纳资源税。

第七节　征收管理与申报缴纳

资源税的纳税人在收到销售货款或取得索取销售凭证的当天，以及自产自用应税产品移送使用的当天就发生了纳税义务，应按规定申报缴纳税款。

一、纳税义务发生时间

(1) 纳税人销售应税产品，其纳税义务发生时间为：

1) 纳税人采取分期收款结算方式的，其纳税义务发生时间为销售合同规定的收款日期的当天。

2) 纳税人采取预收货款结算方式的，其纳税义务发生时间为发出应税产品的当天。

3) 纳税人采取其他结算方式的，其纳税义务发生时间为收讫销售款或者取得索取销售款凭据的当天。

(2) 纳税人自产自用应税产品的纳税义务发生时间为移送使用应税产品的当天。

(3) 扣缴义务人代扣代缴税款的纳税义务发生时间，为支付首笔货款或者开具应支付货款凭据的当天。

二、纳税期限

纳税期限是纳税人发生纳税义务后缴纳税款的期限。资源税的纳税期限为1日、3日、5日、10日、15日或者1个月，纳税人的纳税期限由主管税务机关根据实际情况具体核定。不能按固定期限计算纳税的，可以按次计算纳税。

纳税人以1个月为一期纳税的，自期满之日起10日内申报纳税；以1日、3日、5

日、10 日或者 15 日为一期纳税的，自期满之日起 5 日内预缴税款，于次月 1 日起 10 日内申报纳税并结清上月税款。

三、纳税地点

（1）凡是缴纳资源税的纳税人，都应当向应税产品的开采或者生产所在地主管税务机关缴纳税款。

（2）如果纳税人在本省、自治区、直辖市范围内开采或者生产应税产品，其纳税地点需要调整的，由所在地省、自治区、直辖市税务机关决定。

（3）如果纳税人应纳的资源税属于跨省开采，其下属生产单位与核算单位不在同一省、自治区、直辖市的，对其开采的矿产品一律在开采地纳税，其应纳税款由独立核算、自负盈亏的单位按照开采地的实际销售量（或者自用量）及适用的单位税额计算划拨。

（4）扣缴义务人代扣代缴的资源税，向收购地主管税务机关缴纳。

四、申报缴纳

资源税的纳税人应按照条例的有关规定及时办理纳税申报，并如实填写《资源税纳税申报表》，见表 8—1。

表 8—1　　资源税纳税申报表

填表日期：　　年　月　日

纳税人识别号：　　　　　　　　　　　　金额单位：元（列至角分）

<table>
<tr><td colspan="2">纳税人名称</td><td colspan="3"></td><td colspan="2">税款所属时间</td><td colspan="2"></td></tr>
<tr><td colspan="2">产品名称</td><td>课税单位</td><td>课税数量</td><td>单位税额</td><td>应纳税款</td><td>已纳税款</td><td>应补（退）税款</td><td>备　注</td></tr>
<tr><td rowspan="7">应纳税项目</td><td></td><td></td><td></td><td></td><td></td><td></td><td></td><td></td></tr>
<tr><td></td><td></td><td></td><td></td><td></td><td></td><td></td><td></td></tr>
<tr><td></td><td></td><td></td><td></td><td></td><td></td><td></td><td></td></tr>
<tr><td></td><td></td><td></td><td></td><td></td><td></td><td></td><td></td></tr>
<tr><td></td><td></td><td></td><td></td><td></td><td></td><td></td><td></td></tr>
<tr><td></td><td></td><td></td><td></td><td></td><td></td><td></td><td></td></tr>
<tr><td></td><td></td><td></td><td></td><td></td><td></td><td></td><td></td></tr>
<tr><td rowspan="5">减免税项目</td><td></td><td></td><td></td><td></td><td></td><td></td><td></td><td></td></tr>
<tr><td></td><td></td><td></td><td></td><td></td><td></td><td></td><td></td></tr>
<tr><td></td><td></td><td></td><td></td><td></td><td></td><td></td><td></td></tr>
<tr><td></td><td></td><td></td><td></td><td></td><td></td><td></td><td></td></tr>
<tr><td></td><td></td><td></td><td></td><td></td><td></td><td></td><td></td></tr>
<tr><td colspan="4">如纳税人填报，由纳税人填写以下各栏</td><td colspan="4">如委托代理人填报，由代理人填写以下各栏</td><td>备注</td></tr>
<tr><td colspan="2" rowspan="3">会计主管（签章）</td><td colspan="2" rowspan="3">纳税人（公章）</td><td>代理人名称</td><td></td><td colspan="2" rowspan="2">代理人（公章）</td><td rowspan="3"></td></tr>
<tr><td>代理人地址</td><td></td></tr>
<tr><td>经办人</td><td></td><td>电话</td><td></td></tr>
<tr><td colspan="9">以下由税务机关填写</td></tr>
<tr><td colspan="2">收到申报表日期</td><td colspan="3"></td><td>接收人</td><td colspan="3"></td></tr>
</table>

复习思考题

1. 资源税制的作用表现在哪些方面？
2. 资源税的征税品目包括哪些资源产品？
3. 资源税的税率是如何规定的？

第九章　土地增值税

本章要点提示

- 土地增值税的纳税义务人
- 土地增值税的征收范围
- 土地增值税的税率

第一节　土地增值税概述

一、土地增值税的概念

土地增值税是对转让国有土地使用权、地上建筑物及其附着物并取得收入的单位和个人征收的一种税。

1987 年，我国对土地使用制度进行改革，房地产业发展很快，使得房地产业市场初具规模，但是在土地的管理上也出现了一些不容忽视的问题，诸如土地供给计划性不强，盲目设立开发区，房地产开发公司增长过快，房地产投资开发规模偏大，房地产市场机制不健全，行为不规范，“炒买炒卖”土地盛行等问题，凸显出我国房地产市场过热，泡沫经济出现，不仅浪费了国家宝贵的土地资源，加剧了资金市场的紧张状况，扰乱了金融秩序，使国家的产业结构失衡，而且由于缺乏必要的经济调节手段，使得“炒买炒卖”房地产的巨额利润大部分落入单位和个人的腰包，加剧了社会分配不公，也造成国有土地资产收益大量流失，影响了整个宏观经济的正常运行。为有效矫正房地产市场失灵，强化政府的宏观调控，国家开征土地增值税，并实施较高的税率，试图达到短期内有效调控房地产市场的目的。

为此，国务院于 1993 年 12 月 13 日发布了《中华人民共和国土地增值税暂行条例》，财政部于1995年1月27日颁布了《中华人民共和国土地增值税暂行条例实施细则》，决定自1994年1月1日起在全国开征土地增值税，这是我国开征的第一个对土地增值额或土地收益额征收的税种。

二、土地增值税的特点

我国现行土地增值税具有如下特点：

（1）以转让房地产取得的增值额为征税对象。土地增值税属于“土地转移增值税”的类型，将土地、房屋的转让收入合并征收。作为征税对象的增值额，是纳税人转让房地产的收入减除税法规定准予扣除项目金额后的余额。

（2）采用扣除法和评估法计算增值额。土地增值税在计算方法上考虑我国实际情况，以纳税人转让房地产取得的收入，减除法定扣除项目金额后的余额作为计税依据。对旧房及建筑物的转让，以及对纳税人转让房地产申报不实、成交价格偏低，则采用评估法确定增值额。

（3）实行超率累进税率。土地增值税的税率以转让房地产相对额增值率的高低为依据，按照累进原则分级设计。增值率高的，适用的税率高；增值率低的，适用的税率低。

三、土地增值税的作用

（一）有利于国家对房地产市场加强宏观调控

改革开放后，我国对土地使用管理制度逐步进行改革，改变了过去一直采用的行政划拨的方式，确立了有偿使用、允许转让土地使用权的政策和一系列的管理制度，从根本上促进了我国房地产开发和房地产交易市场的发展，这对于合理配置土地资源，提高土地使用效益，带动国民经济相关产业的发展，都产生了积极的作用。

但在我国的房地产开发中，有些地区盲目进行土地开发，竞相压低国有土地批租价格，给炒买炒卖者留下可乘之机，致使国家土地增值收益流失严重，极大地损害了国家利益。由于土地资源属国家所有，国家为整治和开发土地投入巨额资金，国家理应参与土地增值收益分配，并取得较大份额，同时对房地产开发者而并非是投机者也应保证其获得合理收益，以促进房地产业的正常发展。因此，开征土地增值税，以转让房地产收入的增值额为计税依据，并实行超率累进税率，对增值多的多征税，对增值少的少征税，就能在一定程度上抑制房地产的投机炒卖。

（二）规范国家参与土地增值收益分配方式，增加财政收入

目前，我国涉及房地产交易市场的税种主要有营业税、企业所得税、个人所得税和契税等，这些税种虽然对转让房地产收益具有一般的调节作用，但对房地产转让所获得的超额利润却很难起到特殊的调节作用。因此，对土地增值收益征税，可以为国家开辟新的财源。同时，第三产业作为我国今后在很长一段时间内重点发展的产业，无疑是一块待开发的新税源，而在第三产业中，房地产是高附加值产业，开征土地增值税，从财政的角度看，有利于增加财政收入。

第二节　纳税义务人

土地增值税的纳税义务人为转让国有土地使用权、地上建筑物及其附着物并取得收入的单位和个人。单位是指各类企业单位（包括国有企业、集体企业、私营企业、外商投资企业、外国企业、股份制企业、其他企业）、行政单位、事业单位、社会团体和其他组织。个人包括个体经营者和其他个人。

土地增值税的纳税义务人具有以下三个特点：

（1）不论是法人还是自然人。无论是企业、事业单位、国家机关、社会团体和其他组织，还是个人，只要有偿转让房地产，就是土地增值税的纳税人。

（2）不论是何种经济性质。无论是国有企业、集体企业、私营企业，还是外商投资企业、联营企业、个体工商户，只要有偿转让房地产，就是土地增值税的纳税人。

（3）不论何部门。无论是工业、农业、商业，还是机关、学校、医院、部队，只要有偿转让房地产，就是土地增值税的纳税人。

第三节　征收范围

一、征收范围的一般规定

土地增值税的征税范围是有偿转让的国有土地使用权、地上建筑物及其附着物。这里所说的地上建筑物及其附着物是指建于地上的一切建筑物、构筑物、地上地下的各种附属设施以及附着于该土地上的不能移动、移动后会遭到损坏的各种植物、养殖物及其他物品。

征收范围的判断标准为：

（1）土地增值税是对转让国有土地使用权及其地上建筑物和附着物的行为征税。只有国有土地的使用权才能有偿转让，集体所有的土地不能直接转让，集体土地只有先由国家征用后才能转让。

（2）土地增值税是对国有土地使用权及其地上的建筑物和附着物的转让行为征税。我国土地分为国有土地和集体土地，无论是单独转让国有土地使用权还是将土地使用权、土地上的建筑物及其附着物一并转让，均应按规定缴纳土地增值税。

（3）土地增值税是对转让房地产并取得收入的行为征税。需要缴纳土地增值税的是有偿转让的房地产，以继承、赠与等方式无偿转让的房地产无须缴纳土地增值税。

二、征收范围的特殊规定

(1) 房地产的出租。房地产的出租，出租人虽取得了收入，但没有发生房产产权、土地使用权的转让，因此不属于土地增值税的征税范围。

(2) 房地产的抵押。由于房产的产权、土地使用权在抵押期间产权并没有发生权属的变更，房产的产权所有人、土地使用权人仍能对房地产行使占有、使用、收益等权利，房产的产权所有人、土地使用权人虽然在抵押期间取得了一定的抵押贷款，但实际上这些贷款在抵押期满后是要连本带利偿还给债权人的。因此，对房地产的抵押，在抵押期间不征收土地增值税。待抵押期满后，视该房地产是否转移占有而确定是否征收土地增值税。对于以房地产抵债而发生房地产权属转让的，应列入土地增值税的征税范围。

(3) 房地产的交换。由于这种行为既发生了房产产权、土地使用权的转移，交换双方又取得了实物形态的收入，按《土地增值税暂行条例》的规定，它属于土地增值税的征税范围。但对个人之间互换自有居住用房地产的，经当地税务机关核实，可以免征土地增值税。

(4) 以房地产进行投资、联营。对于以房地产进行投资、联营的，投资、联营的一方以土地（房地产）作价入股进行投资或作为联营条件，将房地产转让到所投资、联营的企业中时，暂免征收土地增值税。对投资、联营企业将上述房地产再转让的，应征收土地增值税。

(5) 合作建房。对于一方出地，一方出资金，双方合作建房，建成后按比例分房自用的，暂免征收土地增值税；建成后转让的，应征收土地增值税。

(6) 以继承、赠与方式转让房地产。这种情况因其只发生房地产产权的转让，没有取得相应的收入，属于无偿转让房地产的行为，所以不能将其纳入土地增值税的征税范围。

(7) 房地产的代建房行为。在代建房行为中，对于房地产开发公司而言，虽然取得了收入，但没有发生房地产权属的转移，其收入属于劳务收入性质，故不属于土地增值税的征税范围。

(8) 房地产的重新评估。这主要是指国有企业在清产核资时对房地产进行重新评估而使其升值的情况。这种情况房地产虽然有增值，但其既没有发生房地产权属的转移，房产产权所有人、土地使用权人也未取得收入，所以不属于土地增值税的征税范围。

(9) 企业兼并转让房地产。在企业兼并中，对被兼并企业将房地产转让到兼并企业中的，暂免征收土地增值税。

第四节　税率

土地增值税实行四级超率累进税率，其税率设计的基本原则是，土地增值多的多征税，土地增值少的少征税，无土地增值的不征税。具体来说就是通过较低税率体现对正常的房地产开发经营者的鼓励，通过较高税率抑制炒买炒卖房地产的投机者，以发挥国家对房地产市场的宏观调控作用。

土地增值税的税率以增值率为累进依据。其增值率就是增值额占税法规定的扣除项目金额的比例。

(1) 对增值额未超过扣除项目金额50%的部分，税率为30%；

(2) 对增值额超过扣除项目金额50%，未超过扣除项目金额100%的部分，税率为40%；

(3) 对增值额超过扣除项目金额100%，未超过扣除项目金额200%的部分，税率为50%；

(4) 对增值额超过扣除项目金额200%的部分，税率为60%。

四级超率累进税率见表9—1。

表9—1　土地增值税四级超率累进税率表

级数	增值额与扣除项目金额的比率	税率（%）	速算扣除系数（%）
1	不超过50%（含）的部分	30	0
2	超过50%至100%（含）的部分	40	5
3	超过100%至200%（含）的部分	50	15
4	超过200%的部分	60	35

第五节　应纳税额的计算

一、增值额的确定

（一）应税收入的确定

根据《土地增值税暂行条例》及其实施细则的规定，纳税人转让房地产取得的应税收入，应包括转让房地产的全部价款及有关的经济收益。从收入的形式来看，包括货币收入、实物收入和其他收入。

(1) 货币收入是指纳税人转让房地产而取得的现金、银行存款、支票、银行本票、汇票等各种信用票据和国库券、金融债券、企业债券、股票等有价证券。这些类型的收入其实质都是转让方因转让土地使用权、房屋产权而向取得方收取的价款。

(2) 实物收入是指纳税人转让房地产而取得的各种实物形态的收入，如钢材、水泥等建材，房屋、土地等不动产。

(3) 其他收入是指纳税人转让房地产而取得的无形资产收入或具有财产价值的权利，如专利权、商标权、著作权、专有技术使用权、土地使用权、商誉权等。

（二）扣除项目的确定

计算土地增值税应纳税额时，并不是以转让房地产所取得的收入额为计税依据，而是以收入额减除税法规定的各项扣除项目金额后的余额作为计税依据计算征税，这个余额就是纳税人在转让房地产中获取的增值额。税法准予纳税人从转让收入额中减除的扣除项目包括如下几项：

(1) 取得土地使用权所支付的金额。取得土地使用权所支付的金额包括以下两方面的内容：

1) 纳税人为取得土地使用权所支付的地价款。如果是以协议、招标、拍卖等出让方式取得土地使用权的，地价款为纳税人所支付的土地出让金；如果是以行政划拨方式取得土地使用权的，地价款为按照国家有关规定补交的土地出让金；如果是以转让方式取得土地使用权的，地价款为向原土地使用权人实际支付的地价款。

2) 纳税人在取得土地使用权时按国家统一规定缴纳的有关费用。有关费用是指纳税人在取得土地使用权过程中为办理有关手续，按国家统一规定缴纳的有关登记、过户手续费。

(2) 房地产开发成本。房地产开发成本是指纳税人房地产开发项目实际发生的成本，包括土地征用及拆迁补偿费、前期工程费、建筑安装工程费、基础设施费、公共配套设施费、开发间接费用等。

1) 土地征用及拆迁补偿费，包括土地征用费、耕地占用税、劳动力安置费及有关地上、地下附着物拆迁补偿的净支出、安置动迁用房支出等。

2) 前期工程费，包括规划、设计、项目可行性研究和水文、地质、勘察、测绘、“三通一平”等支出。

3) 建筑安装工程费，指以出包方式支付给承包单位的建筑安装工程费，以自营方式发生的建筑安装工程费。

4) 基础设施费，包括开发小区内道路、供水、供电、供气、排污、排洪、通讯、照明、环卫、绿化等工程发生的支出。

5) 公共配套设施费，包括不能有偿转让的开发小区内公共配套设施发生的支出。

6) 开发间接费用，指直接组织、管理开发项目发生的费用，包括工资、职工福利费、折旧费、修理费、办公费、水电费、劳动保护费、周转房摊销等。

(3) 房地产开发费用。房地产开发费用是指与房地产开发项目有关的销售费用、管理费用和财务费用。根据现行财务会计制度的规定，这三项费用作为期间费用，直接计入当期损益，不按成本核算对象进行分摊。作为土地增值税扣除项目的房地产开发费用，不按纳税人房地产开发项目实际发生的费用进行扣除，而按《土地增值税暂行条例实施细则》规定的标准进行扣除。

《土地增值税暂行条例实施细则》规定，财务费用中的利息支出，凡能够按转让房地产项目计算分摊并提供金融机构证明的，允许据实扣除，但最高不能超过按商业银行同类同期贷款利率计算的金额。其他房地产开发费用，按取得土地使用权所支付的金额和房地产开发成本计算的金额之和的5%以内计算扣除。凡不能按转让房地产项目计算分摊利息支出或不能提供金融机构证明的，房地产开发费用按取得土地使用权所支付的金额和房地产开发成本计算的金额之和的10%以内计算扣除。计算扣除的具体比例，由各省、自治区、直辖市人民政府规定。

此外，财政部、国家税务总局还对扣除项目金额中利息支出的计算问题作了两点专门规定：一是利息的上浮幅度按国家的有关规定执行，超过上浮幅度的部分不允许扣除；二是对于超过贷款期限的利息部分和加罚的利息不允许扣除。

(4) 与转让房地产有关的税金。与转让房地产有关的税金是指在转让房地产时缴纳的营业税、城市维护建设税、印花税。因转让房地产缴纳的教育费附加，也可视同税金予以扣除。

需要明确的是，房地产开发企业按照《施工、房地产开发企业财务制度》有关规定在转让时缴纳的印花税因列入管理费用中，故在此不允许单独再扣除。其他纳税人缴纳的印花税（按产权转移书据所载金额的0.5‰贴花）允许在此扣除。

（5）其他扣除项目。对从事房地产开发的纳税人可按取得土地使用权所支付的金额和房地产开发成本计算的金额之和，加计20%扣除。在此需特别指出的是：此优惠只适用于从事房地产开发的纳税人，除此之外的其他纳税人不适用。这样规定的目的是抑制炒买炒卖房地产的投机行为，保护正常开发投资者的积极性。

（6）旧房及建筑物的评估价格。旧房及建筑物的评估价格是指在转让已使用的房屋及建筑物时，由政府批准设立的房地产评估机构评定的重置成本价乘以成新度折扣率后的价格。评估价格须经当地税务机关确认。

重置成本价是指对旧房及建筑物按转让时的建材价格及人工费用计算，建造同样面积、同样层次、同样结构、同样建设标准的新房及建筑物所需花费的成本费用。成新度折扣率是指按旧房的新旧程度作一定比例的折扣。

此外，转让旧房的，应以房屋及建筑物的评估价格、取得土地使用权所支付的地价款和按国家统一规定缴纳的有关费用及在转让环节缴纳的税金作为扣除项目金额计征土地增值税。对取得土地使用权时未支付地价款或不能提供已支付的地价款凭据的，在计征土地增值税时不允许扣除。

另外，对纳税人成片受让土地使用权后，分期分批开发、分块转让的，其扣除项目金额的确定，可按转让土地使用权的面积占总面积的比例计算分摊，或按建筑面积计算分摊，也可按税务机关确认的其他方式计算分摊。

二、应纳税额的计算

土地增值税按照纳税人转让房地产所取得的增值额和规定的税率计算征收。土地增值税的计算公式是：

$$应纳税额 = \sum(每级距的土地增值额 \times 适用税率)$$

但在实际征收中，分步计算比较繁琐，为了方便计算，一般可采用速算扣除法计算，即按增值额与适用税率的乘积减去扣除项目金额与速算扣除系数的乘积的简便方法计算。计算公式如下：

$$应纳税额=增值额\times 适用税率-扣除项目金额\times 速算扣除系数$$

【例9—1】 地处某市的一房地产开发企业建造商品房一幢，建房总支出4 500万元，具体包括：支付地价款400万元；支付土地征用及拆迁补偿费160万元；支付前期工程费190万元；支付基础设施费280万元；支付建筑安装工程费2 140万元；支付公共配套设施费260万元；支付期间费用900万元，其中利息支出820万元（利息能按房地产项目分摊，并有金融机构贷款证明），其他房地产开发费用扣除比例为5%。房屋竣工后将其出售，取得收入10 800万元。请计算该房地产开发企业应纳的土地增值税。

解答：

允许扣除的取得土地使用权支付的金额＝400（万元）

允许扣除的房地产开发成本＝160＋190＋280＋2 140＋260＝3 030（万元）

允许扣除的房地产开发费用＝820＋（400＋3 030）×5%＝991.50（万元）

允许扣除的税金＝540＋54＝594（万元）

其中：应纳营业税＝10 800×5%＝540（万元）

应纳城市维护建设税及教育附加＝540×（7%＋3%）＝54（万元）

允许扣除的其他扣除项目＝（400＋3 030）×20%＝686（万元）

允许扣除项目合计＝400＋3 030＋991.50＋594＋686＝5 701.50（万元）

增值额＝10 800－5 701.50＝5 098.50（万元）

增值额占扣除项目金额比率＝5 098.50÷5 701.50×100%＝89.42%

应纳土地增值税＝5 098.50×40%－5 701.50×5%＝1 754.33（万元）

第六节　税收优惠

对房地产转让征收土地增值税，涉及面广，政策性强。为了促进房地产开发结构的调整，改善城市居民的居住条件，并有利于城市改造规划的实施，《土地增值税暂行条例》及有关法规规定了一些减免项目，具体如下所述。

（1）建造普通标准住宅出售，增值额未超过扣除项目金额20%的，免征土地增值税。

所谓“普通标准住宅”，是指按所在地一般民用住宅标准建造的居住用住宅。高级公寓、别墅、小洋楼、度假村，以及超面积、超标准豪华装修的住宅，均不属于普通标准住宅。普通标准住宅与其他住宅的具体界限，由省级人民政府规定。

对纳税人既建普通标准住宅，又搞其他房地产开发的，应分别核算增值额；不分别核算增值额或不能准确核算增值额的，其建造的普通标准住宅不适用该免税规定。

（2）因国家建设需要而被政府征用、收回的房地产，免征土地增值税。

该类房地产是指因城市市政规划、国家建设需要拆迁而被政府征用、收回的房地产。由于上述原因，纳税人自行转让房地产的，亦给予免税。

税法之所以对建造普通标准住宅和政府征用、收回的房地产给予免税优惠，主要是因为这类房地产一般属于政策要求必建的微利项目，其投资相对较大、收益相对较小，因此国家应当从政策上给予支持和鼓励，同时也可以避免征收土地增值税后又征所得税而导致负担过重的问题。

（3）自2008年1月1日起，对个人销售住房暂免征收土地增值税。

第七节　征收管理与申报缴纳

一、申报纳税程序

根据《土地增值税暂行条例》的规定，纳税人应自转让房地产合同签订之日起7日内向房地产所在地的主管税务机关办理纳税申报，同时向税务机关提交房屋及建筑物产权、土地使用权证书，土地转让、房产买卖合同，房地产评估报告及其他与转让房地产有关的资料，在税务机关核定的期限内缴纳土地增值税。纳税人因经常发生转让房地产行为而难以在每次转让后申报的，经税务机关审核同意后，可以定期进行纳税申报，具体期限由税务机关确定。纳税人按规定办理纳税手续后，持纳税凭证到房产、土地管理部门办理产权变更手续。

在实际工作中，土地增值税的纳税人主要分为两大类：一类是从事房地产开发（包括专营和兼营）的纳税人，也就是通常所说的房地产开发公司；另一类是其他的纳税人。这两类纳税人办理纳税申报的内容和方法不尽相同。

（一）房地产开发公司办理纳税申报

纳税人应当在签订房地产转让合同、发生纳税义务后7日内或在税务机关核定的期限内，按照税法规定，向主管税务机关办理纳税申报，并同时提供下列证明件和资料：

（1）房屋产权、土地使用权证书。

（2）土地转让、房产买卖合同。

（3）与转让房地产有关的资料，主要包括：取得土地使用权所支付的金额；房地产开发成本方面的财务会计资料；房地产开发费用方面的资料；与房地产转让有关的税金的完税凭证；其他与房地产有关的资料。

（4）根据税务机关的要求提供房地产评估报告，是指当税务机关认定纳税人所提供的转让房地产所取得的收入或扣除项目金额不实，不能作为计税依据，必须进行房地产评估时，由纳税人交由政府批准设立的评估机构按税法规定进行房地产评估所作的评估报告。

税务机关应当对上述纳税资料，包括合同或批件文本等，进行严格审查。其中，涉及税收减免和分次纳税等的审查内容包括：

（1）签订房地产转让合同、房地产开发合同或立项的具体日期和签订土地受让合同的具体日期，以及按合同规定投入开发资金的到位情况。要求就上述合同提供是否属于1994年1月1日以前签订的有关证明材料，作为税务机关对该项目确定是否征税的参考依据。

（2）房地产开发项目的类型。要求对开发项目是否属于普通标准住宅进行备案，作为税务机关确定对其是否征税的参考依据。

（3）房地产转让的形式。即对一个项目是一次性销售还是分次销售、采取的是销售方式还是预售方式进行备案，作为税务机关核定申报及纳税时间的参考依据。

（二）房地产开发公司以外的其他纳税人办理纳税申报

该类纳税人应自签订房地产转让合同之日起7日内到房地产所在地的主管税务机关进行纳税申报，并提供下列资料：

（1）房屋及建筑物产权、土地使用权证书。

（2）土地转让、房产买卖合同。

（3）房地产评估报告。如果转让的是旧房，必须出具政府指定的评估机构按税法规定所作的评估报告。

（4）与转让房地产有关的税金的完税凭证。

（5）其他与转让房地产有关的资料，如房地产的原造价或买价等。

二、纳税期限和缴纳方法

土地增值税按照转让房地产所取得的实际收益计算征收，由于计税时要涉及房地产开发的成本和费用，有时还要进行房地产评估等，因此，其纳税时间就不可能像其他税种那样作出统一规定，而是要根据房地产转让的不同情况，由主管税务机关具体确定。

（一）以一次交割、付清价款方式转让房地产的

对于这种情况，主管税务机关可在纳税人办理纳税申报后，根据其应纳税额的大小及向有关部门办理过户、登记手续的期限等，规定其在办理过户、登记手续前数日内一次性缴纳全部土地增值税。

（二）以分期收款方式转让房地产的

对于这种情况，主管税务机关应根据合同规定的收款日期来确定具体的纳税期限。即先计算出应缴纳的全部土地增值税税额，再按总税额除以转让房地产的总收入，求得应纳税额占总收入的比例，然后在每次收到价款时，按收到价款的数额乘以这个比例来确定每次应纳的税额，并规定其应在每次收款后数日内缴纳土地增值税。

（三）项目全部竣工结算前转让房地产的

纳税人在项目全部竣工结算前转让房地产取得的收入，由于涉及成本核算或其他原因，无法据实计算土地增值税的，可以预征土地增值税，待该项目全部竣工、办理结算后再进行清算，多退少补。主要涉及以下两种情况：

(1) 纳税人进行小区开发建设的，其中一部分房地产项目先行开发并已转让出去，但小区内的部分配套设施往往在转让后才建成。在这种情况下，税务机关可对先行转让的项目在取得收入时预征土地增值税。

(2) 纳税人以预售方式转让房地产的，对在办理结算和转交手续前就取得的收入，税务机关也可以预征土地增值税。具体办法由省级地方税务局根据当地情况制定。

根据税法规定，凡采用预征方法征收土地增值税的，如果满足土地增值税的清算条件，则应对土地增值税进行清算。

三、纳税地点

土地增值税由房地产所在地的税务机关负责征收。所谓“房地产所在地”，是指房地产的坐落地。不论纳税人的机构所在地、经营所在地、居住所在地设在何处，均应在房地产的所在地申报纳税。实践中分以下两种情况：

(1) 纳税人是法人的。当纳税人转让的房地产的坐落地与其机构所在地或经营所在地同在一地时，可在办理税务登记的原管辖税务机关申报纳税；如果转让的房地产坐落地与其机构所在地或经营所在地不在一地时，则应在房地产坐落地的主管税务机关申报纳税。纳税人转让的房地产坐落在两个或两个以上地区的，应按房地产所在地分别申报纳税。

(2) 纳税人是自然人的。当纳税人转让的房地产的坐落地与其居住所在地同在一地时，应在其居住所在地的税务机关申报纳税；如果转让的房地产的坐落地与其居住所在地不在一地时，则在办理过户手续所在地的主管税务机关申报纳税。

四、纳税申报

1995 年 5 月 17 日，国家税务总局制定并下发了《土地增值税纳税申报表》。此表包括适用于从事房地产开发纳税人的《土地增值税项目登记表》和《土地增值税纳税申报表》（见表 9—2），适用于非从事房地产开发纳税人的《土地增值税纳税申报表》（见表 9—3）。国家税务总局同时规定，纳税人必须按照税法的有关规定向房地产所在地主管税务机关如实申报转让房地产所取得的收入、扣除项目金额以及应纳土地增值税税额，并按期缴纳税款。

表 9—2　　**土地增值税纳税申报表**

（从事房地产开发的纳税人适用）

填表日期：　　年　月　日

纳税人识别号：　　　　　　　　　　　　金额单位：元（列至角分）

纳税人名称		税款所属时间	
项　目		行　次	金　额
一、转让房地产收入总额 1=2+3		1	
其	货币收入	2	
中	实物收入及其他收入	3	
二、扣除项目金额合计 4=5+6+13+16+20		4	
1. 取得土地使用权所支付的金额		5	
2. 房地产开发成本 6=7+8+9+10+11+12		6	
	土地征用及拆迁补偿费	7	
	前期工程费	8	
其	建筑安装工程费	9	
中	基础设施费	10	
	公共配套设施费	11	
	开发间接费用	12	
3. 房地产开发费用 13=14+15		13	
其	利息支出	14	
中	其他房地产开发费用	15	
4. 与转让房地产有关的税金等 16=17+18+19		16	
其	营业税	17	
	城市维护建设税	18	
中	教育费附加	19	
5. 财政部规定的其他扣除项目		20	
三、增值额 21=1−4		21	
四、增值额与扣除项目金额之比（%）22=21÷4		22	
五、适用税率（%）		23	
六、速算扣除系数（%）		24	
七、应缴土地增值税税额 25=21×23−4×24		25	
八、已缴土地增值税税额		26	
九、应补（退）土地增值税税额 27=25−26		27	

如纳税人填报，由纳税人填写以下各栏		如委托代理人填报，由代理人填写以下各栏				备注
会计主管（签章）	纳税人（公章）	代理人名称		代理人（公章）		
		代理人地址				
		经办人姓名		电话		
以下由税务机关填写						
收到申报表日期		接收人				

表 9—3　　土地增值税纳税申报表

（非从事房地产开发的纳税人适用）

填表日期：　　年　月　日

纳税人识别号：□□□□□□□□□□□□□□□　　　　金额单位：元（列至角分）

纳税人名称		税款所属时间	
项　　目		行　次	金　额
一、转让房地产收入总额 1＝2＋3		1	
其中	货币收入	2	
	实物收入及其他收入	3	
二、扣除项目金额合计 4＝5＋6＋9		4	
1. 取得土地使用权所支付的金额		5	
2. 旧房及建筑物的评估价格 6＝7×8		6	
其中	旧房及建筑物的重置成本价	7	
	成新度折扣率	8	
3. 与转让房地产有关的税金等 9＝10＋11＋12＋13		9	
其中	营业税	10	
	城市维护建设税	11	
	印花税	12	
	教育费附加	13	
三、增值额 14＝1－4		14	
四、增值额与扣除项目金额之比（%）15＝14－4		15	
五、适用税率（%）		16	
六、速算扣除系数（%）		17	
七、应缴土地增值税税额 18＝14×16－4×17		18	

如纳税人填报，由纳税人填写以下各栏		如委托代理人填报，由代理人填写以下各栏				备注
会计主管（签章）	纳税人（公章）	代理人名称		代理人（公章）		
		代理人地址				
		经办人姓名		电话		
以下由税务机关填写						
收到申报表日期		接收人				

复习思考题

1. 土地增值税的特点是什么？

2. 土地增值税的费用扣除项目是如何规定的?
3. 土地增值税的税率是如何规定的?
4. 土地增值税的减免税优惠是如何规定的?

第十章 印花税

本章要点提示

- 印花税的特点
- 印花税的征收范围
- 印花税的纳税人
- 印花税的税率

第一节 印花税概述

一、印花税的概念

印花税是对经济活动和经济交往中书立、使用、领受应税凭证的单位和个人征收的一种税，因其完税方法是在应税凭证上购买和粘贴一定数量的印花税票而得名。

印花税是世界各国普遍征收的税种，有着悠久的历史。印花税 1624 年始创于荷兰，后为许多国家所效法，现已有 90 多个国家和地区开征此税，范围遍及发达国家和发展中国家，有些国家的印花税收入在全部税收收入中还占有较大的比重。

我国的印花税是由北洋军阀政府于 1912 年首次开征的，1927 年国民党政府公布了印花税条例。新中国成立后，政务院于 1950 年公布了印花税条例，在全国范围内开征印花税。1953 年和 1956 年两次修订条例，缩小范围，减少税目。1958 年税制改革时，印花税并入了工商统一税，从此不再单独征收。改革开放后，我国恢复了印花税的征收。1988 年 8 月 6 日，国务院发布《中华人民共和国印花税暂行条例》，自 1988 年 10 月 1 日起施行。

二、印花税的特点

（一）以应税凭证为课税对象，征税范围广

印花税的课税对象是税法列举的各种应税凭证，包括合同或者具有合同性质的凭证、产权转移书据、营业账簿及权利、许可证照等五大类13个税目，涉及经济活动的方方面面，范围广泛，内容丰富，形式多样。这与其他税种以货物、财产或价值额为课税对象明显不同。

（二）采用粘贴印花税票的方式自行完税

印花税的应纳税额不采取直接向税务机关缴纳的办法，而是由纳税人根据自己书立、使用和领受应税凭证的情况，事先向税务机关购买印花税票，然后按应纳税额将其一次性粘贴在各种应税凭证上，并自行注销或画销。这种自行计算、自行完税的做法，与其他税种由纳税人直接向税务机关申报纳税的做法不同。

（三）轻税重罚

印花税根据应税凭证的不同性质和特点规定了高低不同的税率，其中按比例税率纳税的，最高税率为千分之一，最低税率为万分之零点五；按定额税率征税的，每件贴花5元。与其他税种相比，印花税税负非常轻，易于为纳税人所接受。但是，纳税人如果违反税法，未贴、少贴、不注销印花税票或把已贴用的税票揭下来重用等，税务机关将依法对其处以数倍的罚款，体现了轻税重罚的特点。

三、开征印花税的意义

（一）有利于筹集稳定可靠的财政收入

经济生活中的应税凭证面广量大，使用频繁，凡税法列举的都必须纳税，这就给印花税提供了广泛的税源；印花税以应税凭证上记载的经济活动金额或账簿凭证数量为计税依据，随着经济活动规模的不断扩大，相应的应纳税额也会同步增长；印花税应纳税额的计算与纳税人经营成本和盈利水平的高低没有直接联系，计税简便，征纳成本低，收入稳定，不会出现大的起伏；印花税税负虽轻，但积少成多，取微用宏，可以为国家筹集稳定可靠的财政收入。

（二）有利于促进经济行为规范化

合同凭证是经济活动的真实记录和法定文书。随着经济活动规模和层次的不断发展，各类合同、凭证、证照会大量增加，通过粘贴印花和证照检查，可以督促纳税人正确使用各种经济合同、凭证，增强遵纪守法意识，提高履约率，从而有利于促进经济行为的规范化和市场经济秩序的建立。

（三）有利于增强纳税人的自觉纳税意识

印花税实行由纳税人自行计算、自行购买、自行贴花的“三自”纳税办法，有利于增强纳税人的自觉纳税意识。

第二节　纳税义务人

印花税的纳税人是指在我国境内书立、使用、领受上述应税凭证的单位和个人，包括国内各类企业、事业单位、机关、团体、部队以及中外合资企业、合作企业、外资企业、外国企业和其他经济组织及其在华机构等单位和个人。

根据书立、使用、领受应税凭证的不同，纳税人可具体划分为以下五种：

(1) 立合同人，是指合同的当事人，即对凭证有直接权利义务的单位和个人，但不包括合同的担保人、证人、鉴定人。当事人的代理人有代理纳税义务。一份合同由两方或两方以上当事人共同签订的，签合同的各方均为纳税人。

(2) 立据人，是指书立产权转移书据的单位和个人。

(3) 立账簿人，是指开立并使用营业账簿的单位和个人。

(4) 领受人，是指领取并持有权利、许可证照的单位和个人。

(5) 使用人，是指在国外书立或领受，在国内使用应税凭证的单位和个人。

(6) 各类电子应税凭证的签订人。即以电子形式签订的各类应税凭证的当事人。

合同、书据等凡是由两方或两方以上当事人共同书立的，其当事人各方都为纳税人。政府部门发给的权利、许可证照，领受人为纳税人。

第三节　征税对象

印花税的征税对象是税法列举的各种应税凭证，具体包括五大类13个应税项目。

一、经济合同类

经济合同是指根据《中华人民共和国合同法》和其他有关法规订立的合同以及具有合同性质的凭证。其中，具有合同性质的凭证是指具有合同效力的协议、契约、单据、确认书以及其他各种名称的凭证。

税法列举的应税合同有：

(1) 购销合同，包括供应、预购、采购、购销结合及协作、调剂、补偿、贸易等合同，此外还包括出版单位与发行单位之间订立的图书、报纸、期刊和音像制品的应税凭证，例如订购单、订数单等。

(2) 加工承揽合同，包括加工、定做、修缮、修理、印刷、广告、测绘、测试等合同。

(3) 建设工程勘察设计合同，包括勘察、设计合同。

(4) 建筑安装工程承包合同，包括建筑、安装工程承包合同。承包合同又分为总承包合同、分包合同和转包合同。

(5) 财产租赁合同，包括租赁房屋、船舶、飞机、机动车辆、机械、器具、设备等合同，还包括企业、个人出租门店、柜台等签订的合同。

(6) 货物运输合同，包括民用航空运输、铁路运输、海上运输、内河运输、公路运输和联运合同，以及作为合同使用的单据。

(7) 仓储保管合同，包括仓储、保管合同，以及作为合同使用的仓单、栈单等。

(8) 借款合同，包括银行及其他金融组织与借款人（不包括银行同业拆借）所签订的合同，以及只签开借据并作为合同使用、取得银行借款的借据。银行及其他金融机构经营的融资租赁业务，是一种以融物方式达到融资目的的业务，实际上是分期偿还的固定资产借款，因此融资租赁合同也属于借款合同。

(9) 财产保险合同，包括财产、责任、保证、信用等保险合同，以及作为合同使用的单据。它具体分为企业财产保险、机动车辆保险、货物运输保险、家庭财产保险和农牧业保险五大类。家庭财产两全保险也属于家庭财产保险性质，应照章纳税。

(10) 技术合同，包括技术开发、转让、咨询、服务等合同，以及作为合同使用的单据。

二、产权转移书据类

产权转移书据是指单位和个人产权的买卖、继承、赠与、交换、分割等所立的书据，具体包括财产所有权和版权、商标专用权、专利权、专有技术使用权等转移书据。其中财产所有权转移书据的征税范围是指经政府管理机关登记注册的动产、不动产的所有权转移所书立的书据，以及企业股权转让所立的书据。

三、营业账簿类

营业账簿是指单位或者个人记载生产经营活动的财务会计核算账簿。营业账簿按其反映内容的不同，可分为记载资金的账簿和其他账簿。记载资金的账簿，是指反映生产经营单位资本金数额增减变化的账簿；其他账簿是指除上述账簿以外的有关其他生产经营活动内容的账簿，包括日记账簿和各种明细分类账簿。

四、权利、许可证照类

权利、许可证照包括政府部门发给的房屋产权证、工商营业执照、商标注册证、专利证和土地使用证。

五、其他凭证类

指除上述四类凭证以外，经财政部确定征税的其他凭证。

第四节　税率

印花税的税率有两种形式，即比例税率和定额税率。

一、比例税率

在印花税的13个税目中，各类合同以及具有合同性质的凭证、产权转移书据、营业账簿中记载资金的账簿，适用比例税率。

印花税的比例税率分为4个档次，分别是0.05‰、0.3‰、0.5‰、1‰。

(1) 适用0.05‰税率的为“借款合同”。

(2) 适用0.3‰税率的为“购销合同”、“建筑安装工程承包合同”、“技术合同”。

(3) 适用0.5‰税率的是“加工承揽合同”、“建设工程勘察设计合同”、“货物运输合同”、“产权转移书据”、“营业账簿”税目中记载资金的账簿。

(4) 适用1‰税率的为“财产租赁合同”、“仓储保管合同”、“财产保险合同”。

(5) 适用1‰税率的还有“股权转让书据”。（自2001年11月16日起，由4‰改为按2‰征收，自2005年1月24日起调为1‰，包括A股和B股；自2007年5月30日起调为3‰；自2008年9月19日起，调整证券（股票）交易印花税征收方式，对出让方按千分之一的税率单边征收证券（股票）交易印花税，对受让方不再征税。）

二、定额税率

在印花税的13个税目中，“权利、许可证照”和“营业账簿”税目中的其他账簿，适用定额税率，均为按件贴花，税额为5元。

印花税税目税率表见表10—1。

表10—1　　印花税税目税率表

税目	范围	税率	纳税人	说明
1. 购销合同	包括供应、预购、采购、购销结合及协作、调剂、补偿、易货等合同	按购销金额0.3‰贴花	立合同人	
2. 加工承揽合同	包括加工、定做、修缮、修理、印刷、广告、测绘、测试等合同	按加工或承揽收入0.5‰贴花	立合同人	
3. 建设工程勘察设计合同	包括勘察、设计合同	按收取费用0.5‰贴花	立合同人	
4. 建筑安装工程承包合同	包括建筑、安装工程承包合同	按承包金额0.3‰贴花	立合同人	

续前表

税目	范围	税率	纳税人	说明
5. 财产租赁合同	包括租赁房屋、船舶、飞机、机动车辆、机械、器具、设备等合同	按租赁金额1‰贴花，税额不足1元按1元贴花	立合同人	
6. 货物运输合同	包括民用航空运输、铁路运输、海上运输、内河运输、公路运输和联运合同	按运输收取的费用0.5‰贴花	立合同人	单据作为合同使用的，按合同贴花
7. 仓储保管合同	包括仓储、保管合同	按仓储收取的保管费用1‰贴花	立合同人	仓单或栈单作为合同使用的，按合同贴花
8. 借款合同	银行及其他金融组织和借款人(不包括银行同业拆借) 所签订的借款合同	按借款金额0.05‰贴花	立合同人	单据作为合同使用的，按合同贴花
9. 财产保险合同	包括财产、责任、保证、信用等保险合同	按收取的保险费收入1‰贴花	立合同人	单据作为合同使用的，按合同贴花
10. 技术合同	包括技术开发、转让、咨询、服务等合同	按所记载金额0.3‰贴花	立合同人	
11. 产权转移书据	包括财产所有权和版权、商标专用权、专利权、专有技术使用权等转移书据，以及土地使用权出让合同、土地使用权转让合同、商品房销售合同	按所记载金额0.5‰贴花	立据人	
12. 营业账簿	生产、经营用账册	记载资金的账簿按实收资本和资本公积的合计金额0.5‰贴花，其他账簿按件贴花5元	立账簿人	
13. 权利、许可证照	包括政府部门发给的房屋产权证、工商营业执照、商标注册证、专利证、土地使用证	按件贴花5元	领受人	

第五节　计税依据的确定和应纳税额的计算

一、计税依据的确定

（一）计税依据的一般规定

印花税的计税依据为各种应税凭证上所记载的计税金额。具体规定为：

(1) 购销合同的计税依据为合同记载的购销金额。

(2) 加工承揽合同的计税依据为加工或承揽收入的金额。具体为：

1) 对于由受托方提供原材料的加工、定做合同，凡在合同中分别记载加工费金额和原材料金额的，应分别按加工承揽合同、购销合同计税，两项税额相加数，即为合同应贴印花；若合同中未分别记载，则应就全部金额依照加工承揽合同计税贴花。

2）对于由委托方提供主要材料或原料，受托方只提供辅助材料的加工合同，无论加工费和辅助材料金额是否分别记载，均以辅助材料与加工费的合计数，依照加工承揽合同计税贴花。对委托方提供的主要材料或原料金额不计税贴花。

(3) 建设工程勘察设计合同的计税依据为收取的费用。

(4) 建筑安装工程承包合同的计税依据为承包金额。

(5) 财产租赁合同的计税依据为租赁金额；经计算，税额不足1元的，按1元贴花。

(6) 货物运输合同的计税依据为取得的运输费金额（即运费收入），不包括所运货物的金额、装卸费和保险费等。

(7) 仓储保管合同的计税依据为收取的仓储保管费用。

(8) 借款合同的计税依据为借款金额。针对实际借贷活动中不同的借款形式，税法规定了不同的计税方法：

1）凡是一项信贷业务既签订借款合同，又一次或分次填开借据的，只以借款合同所载金额为计税依据计税贴花；凡是只填开借据并作为合同使用的，应以借据所载金额为计税依据计税贴花。

2）借贷双方签订的流动资金周转性借款合同，一般按年（期）签订，规定最高限额，借款人在规定的期限和最高限额内随借随还。为避免加重借贷双方的负担，对这类合同只以其规定的最高额为计税依据，在签订时贴花一次，在限额内随借随还不签订新合同的，不再另贴印花。

3）对借款方以财产作抵押，从贷款方取得一定数量抵押贷款的合同，应按借款合同贴花；在借款方因无力偿还借款而将抵押财产转移给贷款方时，应再就双方书立的产权书据，按产权转移书据的有关规定计税贴花。

4）对银行及其他金融组织的融资租赁业务签订的融资租赁合同，应按合同所载租金总额，暂按借款合同计税。

5）在贷款业务中，如果贷方系由若干银行组成的银团，银团各方均承担一定的贷款数额。借款合同由借款方与银团各方共同书立，各执一份合同正本。对这类合同，借款方与贷款银团各方应分别在所执的合同正本上按各自的借款金额计税贴花。

6）在基本建设贷款中，如果按年度用款计划分年签订借款合同，在最后一年按总概算签订借款总合同，且总合同的借款金额包括各个分合同的借款金额的，对这类基建借款合同，应按分合同分别贴花，最后签订的总合同，只就借款总额扣除分合同借款金额后的余额计税贴花。

(9) 财产保险合同的计税依据为支付（收取）的保险费，不包括所保财产的金额。

(10) 技术合同的计税依据为合同所载的价款、报酬或使用费。为了鼓励技术研究开发，对技术开发合同只就合同所载的报酬金额计税。研究开发经费不作为计税依据，单对合同约定按研究开发经费一定比例作为报酬的，应按一定比例的报酬金额贴花。

(11) 产权转移书据的计税依据为所载金额。

(12)“营业账簿”税目中记载资金的账簿的计税依据为“实收资本”与“资本公积”两项的合计金额。实收资本，包括现金、实物、无形资产和材料物资。现金按实际收到或存入纳税人开户银行的金额确定。实物指房屋、机器等，按评估确认的价值或者合同、协议约定的价格确定。无形资产和材料物资，按评估确认的价值确定。

资本公积，包括接受捐赠、法定财产重估增值、资本折算差额、资本溢价等。如果是实物捐赠，则按同类资产的市场价格或有关凭据确定。

其他账簿的计税依据为应税凭证件数。

(13) 权利、许可证照的计税依据为应税凭证件数。

(二) 计税依据的特殊规定

(1) 上述凭证以“金额”、“收入”、“费用”作为计税依据的，应当全额计税，不得作任何扣除。

(2) 同一凭证载有两个或两个以上经济事项而适用不同税目税率，如分别记载金额的，应分别计算应纳税额，相加后按合计税额贴花；如未分别记载金额的，按税率高的计税贴花。

(3) 按金额比例贴花的应税凭证，未标明金额的，应按照凭证所载数量及国家牌价计算金额；没有国家牌价的，按市场价格计算金额，然后按规定税率计算应纳税额。

(4) 对股票交易征收印花税，始于深圳和上海两地证券交易的不断发展。现行《印花税暂行条例》规定，股份制试点企业向社会公开发行的股票，因购买、继承、赠与所书立的股权转让书据，均依书立时证券市场当日实际成交价格计算的金额，由立据双方当事人分别按 3‰的税率（2007 年 5 月 30 日起执行）缴纳印花税。自 2008 年 9 月 19 日起，调整证券（股票）交易印花税征收方式，对出让方按千分之一的税率单边征收证券（股票）交易印花税，对受让方不再征税。

(5) 有些合同在签订时无法确定计税金额，如技术转让合同中的转让收入，是按销售收入的一定比例收取或是按实现利润分成的；财产租赁合同，只是规定了月（天）租金标准而无租赁期限的。对这类合同可在签订时先按定额 5 元贴花，以后结算时再按实际金额计税，补贴印花。

(6) 应纳税额不足 1 角的，免纳印花税；1 角以上的，其税额尾数不满 5 分的不计，满 5 分的按 1 角计算。

(7) 应税合同在签订时纳税义务即已产生，应计算应纳税额并贴花。不论合同是否兑现或是否按期兑现，均应贴花。

对已履行并贴花的合同，所载金额与合同履行后实际结算金额不一致的，只要双方未修改合同金额，一般不再办理完税手续。

(8) 商品购销活动中，采用以货换货方式进行商品交易签订的合同，是反映既购又销双重经济行为的合同。对此应按合同所载的购、销合计金额计税贴花。合同未列明金额的，应按合同所载购、销数量依照国家牌价或者市场价格计算应纳税额。

(9) 对有经营收入的事业单位，凡属由国家财政拨付事业经费，实行差额预算管理的单位，其记载经营业务的账簿，按其他账簿定额贴花，不记载经营业务的账簿不贴花；凡属经费来源实行自收自支的单位，其营业账簿应对记载资金的账簿和其他账簿分别计算应纳税额。跨地区经营的分支机构使用的营业账簿，应由各分支机构于其所在地计算贴花。对上级单位核拨资金的分支机构，其记载资金的账簿按核拨的账面资金额计税贴花，其他账簿按定额贴花；对上级单位不核拨资金的分支机构，只就其他账簿按件定额贴花。为避免对同一资金重复计税贴花，上级单位记载资金的账簿应按扣除拨给下属机构资金数额后的其余部分计税贴花。

(10) 施工单位将自己承包的建设项目分包或者转包给其他施工单位所签订的分包合同或者转包合同，应按新的分包合同或转包合同所载金额计算应纳税额。

(11) 应税凭证所载金额为外国货币的，应按照凭证书立当日国家外汇管理局公布的外汇牌价折合成人民币再计算应纳税额。

(12) 对国内各种形式的货物联运，凡在起运地统一结算全程运费的，应以全程运费作为计税依据，由起运地运费结算双方缴纳印花税；凡分程结算运费的，应以分程的运费作为计税依据，分别由办理运费结算的各方缴纳印花税。

对国际货运，凡由我国运输企业运输的，不论在我国境内、境外起运或中转分程运输，我国运输企业所持的一份运费结算凭证均按本程运费计算应纳税额；托运方所持的一份运费结算凭证按全程运费计算应纳税额。由外国运输企业运输进出口货物的，外国运输企业所持的一份运费结算凭证免纳印花税；托运方所持的一份运费结算凭证应缴纳印花税。国际货运运费结算凭证在国外办理的，应在凭证转回我国境内时按规定缴纳印花税。

二、应纳税额的计算

印花税的应纳税额，根据应税凭证的性质，分别按比例税率或定额税率计算。

合同和具有合同性质的凭证以及产权转移书据的印花税应纳税额的计算公式如下：

应纳税额＝计税金额×适用税率

资金账簿的印花税应纳税额的计算公式如下：

应纳税额＝(实收资本＋资本公积)×适用税率

权利、许可证照和其他账簿的印花税应纳税额的计算公式如下：

应纳税额＝应税凭证件数×单位税额

【例 10—1】 某企业某年发生以下业务事项：

(1) 与银行订立一年期借款合同一份，所载金额 500 万元。

(2) 与A公司订立产品购销合同一份，所载金额 130 万元。

(3) 与C公司订立转让技术合同，所载金额 80 万元。

(4) 实收资本比上一年增加 200 万元，其他营业账簿 15 本。

请计算该企业该年度应缴纳的印花税。

解答：

(1) 订立借款合同应纳税额＝5 000 000×0.05‰＝250（元）

(2) 订立购销合同应纳税额＝1 300 000×0.3‰＝390（元）

(3) 订立技术转让合同应纳税额＝800 000×0.3‰＝240（元）

(4) 记载资金账簿应纳税额＝2 000 000×0.5‰＝1 000（元）

其他营业账簿应纳税额＝15×5＝75（元）

该企业该年度应缴纳的印花税共计：

250＋390＋240＋1 000＋75＝1 955（元）

第六节 税收优惠

根据税法规定，下列凭证免纳印花税：

（1）已缴纳印花税凭证的副本或抄本。

（2）财产所有人将财产赠给政府、社会福利单位以及学校所立的书据。

（3）国家指定的收购部门与村民委员会、农民个人签订的农副产品收购合同。

（4）无息、贴息贷款合同。

（5）外国政府或国际金融组织向我国政府及国家金融机构提供优惠贷款所立的合同。

（6）房地产管理部门与个人签订的用于生活居住的租赁合同。

（7）农牧业保险合同。

（8）特殊货运凭证，包括军事物资运输凭证、抢险救灾物资运输凭证、新建铁路的工程临管线运输凭证。

（9）企业改制过程中有关印花税征免规定。

1）资金账簿的印花税。

实行公司制改造的企业在改制过程中成立的新企业（重新办理法人登记的），其新启用的资金账簿记载的资金或因企业建立资本纽带关系而增加的资金，凡原已贴花的部分可不再贴花，未贴花的部分和以后新增加的资金按规定贴花。公司制改造包括国有企业依《公司法》整体改造成国有独资有限责任公司；企业通过增资扩股或者转让部分产权，实现他人对企业的参股，将企业改造成有限责任公司或股份有限公司；企业以其部分财产和相应债务与他人组建新公司；企业将债务留在原企业，而以其优质财产与他人组建的新公司。

以合并或分立方式成立的新企业，其新启用的资金账簿记载的资金，凡原已贴花的部分可不再贴花，未贴花的部分和以后新增加的资金按规定贴花。合并包括吸收合并和新设合并。分立包括存续分立和新设分立。

企业债权转股权新增加的资金按规定贴花。

企业改制中经评估增加的资金按规定贴花。

企业其他会计科目记载的资金转为实收资本或资本公积的资金按规定贴花。

2）各类应税合同的印花税。企业改制前签订但尚未履行完的各类应税合同，改制后需要变更执行主体的，对仅改变执行主体、其余条款未作变动且改制前已贴花的，不再贴花。

3）产权转移书据的印花税。企业因改制签订的产权转移书据免予贴花。

4）股权分置试点改革转让的印花税。股权分置改革过程中因非流通股股东向流通股股东支付对价而发生的股权转让，暂免征收印花税。

（10）自 2008 年 11 月 1 日起，对个人销售或购买住房暂免征收印花税。

第七节　征收管理与申报缴纳

印花税由税务机关负责征收管理。

印花税票为有价证券，由国家税务局监制。其票面金额以人民币为单位，分为1角、2角、5角、1元、2元、5元、10元、50元、100元九种。

根据税额大小、贴花次数以及税收征管的需要，印花税分别采用以下三种纳税办法：

（1）自行贴花办法。该办法适用于应税凭证较少或同一种凭证缴纳税款次数较少的纳税人。

（2）汇贴或汇缴办法。对于有些应纳税额较大，不便于在凭证上粘贴印花税票的，以及同一类应税凭证需频繁贴花的，为方便纳税人纳税和提高征管效率，可采取汇贴或汇缴办法。

（3）委托代征办法。即税务机关委托权利、许可证照的发放单位和办理应纳税凭证的鉴证、公证及其他有关事项的单位代征印花税税款。上述单位在接受税务机关的委托代征任务并签订有关合作协议之后，应承担起监督纳税人依法履行纳税义务的责任。

（4）申报缴纳。印花税的纳税人应按照有关规定及时办理纳税申报，并如实填写《印花税纳税申报表》，样式见表10—2。

表10—2　　**印花税纳税申报表**

填表日期：　年　月　日

纳税人识别号：　　金额单位：元（列至角分）

<table>
<tr><td colspan="4">纳税人名称</td><td colspan="3"></td><td colspan="2">税款所属时间</td><td colspan="2"></td></tr>
<tr><td rowspan="2">应税凭证名称</td><td rowspan="2">件数</td><td rowspan="2">计税金额</td><td rowspan="2">适用税率</td><td rowspan="2">应纳税额</td><td rowspan="2">已纳税额</td><td rowspan="2">应补（退）税额</td><td colspan="4">购花贴花情况</td></tr>
<tr><td>上期结存</td><td>本期购进</td><td>本期贴花</td><td>本期结存</td></tr>
<tr><td>1</td><td>2</td><td>3</td><td>4</td><td>5=2×4或5=3×4</td><td>6</td><td>7=5−6</td><td>8</td><td>9</td><td>10</td><td>11=8+9−10</td></tr>
<tr><td></td><td></td><td></td><td></td><td></td><td></td><td></td><td></td><td></td><td></td><td></td></tr>
<tr><td></td><td></td><td></td><td></td><td></td><td></td><td></td><td></td><td></td><td></td><td></td></tr>
<tr><td></td><td></td><td></td><td></td><td></td><td></td><td></td><td></td><td></td><td></td><td></td></tr>
<tr><td></td><td></td><td></td><td></td><td></td><td></td><td></td><td></td><td></td><td></td><td></td></tr>
<tr><td></td><td></td><td></td><td></td><td></td><td></td><td></td><td></td><td></td><td></td><td></td></tr>
<tr><td colspan="4">如纳税人填报，由纳税人填写以下各栏</td><td colspan="5">如委托代理人填报，由代理人填写以下各栏</td><td colspan="2">备注</td></tr>
<tr><td colspan="2" rowspan="3">会计主管（签章）</td><td colspan="2" rowspan="3">纳税人（公章）</td><td>代理人名称</td><td></td><td colspan="3" rowspan="2">代理人（公章）</td><td colspan="2" rowspan="3"></td></tr>
<tr><td>代理人地址</td><td></td></tr>
<tr><td>经办人姓名</td><td></td><td>电话</td><td colspan="2"></td></tr>
<tr><td colspan="11">以下由税务机关填写</td></tr>
<tr><td colspan="2">收到申报表日期</td><td colspan="4"></td><td>接收人</td><td colspan="4"></td></tr>
</table>

1. 印花税的特点是什么?
2. 印花税的作用是什么?
3. 印花税的应税项目包括哪些?
4. 印花税的纳税方法有哪些?

第十一章　房产税、契税、车船税

本章要点提示

- 房产税的纳税人、征收范围和税率
- 契税的纳税人、征收范围和税率
- 车船税的纳税人、征收范围和税率

第一节　房产税

一、概述

房产税是以房产为课税对象，依据房产余值或房产的租金收入向房产的所有人或经营人征收的一种税。

新中国成立后，政务院于1950年颁布的《全国税政实施要则》中规定在全国统一征收房产税和地产税。1951年8月政务院颁布《城市房地产税暂行条例》，将房产税和地产税合并。1973年工商税制改革时，将对企业征收的城市房地产税并入工商税，只对有房产的个人、外商独资企业和房产管理部门继续征收城市房地产税。1984年10月，国务院在对国有企业实行第二步利改税和改革工商税制时，恢复征收房产税。但在我国，城市的土地属于国家所有，使用者没有土地所有权，因此将城市房地产税分为房产税和土地使用税两个税种，1986年9月15日由国务院颁布了《中华人民共和国房产税暂行条例》，同年10月1日起正式施行。自2009年1月1日起，外商投资企业、外国企业和组织以及外籍个人，依照《中华人民共和国房产税暂行条例》缴纳房产税，《城市房地产税暂行条例》同日废止。

房产税的作用是：

（1）开征房产税可以为地方提供可靠的财政收入。

（2）房产税税负不宜转嫁，可调节纳税人的收入水平。

（3）通过征收房产税，有助于加强对房屋的管理，提高房屋的使用效率。

二、纳税义务人

房产税以在征收范围内的房屋的产权所有人为纳税人。其中：

（1）产权属于国家所有的，由经营管理单位缴纳；产权属于集体、个人所有的，由集体单位、个人缴纳。

（2）产权出典的，由承典人缴纳。所谓产权出典，是指产权所有人将房屋、生产资料等的产权，在一定期间内典当给他人使用，而取得资金的一种融资业务。承典人向出典人交付一定的典价之后，在质典期内即获抵押物品的支配权，并可转典。由于在房屋出典期间，产权所有人已无权支配房屋，税法规定由承典人为纳税人。

（3）产权所有人、承典人不在房产所在地的，由房产代管人或使用人缴纳。

（4）产权未确定及租典纠纷未解决的，由房产代管人或使用人缴纳。

（5）纳税单位和个人无租使用房产管理部门、免税单位及纳税单位的房产，应由使用人代为缴纳房产税。

三、征收范围

房产税的征税对象是房产。所谓房产，是指有屋面和围护结构（有墙或两边有柱），能够遮风避雨，可供人们在其中生产、学习、工作、娱乐、居住或贮藏物资的场所。

房产税的征税范围为城市、县城、建制镇和工矿区。城市是指国务院批准设立的市。县城是指县人民政府所在地的地区。建制镇是指经省、自治区、直辖市人民政府批准设立的建制镇。工矿区是指工商业比较发达、人口比较集中、符合国务院规定的建制镇标准但尚未设立建制镇的大中型工矿企业所在地。开征房产税的工矿区须经省、自治区、直辖市人民政府批准。

房产税的征税范围不包括农村。

房地产开发企业建造的商品房，在出售前不征收房产税；但对出售前房地产开发企业已使用或出租、出借的商品房，应按规定征收房产税。

四、计税依据和税率

（一）计税依据

房产税的计税依据是房产的计税价值或房产的租金收入。按照房产计税价值计征的，称为从价计征；按照房产租金收入计征的，称为从租计征。

1. 从价计征

《房产税暂行条例》规定，房产税依照房产原值一次减除10%～30%后的余值计算缴纳。各地扣除比例由当地省、自治区、直辖市人民政府确定。

（1）房产原值是指纳税人按照会计制度规定，在账簿“固定资产”科目中记载的房屋原价。因此，凡按会计制度规定在账簿中记载有房屋原价的，应以房屋原价按规定减除一定比例后作为房产余值计征房产税；没有记载房屋原价的，按照上述原则并参照同类房屋确定房产原值，按规定计征房产税。

（2）房产原值应包括与房屋不可分割的各种附属设备或一般不单独计算价值的配套设施。主要有：暖气、卫生、通风、照明、煤气等设备；各种管线，如蒸汽、压缩空气、石油、给水排水等管道及电力、电讯、电缆导线；电梯、升降机、过道、晒台等。属于房屋附属设备的水管、下水道、暖气管、煤气管等应从最近的探视井或三通管起计算原值；电灯网、照明线从进线盒连接管起计算原值。

（3）纳税人对原有房屋进行改建、扩建的，要相应增加房屋的原值。

此外还应注意以下问题：第一，对投资联营的房产，在计征房产税时应予以区别对待。对于以房产投资联营，投资者参与投资利润分红，共担风险的，按房产余值作为计税依据计征房产税；对以房产投资，收取固定收入，不承担联营风险的，实际是以联营名义取得房产租金，应根据《房产税暂行条例》的有关规定由出租方按租金收入计征房产税。第二，对融资租赁房屋，由于租赁费包括购进房屋的价款、手续费、借款利息等，与一般房屋出租的“租金”内涵不同，且租赁期满后，当承租方偿还最后一笔租赁费时，房屋产权要转移到承租方，这实际是一种变相的分期付款购买固定资产的形式，所以在计征房产税时应以房产余值计算征收。至于租赁期内房产税的纳税人，由当地税务机关根据实际情况确定。

2. 从租计征

《房产税暂行条例》规定，房产出租的，以房产租金收入为房产税的计税依据。

所谓房产的租金收入，是指房屋产权所有人出租房产使用权所得的报酬，包括货币收入和实物收入。

如果是以劳务或者其他形式为报酬抵付房租收入的，应根据当地同类房产的租金水平，确定一个标准租金额从租计征。

纳税人对个人出租房屋的租金收入申报不实或申报数与同一地段同类房屋的租金收入相比明显不合理的，税务部门可以按照《税收征收管理法》的有关规定，采取科学合理的方法核定其应纳税款。具体办法由各省、自治区、直辖市地方税务机关结合当地实际情况制定。

（二）税率

我国现行房产税采用的是比例税率。由于房产税的计税依据分为从价计征和从租计征两种形式，所以房产税的税率也有两种形式：按房产原值一次减除10%～30%后的余值计征的，税率为1.2%；按房产出租的租金收入计征的，税率为12%。

五、应纳税额的计算

（一）从价计征的计算

从价计征的计算公式为：

应纳税额＝应税房产原值×（1－扣除比例）×1.2%

【例 11—1】 某企业经营用房的房产原值为 2 000 万元，当地税务机关规定的减除比例为 20%。请计算该企业应纳的房产税。

解答：

应纳税额＝2 000×（1－20%）×1.2%＝19.2（万元）

（二）从租计征的计算

从租计征的计算公式为：

应纳税额＝租金收入×12%

【例 11—2】 某公司出租房屋 8 间，每月取得租金收入为 10 万元，全年取得租金收入 120 万元。请计算该公司年应纳的房产税。

解答：

应纳税额＝120×12%＝14.4（万元）

六、税收优惠

房产税的减免税优惠是根据国家政策需要和纳税人的负担能力制定的。由于房产税属地方税，因此，给予地方一定的减免权限，有利于地方因地制宜处理问题。具体优惠政策有：

（1）国家机关、人民团体、军队自用的房产，免征房产税。但上述免税单位的出租房产以及非自身业务使用的生产、营业用房，不属于免税范围。

这里的“人民团体”，是指经国务院授权的政府部门批准设立或登记备案并由国家拨付行政事业费的各种社会团体。

这里的“自用的房产”，是指这些单位本身的办公用房和公务用房。

（2）由国家财政部门拨付事业经费的单位如学校、医疗卫生单位、托儿所、幼儿园、敬老院、文化、体育、艺术等实行全额或差额预算管理的事业单位所有的在本身业务范围内使用的房产，免征房产税。

为了鼓励事业单位经济自立，由国家财政部门拨付事业经费的单位，经费来源实行自收自支后，从事业单位实行自收自支的年度起，免征房产税 3 年。事业单位自用的房产，是指这些单位本身的业务用房。

上述单位所属的附属工厂、商店、招待所等不属于单位公务、业务的用房，应照章纳税。

（3）宗教寺庙、公园、名胜古迹自用的房产，免征房产税。

宗教寺庙自用的房产，是指举行宗教仪式等的房屋和宗教人员使用的生活用房屋。

公园、名胜古迹自用的房产，是指供公共参观游览的房屋及其管理单位的办公用房屋。

宗教寺庙、公园、名胜古迹中附设的营业单位，如影剧院、饮食部、茶社、照相馆等所使用的房产及出租的房产，不属于免税范围，应照章纳税。

（4）个人所有非营业用的房产，免征房产税。

七、征收管理与纳税申报

（一）纳税义务发生时间

（1）纳税人将原有房产用于生产经营，从生产经营之月起缴纳房产税。

（2）纳税人自行新建房屋用于生产经营，从建成之次月起缴纳房产税。

（3）纳税人委托施工企业建设的房屋，从办理验收手续之次月起缴纳房产税。

（4）纳税人购置新建商品房，自房屋交付使用之次月起缴纳房产税。

（5）纳税人购置存量房，自办理房屋权属转移、变更登记手续，房地产权属登记机关签发房屋权属证书之次月起，缴纳房产税。

（6）纳税人出租、出借房产，自交付出租、出借房产之次月起，缴纳房产税。

（7）房地产开发企业自用、出租、出借本企业建造的商品房，自房屋使用或交付之次月起，缴纳房产税。

（二）纳税期限

房产税实行按年计算、分期缴纳的征收方法，具体纳税期限由省、自治区、直辖市人民政府确定。

（三）纳税地点

房产税在房产所在地缴纳。房产不在同一地方的纳税人，应按房产的坐落地点分别向房产所在地的税务机关纳税。

（四）申报缴纳

房产税的纳税人应按照有关规定，及时办理纳税申报，并如实填写《房产税纳税申报表》，样式见表11—1。

表11—1　　**房产纳税申报表**

填表日期：　　年　月　日

纳税人识别号：□□□□□□□□□□□□□□□　　金额单位：元（列至角分）

纳税人名称										税款所属时间							
房产坐落地点										建筑面积（m²）				房屋结构			
上期申报房产原值（评估值）	本期增减	上期申报房产原值	其中			以房产余值计征房产税				以租金收入计征房产税			全年应纳税额	本期			
			从价计税的房产原值	从租计税的房产原值	规定的免税房产原值	扣除率（%）	房产原值	适用税率（1.2%）	应纳税额	租金收入	适用税率（12%）	应纳税额		缴纳次数	应纳税额	已纳税额	应补（退）税额
1	2	3=1+2	4=3−5−6	5=3−4−6	6	7	8=4−4×7	9	10=8×9	11	12	13=11×12	14=10+13	15	16=14÷15	17	18=16−17
合计																	

如纳税人填报，由纳税人填写以下各栏		如委托代理人填报，由代理人填写以下各栏				备注
会计主管（签章）	纳税人（公章）	代理人名称		代理人（公章）		
		代理人地址				
		经办人		电话		
以下由税务机关填写						
收到申报表日期			接收人			

第二节　契税

一、概述

契税是指在土地使用权、房屋所有权的权属转移过程中，向取得土地使用权、房屋所有权的单位和个人征收的一种税。

契税在我国有悠久的历史，它起源于 1 600 年前东晋的"估税"。此后，历代封建王朝对不动产的买卖、典当等产权转移变动都要征收契税，但征税范围和税率不尽相同。新中国成立后，废止了旧中国的契税。1950 年 4 月政务院公布了《契税暂行条例》，此条例沿用了 40 多年，已不能适应经济发展的要求。因此，1997 年重新制定了《中华人民共和国契税暂行条例》。契税一次性征收，并且普遍适用于内外资企业和中国公民、外籍人员。

契税具有的特点是：契税的纳税人为产权承受人；契税采用比例税率；契税属于地方税。

开征契税的意义在于：增加地方财政收入，为地方经济建设积累资金；调控房地产市场，规范市场交易行为，保障产权人的合法权益，减少产权纠纷。

二、纳税义务人

契税的纳税人是指境内转移土地、房屋权属承受的单位和个人。境内是指中华人民共和国实行实际税收行政管辖范围内；土地、房屋权属是指土地使用权和房屋所有权；单位是指企业单位、事业单位、国家机关、军事单位和社会团体以及其他组织；个人是指个体经营者及其他个人，包括中国公民和外籍人员。

三、征税范围

契税的征税对象是境内发生使用权转移的土地、发生所有权转移的房屋。具体包括以下五项内容：

（1）国有土地使用权出让，是指土地使用者向国家交付土地使用权出让费用，国家将国有土地使用权在一定年限内让与土地使用者的行为。另外，对承受国有土地使用权所应支付的土地出让金，要计征契税，不得因减免土地出让金而减免契税。

（2）土地使用权的转让，是指土地使用者以出售、赠与、交换或者其他方式将土地使用权转移给其他单位和个人的行为。土地使用权的转让不包括农村集体土地承包经营权的转移。

（3）房屋买卖，是指房屋所有者将其房屋出售，由承受者交付货币、实物、无形资产或者其他经济利益的行为。

（4）房屋赠与，是指房屋所有者将其房屋无偿转让给受赠者的行为。

（5）房屋交换，是指房屋使用者之间相互交换房屋的行为。

以下方式转移土地、房屋权属，视同土地使用权转让、房屋买卖或者房屋赠与征税：

（1）以土地、房屋权属作价投资、入股，以土地、房屋权属抵债。

（2）以无形资产方式承受土地、房屋权属。

（3）以获奖方式承受土地、房屋权属。

（4）以预购方式或者预付集资建房款方式承受土地、房屋权属。

（5）财政部根据《契税暂行条例》确定的其他转移土地、房屋权属方式。

四、契税的计税依据

契税的计税依据为不动产的价格。由于土地、房屋权属转移方式不同，定价方法不同，因而具体契税的计税依据也不同，具有以下几种情况：

（1）国有土地使用权出让、土地使用权出售、房屋买卖，以成交价格为计税依据。成交价格是指土地、房屋权属转移合同确定的价格，包括承受者应交付的货币、实物、无形资产或者其他经济利益。

（2）土地使用权赠与、房屋赠与的计税依据，由征收机关参照当地土地使用权出售、房屋买卖的市场价格核定。

（3）土地使用权交换、房屋交换的计税依据，为所交换的土地使用权、房屋的价格差额，即交换价格相等时，免征契税；交换价格不相等时，由多交付的一方交纳契税。

（4）以划拨方式取得土地使用权，经批准转让房地产的计税依据，为补交的土地使用权出让费用或者土地收益，由房地产转让者补交契税。

为防止瞒价逃税，《契税暂行条例》规定，成交价格明显低于市场价格并且无正当理由的，或者所交换土地使用权、房屋的价格差额明显不合理并且无正当理由的，征收机关可以参照市场价格确定计税依据。

五、税率

契税实行3%～5%的幅度比例税率。这主要是考虑到我国经济发展不平衡、各地经济差别较大的实际情况。具体适用税率由省、自治区、直辖市人民政府在3%～5%的幅度内根据各地实际情况确定。对个人首次购买90平方米以下普通住房的，契税税率统一下调到1%。首次购房证明由住房所在地县（区）住房建设主管部门出具。

六、应纳税额的计算

契税采用比例税率，其应纳税额的基本计算公式为：

应纳税额＝计税依据×税率

【例11—3】 赵女士在某市共有两套住房，将其中一套住房与张先生交换，支付给张先生换房差价款200 000元；将另一套出售给王先生，成交价格为400 000元，所在省规定契税的税率为3%。请计算上述三人的涉税行为应缴纳的契税税额。

解答：

赵女士应纳税额＝200 000×3%＝6 000（元）

王先生应纳税额＝400 000×3%＝12 000（元）

张先生不缴纳契税。

七、税收优惠

根据《契税暂行条例》的规定，契税的减免政策主要有以下几个方面：

（1）国家机关、事业单位、社会团体、军事单位承受土地、房屋用于办公、教育、医疗、科研和军事设施的，免征契税。

（2）城镇职工按规定第一次购买公有住房，免征契税。

（3）因不可抗力灭失住房而重新购买住房的，酌情减免。

（4）土地、房屋被县级以上人民政府征用、占用后，重新承受土地、房屋权属的，由省级人民政府确定是否减免。

（5）承受荒山、荒沟、荒滩土地使用权，并用于农、林、牧、渔业生产的，免征契税。

（6）经外交部确认，依照我国有关法律规定以及我国缔结或参加的双边条约或协定，应当予以免税的外国驻华使馆、领事馆、联合国驻华机构及其外交代表、领事官员和其他外交人员承受土地、房屋权属，免征契税。

以上经批准减免税的纳税人改变有关土地、房屋的用途，不在减免税之列，应当补缴已经减免的税款。

八、征收管理与申报缴纳

纳税人签订土地、房屋权属转移合同的当天，或者取得其他具有土地、房屋权属转移合同性质凭证的当天，为纳税义务发生时间。纳税人应当自纳税义务发生之日起10日内，向土地、房屋所在地的契税征收机关办理纳税申报，并在核定期限内缴纳税款，索取完税凭证。土地、房产管理部门凭完税凭证办理变更登记手续。

符合减免税规定的纳税人，要在签订转移产权合同后10日内向土地、房屋所在地的征收机关办理减免税手续。

第三节　车船税

一、概述

车船税是对在中华人民共和国境内的车辆、船舶的所有人或者管理人征收的一种财产税。

新中国成立后，政务院于1951年9月颁布了《车船使用牌照税暂行条例》，在全国部分地区开征车船使用牌照税。1973年简化税制、合并税种时，将对国营企业和集体企业征收的车船使用牌照税并入工商税，车船使用牌照税只对不缴纳工商税的单位、个人和外侨征收，征税范围大为缩小。1984年10月国务院决定对车船征税，1986年9月15日国务院颁布了《中华人民共和国车船使用税暂行条例》，决定于1986年10月1日起在全国施行。现行车船税的基本规范是2006年12月29日由国务院颁布并于2007年1月1日起实施的《中华人民共和国车船税暂行条例》。

征收车船税的意义在于：开辟地方财源，为地方财政筹集资金；调节财富分配，促进社会公平；加强对车船的使用和管理。

二、纳税义务人

车船税的纳税人是指在中华人民共和国境内，依法在我国车船管理部门登记的车辆、船舶的所有人或者管理人。

三、征税范围

车船税的征收范围，是指依法应当在我国车船管理部门登记的车船（除规定减免的车船外）。

车辆包括机动车辆和非机动车辆。机动车辆是指依靠燃油、电力等能源作为动力运行的车辆，如汽车、拖拉机、无轨电车等；非机动车辆是指依靠人力、畜力运行的车辆，如三轮车、自行车、畜力驾驶车等。

船舶包括机动船舶和非机动船舶。机动船舶，指依靠燃料等能源作为动力运行的船舶，如客轮、货船、气垫船等；非机动船舶，指依靠人力或者其他力量运行的船舶，如木船、帆船、舢板等。

四、税目与税率

《车船税暂行条例》对应税车船实行有幅度的定额税率，即对各类车船分别规定一个最低到最高限度的年税额，同时授权国务院财政部门、税务主管部门可以根据实际情况，在《车船税税目税额表》规定的税目范围和税额幅度内划分子税目，并明确车辆的子税目税额幅度和船舶的具体适用税额。车辆的具体适用税额由省、自治区、直辖市人民政府在规定的子税目税额幅度内确定。这样规定主要是考虑到中国幅员辽阔，车辆种类繁多，很难硬性规定一个统一的税额；由省、自治区、直辖市人民政府自行规定，更有利于税法的贯彻执行。车船税税目税额见表11—2。

（1）《车船税税目税额表》中的载客汽车，划分为大型客车、中型客车、小型客车和微型客车4个子税目。其中，大型客车是指核定载客人数大于或者等于20人的载客汽车；中型客车是指核定载客人数大于9人且小于20人的载客汽车；小型客车是指核定载客人数小于或者等于9人的载客汽车；微型客车是指发动机气缸总排气量小于或者等于1升的载客汽车。载客汽车各子税目的每年税额幅度为：1）大型客车，480 元至 660 元；2）中型客车，420 元至 660 元；3）小型客车，360 元至 660 元；4）微型客车，60 元至 480 元。

客货两用汽车按照载货汽车的计税单位和税额标准计征车船税。

(2) 三轮汽车，是指在车辆管理部门登记为三轮汽车或者三轮农用运输车的机动车。

(3)《车船税税目税额表》中的低速货车，是指在车辆管理部门登记为低速货车或者四轮农用运输车的机动车。

(4)《车船税税目税额表》中的专项作业车，是指装置有专用设备或者器具，用于专项作业的机动车；轮式专用机械车是指具有装卸、挖掘、平整等设备的轮式自行机械。专项作业车和轮式专用机械车的计税单位为自重每吨，每年税额为 16 元至 120 元。具体适用税额由省、自治区、直辖市人民政府参照载货汽车的税额标准在规定的幅度内确定。

(5)《车船税税目税额表》中的船舶，具体适用税额为：1）净吨位小于或者等于 200 吨的，每吨 3 元；2）净吨位 201 吨至 2 000 吨的，每吨 4 元；3）净吨位 2 001 吨至 10 000吨的，每吨 5 元；4）净吨位 10 001 吨及其以上的，每吨 6 元。

表 11—2　车船税税目税额表

税目	计税单位	每年税额	备注
载客汽车	每辆	60～660 元	包括电车
载货汽车	按自重每吨	16～120 元	包括半挂牵引车、挂车
三轮汽车、低速货车	按自重每吨	24～120 元	
摩托车	每辆	36～180 元	
船舶	按净吨位每吨	3～6 元	拖船和非机动驳船分别按船舶税额的 50%计算

注：专项作业车、轮式专用机械车的计税单位及每年税额由国务院财政部门、税务主管部门参照本表确定。

对车船税额的确定，需注意以下几种情况：

(1) 对车辆自重尾数在半吨以下者，按半吨计算。

(2) 超过半吨者，按 1 吨计算。

(3) 对拖拉机，主要从事运输业务的，按拖拉机所挂拖车的净吨位计算，税额按机动载货汽车税额的 5 折计征车船税。

(4) 对客货两用汽车，载人部分按乘人汽车税额减半征税；载货部分按机动载货汽车税额征税。

(5) 船舶不论净吨位或载重吨位，其尾数在半吨以下者免算（含半吨），超过半吨者，按 1 吨计算，但不及 1 吨的小型船只，一律按 1 吨计算。拖轮本身不能载货，其计税标准可按马力计算。1 马力折合净吨位 1/2。

(6) 载重量超过 1 吨而在 1.5 吨以下的渔船，可以按照非机动船 1 吨税额计征。

五、应纳税额的计算

（一）计税依据

车船税的计税依据，按车船的种类和性能不同，分别确定为辆、自重吨位和净吨位三种。

（1）乘人汽车、电车、摩托车、自行车、人力车和畜力车，以“辆”为计税依据。

（2）载货汽车、专项作业车、三轮汽车、低速货车按自重每吨。

（3）船舶按净吨位每吨。

所涉及的核定载客人数、自重、净吨位、马力等计税标准，以车船管理部门核发的车船登记证书或者行驶证书相应项目所载数额为准。纳税人未按照规定到车船管理部门办理登记手续的，上述计税标准以车船出厂合格证明或者进口凭证相应项目所载数额为准；不能提供车船出厂合格证明或者进口凭证的，由主管地方税务机关根据车船自身状况并参照同类车船核定。

《车船税税目税额表》中的拖船，是指专门用于拖（推）动运输船舶的专业作业船舶。拖船按照发动机功率每2马力折合净吨位1吨计算征收车船税。

车辆自重尾数在0.5吨以下（含0.5吨）的，按照0.5吨计算；超过0.5吨的，按照1吨计算。所称自重，是指机动车的整备质量。船舶净吨位尾数在0.5吨以下（含0.5吨）的不予计算，超过0.5吨的按照1吨计算。1吨以下的小型车船，一律按照1吨计算。

（二）应纳税额的计算方法

车船税应纳税额的计算公式为：

载客汽车、摩托车的应纳税额＝辆数×适用单位税额

载货汽车、专项作业车、三轮汽车、低速货车的应纳税额＝自重吨位数×适用单位税额

机动船的应纳税额＝净吨位数×适用单位税额

拖船、非机动驳船的应纳税额＝净吨位数×（适用单位税额×50%）

（其中，拖船按照发动机功率每2马力折合净吨位1吨计算征收车船税。）

客货两用汽车应纳税额＝自重吨位数×适用单位税额

购置的新车船，购置当年的应纳税额自纳税义务发生的当月起按月计算。计算公式为：

应纳税额＝（年应纳税额/12）×应纳税月份数

【例11—4】 某交通运输公司2008年有大客车30辆、载货汽车（带挂车）80辆，每辆自重30吨。该地区规定大客车每辆年税额为200元、载货汽车每自重吨位年税额为80元。计算该交通运输公司2008年应该缴纳的车船税。

解答：

应纳税额＝40×200＋30×80＝10 400（元）

六、税收优惠

《车船税暂行条例》对车船税的税收优惠政策作了明确规定，同时授权省、自治区、

直辖市人民政府对纳税确有困难的纳税人，可以定期减征或者免征；对个人自有自用的自行车，自行确定其车船税的征税或者减免。

（一）法定的免税车船

（1）非机动车船（不包括非机动驳船）。

（2）拖拉机。

（3）捕捞、养殖渔船。

（4）军队、武警专用的车船。

（5）警用车船。

（6）按照有关规定已经缴纳船舶吨税的船舶。

（7）依照我国有关法律和我国缔结或者参加的国际条约的规定应当予以免税的外国驻华使馆、领事馆和国际组织驻华机构及其有关人员的车船。

（二）特定减免

省、自治区、直辖市人民政府可以根据当地实际情况，对城市、农村公共交通车船给予定期减税、免税。

七、征收管理与申报缴纳

（一）纳税义务发生时间

（1）纳税人未按照规定到车船管理部门办理应税车船登记手续的，以车船购置发票所载开具时间的当月作为车船税的纳税义务发生时间。对未办理车船登记手续且无法提供车船购置发票的，由主管地方税务机关核定纳税义务发生时间。

（2）在一个纳税年度内，已完税的车船被盗抢、报废、灭失的，纳税人可以凭有关管理机关出具的证明和完税证明，向纳税所在地的主管地方税务机关申请退还自被盗抢、报废、灭失月份起至该纳税年度终了期间的税款。已办理退税的被盗抢车船，失而复得的，纳税人应当从公安机关出具相关证明的当月起计算缴纳车船税。

（二）纳税期限

车船税按年征收，分期缴纳。纳税年度自公历1月1日起，至12月31日止。具体纳税期限由省、自治区、直辖市人民政府确定。

车船税的纳税期限授权给省、自治区、直辖市人民政府确定，这主要基于以下两点考虑：第一，纳税人拥有并且使用的车船种类不一，数量各异，其应纳税额多少也相差较大。所以，对那些使用车船数过多、应纳税额大、一次性缴纳有困难的纳税人，应允许其按季度或者按半年缴纳；而对那些非机动车船，纳税人面广人多、应纳税额小，纳税人愿意一次性缴纳的，就应允许其一次缴清全年税款。第二，各地情况不同，授权地方自行确定有利于税收征管。

（三）纳税地点

（1）车船税的纳税地点，由省、自治区、直辖市人民政府根据当地实际情况确定，一般为纳税人所在地。跨省、自治区、直辖市使用的车船，纳税地点为车船的登记地。

所谓纳税人所在地，对单位而言是指经营所在地或机构所在地；对个人而言是指住所所在地。

（2）车船税实行源泉控制，一律由纳税人所在地的地方税务局负责征收和管理，各地对外省、市来的车辆船不再查补税款。

（3）车船的所有人或管理人未缴纳车船税的，使用人应当代为缴纳车船税。

（4）从事机动车交通事故责任强制保险业务的保险机构为机动车车船税的扣缴义务人，应依法代收代缴车船税。

机动车车船税的扣缴义务人依法代收代缴车船税时，纳税人不得拒绝。

（四）申报缴纳

车船税的纳税人应按照条例的有关规定，及时办理纳税申报，并如实填写《车船税纳税申报表》见表 11—3。

表 11—3　　**车船税纳税申报表**

填表日期：　　年　月　日

纳税人识别号：□□□□□□□□□□□□□□□　　金额单位：元（列至角分）

纳税人名称					税款所属时间			
车船类别	计税标准	数量	单位税额	全年应纳税额	年缴纳次数	本期		
						应纳税额	已纳税额	应补（退）税额
1	2	3	4	5＝3×4	6	7＝5÷6	8	9＝7−8
合计								

如纳税人填报，由纳税人填写以下各栏		如委托代理人填报，由代理人填写以下各栏				备注
会计主管（签章）	纳税人（公章）	代理人名称		代理人（公章）		
		代理人地址				
		经办人姓名		电话		
以下由税务机关填写						
收到申报表日期		接收人				

复习思考题

1. 房产税的征税范围是如何规定的？
2. 房产税的计税依据和税率是如何规定的？
3. 契税的征税对象具体包括哪些内容？
4. 契税的减免税优惠是如何规定的？
5. 车船税的征税范围是如何规定的？

第十二章 其他各税

- 城市维护建设税的计税依据
- 城镇土地使用税的征收范围
- 耕地占用税的征收范围和计税依据
- 车辆购置税的计税依据

第一节 城市维护建设税

一、概述

城市维护建设税是对缴纳增值税、消费税、营业税（以下简称“三税”）的单位和个人，按其实际缴纳的“三税”税额的一定比例征收，所筹资金专门用于城市维护建设的一种税。

城市维护建设税的前身是城市维护建设附加费，1985 年 2 月 8 日国务院发布了《中华人民共和国城市维护建设税暂行条例》，将城市维护建设附加费改为城市维护建设税，并从同年起在全国实施。

城市维护建设税的特点是：

(1) 具有附加性质，城市维护建设税以纳税人实际缴纳的“三税”税额为税基，附加于“三税”税额之上，是税上加税，本身并没有特定的、独立的征税对象。

(2) 具有明确的征税目的，所筹资金专门用于城市公用事业和公共设施的维护和建设。

征收城市维护建设税的意义在于：

(1) 征收城市维护建设税，有利于扩大和稳定城市建设所需资金的来源，加速全国城市的维护建设。

(2) 促进新兴城市的开发和老城市的扩展及改造，迅速改变我国城市市政设施陈旧落后的状况，改善城镇居民生活环境，使城市的维护建设随经济的发展而不断发展，从而更好地发展生产、繁荣经济。

二、纳税义务人

城市维护建设税以缴纳“三税”的单位和个人为纳税人。对外商投资企业和外国企业暂不征收城市维护建设税。

三、征税对象

城市维护建设税的征税对象是纳税人所缴纳的“三税”税额。海关对进口产品代征的消费税、增值税不征收城市维护建设税。

四、税率

城市维护建设税实行地区差别比例税率。纳税人所在地不同，适用的税率档次不同。具体规定如下：

(1) 纳税人所在地为市区的，税率为7%。

(2) 纳税人所在地为县城、建制镇的，税率为5%。

(3) 纳税人所在地不在市区、县城或建制镇的，税率为1%。

五、应纳税额的计算

纳税人应缴纳城市维护建设税税额的多少，由纳税人实际缴纳的“三税”税额决定。其计算公式为：

应纳税额＝纳税人实际缴纳的“三税”税额×适用税率

【例12—1】 某市区一企业1月份缴纳增值税30万元，缴纳消费税45万元，缴纳营业税2万元。请计算该企业1月份应缴纳的城市维护建设税税额。

解答：

应纳税额＝(30＋45＋2)×7%＝5.39(万元)

六、税收优惠

城市维护建设税以“三税”的实缴税额为税基并同时征收，故不应另行规定减免税。但个别纳税人确有困难的，可由省、自治区、直辖市人民政府酌情予以减免税照顾。

对出口产品退还消费税、增值税的，不退还已纳的城市维护建设税。

对于减免增值税、消费税、营业税而发生的退税，同时退还已纳的城市维护建设税。

七、征收管理与申报缴纳

（一）纳税环节

城市维护建设税的纳税环节，就是纳税人缴纳“三税”的环节。纳税人只要发生“三税”的纳税义务，就要在同样的环节计算缴纳城市维护建设税。

（二）纳税期限

由于城市维护建设税是由纳税人在缴纳“三税”时同时缴纳的，所以其纳税期限分别与“三税”的纳税期限一致。根据税法规定，增值税、消费税的纳税期限均分别为 1 日、3 日、5 日、10 日、15 日或者 1 个月；营业税的纳税期限分别为 5 日、10 日、15 日或者 1 个月。增值税、消费税、营业税纳税人的具体纳税期限，由主管税务机关根据纳税人应纳税额的大小分别核定；不能按照固定期限纳税的，可以按次纳税。

（三）纳税地点

城市维护建设税的纳税地点是纳税人缴纳“三税”的地点。

但属于下列情况的，纳税地点为：

（1）代扣代缴、代收代缴“三税”的单位和个人，同时也是城市维护建设税的代扣代缴、代收代缴义务人，其城市维护建设税的纳税地点在代扣代收地。

（2）跨省开采的油田，下属生产单位与核算单位不在一个省内的，其生产的原油在油井所在地缴纳增值税，其应纳税款由核算单位按照各油井的产量和规定税率计算汇拨各油井缴纳。所以，各油井应纳的城市维护建设税，应由核算单位计算，随同增值税一并汇拨油井所在地，由油井在缴纳增值税的同时一并缴纳。

（3）对管道局输油部分的收入，由取得收入的各管道局于所在地缴纳营业税。所以，其应纳城市维护建设税也应由取得收入的各管道局于所在地缴纳营业税时一并缴纳。

（4）对流动经营等无固定纳税地点的单位和个人，应随同“三税”在经营地按适用税率缴纳。

（四）纳税申报

城市维护建设税的纳税人应按照条例的有关规定及时办理纳税申报，并如实填写《城市维护建设税纳税申报表》见表 12—1。

表 12—1 城市维护建设税纳税申报表

填表日期：　　年　月　日

纳税人识别号：□□□□□□□□□□□□□□□　　　　金额单位：元（列至角分）

纳税人名称			税款所属时间		
计税依据	计税金额	税率	应税税额	已纳税额	应补（退）税额
1	2	3	4=2 ×3	5	6=4−5
增值税					
营业税					
消费税					
合计					

<table>
<tr><td colspan="2">如纳税人填报，由纳税人填写以下各栏</td><td colspan="4">如委托代理人填报，由代理人填写以下各栏</td><td>备注</td></tr>
<tr><td rowspan="3">会计主管（签章）</td><td rowspan="3">纳税人（公章）</td><td>代理人名称</td><td></td><td colspan="2" rowspan="2">代理人（公章）</td><td rowspan="3"></td></tr>
<tr><td>代理人地址</td><td></td></tr>
<tr><td>经办人</td><td></td><td>电话</td><td></td></tr>
<tr><td colspan="7">以下由税务机关填写</td></tr>
<tr><td>收到申报表日期</td><td colspan="2"></td><td>接收人</td><td colspan="3"></td></tr>
</table>

八、教育费附加的有关规定

教育费附加是对缴纳增值税、消费税、营业税（以下简称“三税”）的单位和个人，以其实际缴纳的税额为计征依据征收的一种附加费。

（一）教育费附加的征收范围及计征依据

教育费附加对缴纳“三税”的单位和个人征收，以其实际缴纳的“三税”税额为计征依据。

（二）教育费附加的计征比率

教育费附加的计征比率为3%。

（三）教育费附加的计算

教育费附加的计算公式为：

应纳税额＝实纳增值税、消费税、营业税税额×计征比率

（四）教育费附加的减免规定

（1）海关对进口产品代征的增值税、消费税，不征收教育费附加。

（2）由于减免增值税、消费税、营业税而发生退税的，可同时退还已征收的教育费附加。对出口产品退还增值税、消费税的，不退还已征的教育费附加。

第二节　城镇土地使用税

一、概述

城镇土地使用税是以国有土地为征税对象，以实际占用的土地面积为计税标准，按规定税额对拥有土地使用权的单位和个人征收的一种税。

我国人多地少，珍惜土地、节约用地是一项基本国策。1988年9月27日国务院颁布了《中华人民共和国城镇土地使用税暂行条例》，并于同年11月1日起正式施行。2006年12月31日国务院发布了《关于修改〈中华人民共和国城镇土地使用税暂行条例〉的决定》，对1988年制定的《中华人民共和国城镇土地使用税暂行条例》的部分内容作了修改，并重新公布。2007年2月6日，财政部和国家税务总局联合发布了《关于贯彻落实国务院关于修改〈中华人民共和国城镇土地使用税暂行条例〉的决定的通知》，对城镇土

地使用税税额幅度调整事宜作出具体部署。根据该通知，自 2007 年 1 月 1 日起，我国将城镇土地使用税每平方米年税额在原规定基础上提高两倍。

开征城镇土地使用税，有利于通过经济手段加强对土地的管理，变土地的无偿使用为有偿使用，促进合理、节约使用土地，提高土地使用效率；有利于适当调节不同地区、不同地段之间的土地级差收入，促进企业加强经济核算，理顺国家与土地使用者之间的分配关系。

二、纳税义务人

城镇土地使用税的纳税人是在城市、县城、建制镇、工矿区范围内使用国有土地的单位和个人。所称单位，包括国有企业、集体企业、私营企业、股份制企业、外商投资企业、外国企业以及其他企业和事业单位、社会团体、国家机关、军队以及其他单位。所称个人，包括个体工商户以及其他个人。

城镇土地使用税的纳税人具体包括：

(1) 拥有土地使用权的单位或个人。

(2) 拥有土地使用权的单位和个人不在土地所在地的，其土地的实际使用人或代管人为纳税人。

(3) 土地使用权未确定或权属纠纷未解决的，其实际使用人为纳税人。

(4) 土地使用权共有的，共有双方都是纳税人，由共有各方分别缴纳。

三、征税范围

凡在城市、县城、建制镇、工矿区范围内的土地，不论是属于国家所有的土地，还是属于集体所有的土地，都是城镇土地使用税的征税对象。城镇土地使用税的征税范围为城市、县城、建制镇、工矿区。

城市是指经国务院批准设立的市。城市的征税范围为市区和郊区。

县城是指县人民政府所在地。县城的征税范围为县人民政府所在的城镇。

建制镇是指经省、自治区、直辖市人民政府批准设立的建制镇。建制镇的征税范围为镇人民政府所在地。

工矿区是指工商企业比较发达，人口比较集中，符合国务院规定的建制镇标准，但尚未设立建制镇的大中型工矿企业所在地。工矿区须经省、自治区、直辖市人民政府批准设立。

四、计税依据

城镇土地使用税的计税依据是纳税人实际占用的土地面积。

纳税人实际占用的土地面积按下列办法确定：

(1) 凡由省、自治区、直辖市人民政府确定的单位组织测定土地面积的，以测定的土地面积为准。

(2) 尚未组织测定，但纳税人持有政府部门核发的土地使用证书的，以证书确定的土地面积为准。

(3) 尚未核发土地使用证书的，应由纳税人据实申报土地面积，据此纳税，待核发土地使用证书后再作调整。

五、税率

土地使用税采用地区差别幅度定额税率，按大、中、小城市和县城、建制镇、工矿区分别规定每平方米土地使用税年应纳税额。具体标准如下：

(1) 大城市 1.5 元至 30 元。

(2) 中等城市 1.2 元至 24 元。

(3) 小城市 0.9 元至 18 元。

(4) 县城、建制镇、工矿区 0.6 元至 12 元。

大、中、小城市以公安部门登记在册的非农业正式户口人数为依据，按照国务院颁布的《城市规划条例》中规定的标准划分。人口在 50 万以上者为大城市；人口在 20 万至 50 万之间者为中等城市；人口在 20 万以下者为小城市。城镇土地使用税税率表见表 12—2。

各省、自治区、直辖市人民政府，可以根据市政建设状况、经济繁荣程度等条件，在规定税额幅度内，确定所辖地区的适用税额幅度。经济落后地区，土地使用税的适用税额标准可以适当降低，但降低额不得超过上述规定最低税额的 30%。经济发达地区土地使用税的适用税额标准可以适当提高，但须报经财政部批准。

六、应纳税额的计算方法

城镇土地使用税的应纳税额是纳税人实际占用的土地面积与该土地所在地段的适用税额的乘积。其计算公式为：

全年应纳税额＝实际占用应税土地面积（平方米）×适用税额

【例 12—2】 设在某城市的一国有企业，使用土地面积为 40 000 平方米，经税务机关核定，该土地为应税土地，每平方米年税额为 6 元。请计算其全年应纳的土地使用税税额。

解答：

年应纳土地使用税税额＝40 000×6＝240 000（元）

七、税收优惠

（一）法定免税项目

(1) 国家机关、人民团体、军队自用的土地，免征城镇土地使用税。这部分土地是指这些单位本身的办公用地和公务用地。

(2) 由国家财政部门拨付事业经费的单位自用的土地，免征城镇土地使用税。这部分土地是指这些单位本身的业务用地。

（3）宗教寺庙、公园、名胜古迹自用的土地，免征城镇土地使用税。宗教寺庙自用的土地，是指举行宗教仪式等的用地和寺庙内的宗教人员生活用地。公园、名胜古迹自用的土地，是指供公共参观游览的用地及其管理单位的办公用地。以上单位的生产、经营用地和其他用地，不属于免税范围。

（4）市政街道、广场、绿化地带等公共用地，免征城镇土地使用税。

（5）直接用于农、林、牧、渔业的生产用地，免征城镇土地使用税。这部分土地是指直接从事于种植、养殖、饲养的专业用地，不包括农副产品加工场地和生活办公用地。

（6）经批准开山填海整治的土地和改造的废弃土地，从使用的月份起免缴土地使用税5年至10年。具体免税期限由各省、自治区、直辖市地方税务局在《城镇土地使用税暂行条例》规定的期限内自行确定。

（7）对非营利性医疗机构、疾病控制机构和妇幼保健机构等卫生机构自用的土地，免征城镇土地使用税。

（8）企业办的学校、医院、托儿所、幼儿园，其用地能与企业其他用地明确区分的，免征城镇土地使用税。

（9）免税单位无偿使用纳税单位的土地（如公安、海关等单位使用铁路、民航等单位的土地），免征城镇土地使用税。纳税单位无偿使用免税单位的土地，纳税单位应照章缴纳城镇土地使用税。纳税单位与免税单位共同使用、共有使用权土地上的多层建筑，对纳税单位可按其占用的建筑面积占建筑总面积的比例计征城镇土地使用税。

（二）省、自治区、直辖市地方税务局确定的减免税项目

（1）个人所有的居住房屋及院落用地，免征城镇土地使用税。

（2）房产管理部门在房租调整改革前经租的居民住房用地，免征城镇土地使用税。

（3）民政部门举办的安置残疾人占一定比例的福利工厂用地，免征城镇土地使用税。

（4）集体和个人办的各类学校、医院、托儿所、幼儿园用地，免征城镇土地使用税。

八、征收管理与申报缴纳

（一）纳税义务发生时间

（1）纳税人购置新建商品房，自房屋交付使用之次月起，缴纳城镇土地使用税。

（2）纳税人购置存量房，自办理房屋权属转移、变更登记手续，房地产权属登记机关签发房屋权属证书之次月起，缴纳城镇土地使用税。

（3）纳税人出租、出借房产，自交付出租、出借房产之次月起，缴纳城镇土地使用税。

（4）房地产开发企业自用、出租、出借本企业建造的商品房，自房屋使用或交付之次月起，缴纳城镇土地使用税。

（5）纳税人新征用的耕地，自批准征用之日起满一年时开始缴纳城镇土地使用税。

（6）纳税人新征用的非耕地，自批准征用次月起缴纳城镇土地使用税。

（二）纳税地点

城镇土地使用税在土地所在地缴纳，由土地所在地的地方税务机关征收，其收入纳入地方财政预算管理。税务机关应加强同土地管理机关的联系，及时取得土地使用权方面的

资料。

（三）纳税期限

城镇土地使用税按年计算、分期缴纳。具体纳税期限由省、自治区、直辖市人民政府确定。

（四）申报缴纳

城镇土地使用税的纳税人应按照条例的有关规定及时办理纳税申报，并如实填写《城镇土地使用税纳税申报表》，见表 12—2。

表 12—2　　**城镇土地使用税纳税申报表**

填表日期：　　年　月　日

纳税人识别号：□□□□□□□□□□□□□□□　　金额单位：元（列至角分）

<table>
<tr><td colspan="3">纳税人名称</td><td colspan="5"></td><td colspan="4">税款所属时间</td><td colspan="3"></td></tr>
<tr><td colspan="4">房产坐落地点</td><td colspan="11"></td></tr>
<tr><td rowspan="2">坐落地点</td><td rowspan="2">上期占地面积</td><td rowspan="2">本期增减</td><td rowspan="2">本期实际占地面积</td><td rowspan="2">法定免税面积</td><td rowspan="2">应税面积</td><td colspan="2">土地等级</td><td colspan="2">适用税额</td><td rowspan="2">全年应缴税额</td><td rowspan="2">缴纳次数</td><td colspan="3">本　期</td></tr>
<tr><td>Ⅰ</td><td>Ⅱ</td><td>Ⅰ</td><td>Ⅱ</td><td>每次应纳税额</td><td>已纳税额</td><td>应补(退)税额</td></tr>
<tr><td>1</td><td>2</td><td>3</td><td>4=2+3</td><td>5</td><td>6=4−5</td><td>7</td><td>8</td><td>9</td><td>10</td><td>11=6×9或10</td><td>12</td><td>13=11÷12</td><td>14</td><td>15=11−14</td></tr>
<tr><td></td><td></td><td></td><td></td><td></td><td></td><td></td><td></td><td></td><td></td><td></td><td></td><td></td><td></td><td></td></tr>
<tr><td></td><td></td><td></td><td></td><td></td><td></td><td></td><td></td><td></td><td></td><td></td><td></td><td></td><td></td><td></td></tr>
<tr><td></td><td></td><td></td><td></td><td></td><td></td><td></td><td></td><td></td><td></td><td></td><td></td><td></td><td></td><td></td></tr>
<tr><td></td><td></td><td></td><td></td><td></td><td></td><td></td><td></td><td></td><td></td><td></td><td></td><td></td><td></td><td></td></tr>
<tr><td></td><td></td><td></td><td></td><td></td><td></td><td></td><td></td><td></td><td></td><td></td><td></td><td></td><td></td><td></td></tr>
<tr><td></td><td></td><td></td><td></td><td></td><td></td><td></td><td></td><td></td><td></td><td></td><td></td><td></td><td></td><td></td></tr>
<tr><td></td><td></td><td></td><td></td><td></td><td></td><td></td><td></td><td></td><td></td><td></td><td></td><td></td><td></td><td></td></tr>
<tr><td>合计</td><td></td><td></td><td></td><td></td><td></td><td></td><td></td><td></td><td></td><td></td><td></td><td></td><td></td><td></td></tr>
<tr><td colspan="6">如纳税人填报，由纳税人填写以下各栏</td><td colspan="8">如委托代理人填报，由代理人填写以下各栏</td><td>备注</td></tr>
<tr><td colspan="3" rowspan="3">会计主管（签章）</td><td colspan="3" rowspan="3">纳税人（公章）</td><td colspan="2">代理人名称</td><td colspan="2"></td><td colspan="4" rowspan="2">代理人（公章）</td><td rowspan="3"></td></tr>
<tr><td colspan="2">代理人地址</td><td colspan="2"></td></tr>
<tr><td colspan="2">经办人</td><td colspan="2"></td><td>电话</td><td colspan="3"></td></tr>
<tr><td colspan="15">以下由税务机关填写</td></tr>
<tr><td colspan="3">收到申报表日期</td><td colspan="5"></td><td>接收人</td><td colspan="6"></td></tr>
</table>

第三节　耕地占用税

一、概述

耕地占用税是指国家对占用耕地建房或者从事其他非农业建设的单位和个人，依其占用耕地的面积，按照规定税额一次性征收的一种税。为了加强土地管理，保护农用耕田，《中华人民共和国耕地占用税暂行条例》自 2008 年 1 月 1 日起施行。

耕地占用税具有行为税的特点，实行一次性征收，以县为单位，以人均耕地面积为标准，分别规定单位税额。征收耕地占用税有利于加强土地管理，减少占用耕地行为，保护农用土地资源；有利于为农业开发筹集资金，增强农业发展后劲。

二、纳税义务人

占用耕地建房或者从事非农业建设的单位或者个人，为耕地占用税的纳税义务人，应当依照规定缴纳耕地占用税。单位，包括国有企业、集体企业、私营企业、股份制企业、外商投资企业、外国企业以及其他企业和事业单位、社会团体、国家机关、部队以及其他单位；个人，包括个体工商户以及其他个人。

三、征税范围

耕地占用税的征税范围是在我国境内占用耕地建房或者从事非农业建设。属其征税范围的，必须同时具备以下两个条件：一是占用了耕地；二是建房或者从事非农业建设。所谓耕地，是指用于种植农作物的土地。占用林地、牧草地、农田水利用地、养殖水面以及渔业水域滩涂等其他农用地建房或者从事非农业建设的，也征收耕地占用税。

农田水利占用耕地的，不征收耕地占用税。占用园地建房或者从事非农业建设的，视同占用耕地，征收耕地占用税。

四、计税依据和税率

（一）计税依据

耕地占用税以纳税人实际占用的耕地面积为计税依据。实际占用的耕地面积，包括经批准占用的耕地面积和未经批准占用的耕地面积。

（二）税率

耕地占用税的税额规定如下：

（1）人均耕地不超过1亩的地区（以县级行政区域为单位，下同），每平方米为10元至50元。

（2）人均耕地超过1亩但不超过2亩的地区，每平方米为8元至40元。

（3）人均耕地超过2亩但不超过3亩的地区，每平方米为6元至30元。

（4）人均耕地超过3亩的地区，每平方米为5元至25元。

国务院财政、税务主管部门根据人均耕地面积和经济发展情况确定各省、自治区、直辖市的平均税额。

各地适用税额，由省、自治区、直辖市人民政府在规定的税额幅度内，根据本地区情况核定。各省、自治区、直辖市人民政府核定的适用税额的平均水平，不得低于国务院财政、税务主管部门规定的平均税额。

经济特区、经济技术开发区和经济发达且人均耕地特别少的地区，适用税额可以适当提高，但是提高的部分最高不得超过各省、自治区、直辖市人民政府核定的当地适用税额的 50%。

占用基本农田的，适用税额应当在当地适用税额的基础上提高 50%。

五、税收优惠

（一）免征规定

（1）军事设施占用耕地，免征耕地占用税。

（2）学校、幼儿园、养老院、医院占用耕地，免征耕地占用税。

（二）减征规定

（1）铁路线路、公路线路、飞机场跑道、停机坪、港口、航道占用耕地，减按每平方米 2 元的税额征收耕地占用税。

（2）农村居民占用耕地新建住宅，按照当地适用税额减半征收耕地占用税。

（3）农村烈士家属、残疾军人、鳏寡孤独以及革命老根据地、少数民族聚居区和边远贫困山区生活困难的农村居民，在规定用地标准以内新建住宅，缴纳耕地占用税确有困难的，经所在地乡（镇）人民政府审核，报经县级人民政府批准后，可以免征或者减征耕地占用税。

依照规定免征或者减征耕地占用税后，纳税人改变原占地用途，不再属于免征或者减征耕地占用税情形的，应自改变用途之日起 30 日内按改变用途的实际占用耕地面积和当地适用税额补缴税款。

六、应纳税额的计算

耕地占用税以纳税人实际占用的耕地面积为计税依据，按照规定的适用税额一次性征收。耕地占用税应纳税额的计算公式为：

应纳税额＝应税耕地面积×适用税率

七、征收管理

耕地占用税由地方税务机关负责征收。

耕地占用税在占用耕地建房或从事其他非农业建设行为发生时一次性征收，以后不再征纳。

土地管理部门在通知单位或者个人办理占用耕地手续时，应当同时通知耕地所在地同级地方税务机关。获准占用耕地的单位或者个人应当在收到土地管理部门的通知之日起 30 日内缴纳耕地占用税。土地管理部门凭耕地占用税完税凭证或者免税凭证和其他有关文件发放建设用地批准书。

纳税人临时占用耕地，应当按照规定缴纳耕地占用税。纳税人在批准临时占用耕地的期限内恢复所占用耕地原状的，全额退还已经缴纳的耕地占用税。

第四节　车辆购置税

一、概述

车辆购置税是对在我国境内购置应税车辆的单位和个人征收的一种税。

车辆购置税的前身是车辆购置附加费，是我国税收体系中新增加的一个税种。2000年10月22日，国务院颁布了《中华人民共和国车辆购置税暂行条例》，将原收取的车辆购置附加费改为征收车辆购置税，并从2001年1月1日起在全国实施。

开征车辆购置税的意义有：(1) 开征车辆购置税是税费改革的一项重要举措。(2) 开征车辆购置税，有利于提高征管效率，降低征纳成本。(3) 开征车辆购置税，有利于为城市维护建设和道路养护筹集稳定可靠的资金。

二、纳税义务人

在中华人民共和国境内购置应税车辆的单位和个人，为车辆购置税的纳税人。单位包括国有企业、集体企业、私营企业、股份制企业、外商投资企业、外国企业以及其他企业和事业单位、社会团体、国家机关、部队以及其他单位；个人包括个体工商业户以及其他个人。

三、征税对象

车辆购置税的征税对象是购置税法列举的各种应税车辆的行为，具体征税范围包括：

(1) 汽车，包括各类汽车。

(2) 摩托车。包括：1) 轻便摩托车。轻便摩托车是指最高设计时速不大于每小时50公里、发动机汽缸总排量不大于50立方厘米的两个或者三个车轮的机动车。2) 两轮摩托车。两轮摩托车是指最高设计时速大于每小时50公里，或者发动机汽缸总排量大于50立方厘米的两个车轮的机动车。3) 三轮摩托车。三轮摩托车是指最高设计时速大于每小时50公里，或者发动机汽缸总排量大于50立方厘米，空车重量不大于400公斤的三个车轮的机动车。

(3) 电车。包括：1) 无轨电车。无轨电车是指以电能为动力，用专用输电电缆线供电的轮式公共车辆。2) 有轨电车。有轨电车是指以电能为动力，在轨道上行驶的公共车辆。

(4) 挂车。包括：1) 全挂车。全挂车是指无动力设备，独立承载，由牵引车辆牵引行驶的车辆。2) 半挂车。半挂车是指无动力设备，与牵引车辆共同承载，由牵引车辆牵引行驶的车辆。

(5) 农用运输车。包括：1) 三轮农用运输车。三轮农用运输车是指柴油发动机功率不大于7.4千瓦，载重量不大于500公斤，最高车速不大于每小时40公里的三个车轮的机动车。2）四轮农用运输车。四轮农用运输车是指柴油发动机功率不大于28千瓦，载重量不大于1 500公斤，最高车速不大于每小时50公里的四个车轮的机动车。

车辆购置税征收范围的调整，由国务院决定并发布。

四、税率

车辆购置税的税率为10%。车辆购置税税率的调整，由国务院决定并公布。

五、计税依据

车辆购置税的计税价格根据不同情况，按照下列规定确定：

(1) 纳税人购买自用的应税车辆的计税价格，为购买应税车辆而支付给销售者的全部价款和价外费用（包括销售方在车价以外向购买方收取的手续费、基金、违约金、包装费、运输费、保管费、代收款项、代垫款项和其他收费），但不包括增值税税款。

(2) 纳税人进口自用的应税车辆的计税价格为关税完税价格、关税和消费税税额之和。

(3) 纳税人购买自用或者进口自用应税车辆，申报的计税价格低于同类型应税车辆的最低计税价格，又无正当理由的，按照最低计税价格征收车辆购置税。确保计税依据的合理、准确，国家税务总局参照应税车辆市场平均交易价格，规定不同类型应税车辆的最低计税价格。

六、应纳税额的计算

车辆购置税实行从价定率办法计算应纳税额。应纳税额的计算公式为：

应纳税额＝计税依据×税率

【例12—3】 某公司从汽车进出口公司购买一辆进口轿车，支付价款60万元，进出口公司开展“一条龙”销售服务，收取新车登记费、牌照费和代办手续费等费用4万元。计算该公司应缴纳的车辆购置税税额。

解答：

应纳税额＝(60＋4)÷(1＋17%)×10%＝5.47(万元)

七、税收优惠

《车辆购置税暂行条例》规定的减免税车辆包括以下几种情况：

(1) 外国驻华使馆、领事馆和国际组织驻华机构及其外交人员自用的车辆，免税。

(2) 中国人民解放军和中国人民警察部队列入军队武器装备订货计划的车辆，免税。

(3) 设有固定装置的非运输车辆如挖掘机、平地机、叉车、装载车、推土机等，免税。

(4) 防汛专用车、森林消防专用车，免税。

(5) 国内服务的在外留学人员用现汇购买自用的国产小汽车（限1辆），免税。

(6) 长期来华定居专家出口自用的小汽车（限1辆），免税。

(7) 有国务院规定予以免税或者减税的其他情形的，按照规定免税或者减税。

免税、减税车辆因转让、改变用途等原因不再属于免税、减税范围的，应当在办理车辆过户手续前或者办理变更车辆登记注册手续前缴纳车辆购置税。

八、征收管理与申报缴纳

车辆购置税实行一次课征制。购置已征车辆购置税的车辆，不再重复征收车辆购置税。

车辆购置税由国家税务局征收。

纳税人购置应税车辆，应当向车辆登记注册地的主管税务机关申报纳税；购置不需要办理车辆登记注册手续的应税车辆，应当向纳税人所在地的主管税务机关申报纳税。

纳税人购买、进口、自产、受赠、获奖或者以其他方式取得自用应税车辆的，应当自取得之日起60日申报纳税。车辆购置税应当一次缴清。

纳税人应当在向公安机关车辆管理机构办理车辆登记注册前，缴纳车辆购置税。纳税人应当持主管税务机关出具的完税证明或者免税证明，向公安机关车辆管理机构办理车辆登记注册手续；没有完税证明或者免税证明的，公安机关车辆管理机构不得办理车辆登记注册手续。

税务机关应当及时向公安机关车辆管理机构通报纳税人缴纳车辆购置税的情况。公安机关车辆管理机构应当定期向税务机关通报车辆登记注册的情况。

税务机关发现纳税人未按规定缴纳车辆购置税的，有权责令其补缴；纳税人拒绝缴纳的，税务机关可以通知公安机关车辆管理机构暂扣纳税人的车辆牌照。

复习思考题

1. 城市维护建设税的计税依据是什么？
2. 城镇土地使用税的征收范围有哪些？
3. 城镇土地使用税的减免税优惠是如何规定的？
4. 耕地占用税的特点是什么？
5. 如何缴纳车辆购置税？

图书在版编目（CIP）数据

中国税制/马海涛等编著
北京：中国人民大学出版社，2010
21 世纪高职高专规划教材·金融保险系列
ISBN 978-7-300-10757-8

Ⅰ. 中…
Ⅱ. 马…
Ⅲ. 税收制度-中国-高等学校：技术学校-教材
Ⅳ. F812.422

中国版本图书馆 CIP 数据核字（2009）第 086161 号

21 世纪高职高专规划教材·金融保险系列
中国税制
马海涛　杨　虹　邢俊英　编著

出版发行　中国人民大学出版社
社　　址　北京中关村大街 31 号　　**邮政编码**　100080
电　　话　010－62511242（总编室）　010－62511398（质管部）
010－82501766（邮购部）　010－62514148（门市部）
010－62515195（发行公司）　010－62515275（盗版举报）
网　　址　http：//www.crup.com.cn
http：//www.ttrnet.com（人大教研网）
经　　销　新华书店
印　　刷　北京东君印刷有限公司
规　　格　185 mm×260 mm　16 开本　　**版　　次**　2010 年 5 月第 1 版
印　　张　14.75　　**印　　次**　2013 年 5 月第 4 次印刷
字　　数　350 000　　**定　　价**　25.00 元

教师信息反馈表

为了更好地为您服务，提高教学质量，中国人民大学出版社愿意为您提供全面的教学支持，期望与您建立更广泛的合作关系。请您填好下表后以电子邮件或信件的形式反馈给我们。

您使用过或正在使用的我社教材名称		版次	
您希望获得哪些相关教学资料			
您对本书的建议（可附页）			
您的姓名			
您所在的学校、院系			
您所讲授课程的名称			
学生人数			
您的联系地址			
邮政编码		联系电话	
电子邮件（必填）			
您是否为人大社教研网会员	□ 是 会员卡号：________ □ 不是，现在申请		
您在相关专业是否有主编或参编教材意向	□ 是　　□ 否 □ 不一定		
您所希望参编或主编的教材的基本情况（包括内容、框架结构、特色等，可附页）			

我们的联系方式：北京市海淀区中关村大街 31 号
中国人民大学出版社教育分社
邮政编码：100080
电　　话：010-62515912
网　　址：http://www.crup.com.cn/jiaoyu/
E-mail:jyfs_2007@126.com